Голоса

Голоса

A Basic Course in Russian

Book 1

Third Edition

Richard Robin
The George Washington University

Karen Evans-Romaine
Ohio University

Galina Shatalina
The George Washington University

Joanna Robin

Prentice
Hall

Upper Saddle River, New Jersey 07458

Library of Congress Cataloging-in-Publication Data

Robin, Richard M.
    [Golosa]: a basic course in Russian / Richard Robin . . . [et al.]. — 3rd ed.
        p.   cm.
    Text in English and Russian.
    Includes index.
    ISBN 0-13-049456-9 (bk. 1 : alk. paper)
    1. Russian language—Textbooks for foreign speaker—English. I. Robin, Richard M.
PG2129.E5 R63 2002
491.782'421—dc21   2002022517

Publisher: Phil Miller
Assistant Director of Production: Mary Rottino
Assistant Editor: Meriel Martinez
Production Liaison: Claudia Dukeshire
Editorial and Production Supervision: Kathy Ewing
Editorial Assistant: Meghan Barnes
Marketing Manager: Stacy Best
Prepress and Manufacturing Manager: Nick Sklitsis
Prepress and Manufacturing Buyer: Tricia Kenny
Creative Design Director: Leslie Osher
Interior Design: Kathryn Foot
Cover Design: Kiwi Design
Cover Photo: Emma Lee/Life File
Director, Image Resource Center: Melinda Reo
Image Specialist: Beth Boyd-Brenzel
Rights and Permissions: Zina Arabia
Line Art Manager: Guy Ruggiero

Credits appear on p. xvii, which constitutes
a continuation of the copyright page.

This book as set in 11/13 Minion Cyrillic by Interactive Composition Corporation
and was printed and bound by Von Hoffman Press.
The cover was printed by Phoenix Color Corp.

 © 2003, 1999, 1994 by Pearson Education, Inc.
Prentice Hall   Upper Saddle River, New Jersey 07458

Printed in the United States of America
10 9 8 7 6 5 4 3 2 1

ISBN 0-13-049456-9

Pearson Education LTD., London
Pearson Education Australia PTY, Limited, Sydney
Pearson Education Singapore, Pte. Ltd.
Pearson Education North Asia Ltd., Hong Kong
Pearson Education Canada, Ltd., Toronto
Pearson Educación de México, S.A. de C.V.
Pearson Education – Japan, Tokyo
Pearson Education Malaysia, Pte. Ltd.
Pearson Education, Upper Saddle River, New Jersey

Contents

Scope and Sequence

Грамматика

Учи́ться vs. **изуча́ть** (что) vs. **занима́ться**
The 8-letter spelling rule
На како́м ку́рсе. . . ?
На + prepositional case for location
Prepositional case of question words and personal pronouns
Accusative case of modifiers and nouns
Conjunctions: **где, что, как, како́й, потому что**
То́же vs. **та́кже**
Workbook: Numbers 100–1000, Review of Russian intonation
(IC 1–3), Review of vowel reduction

Грамматика

Days of the week
Times of the day: **Утром, днём, ве́чером,** and **но́чью**
New verbs to answer **Что вы делаете?**
Going: **идти́** vs. **е́хать; идти́** vs. **ходи́ть**
Questions with **где** and **куда́**
В/на + accusative case for direction
Expressing necessity: **до́лжен, должна́, должны́**
Workbook: Numbers 1000–100,000,
Consonant devoicing and assimilation

Грамматика

Colors
Verbs of location: **виси́т/вися́т, лежи́т/лежа́т, стои́т/стоя́т**
Хоте́ть
Genitive case of pronouns, question words, and singular
modifiers and nouns
Uses of the genitive case
у кого́ + **есть**
Nonexistence — **нет чего́**
Possession and attribution ("of")
At someone's place: **у кого́**
Workbook: Numbers review, Intonation of exclamations (IC-5)

Грамматика

Люби́ть
Stable vs. shifting stress in verb conjugation
Роди́лся, вы́рос
Expressing age—the dative case of pronouns
Genitive plural—introduction
Specifying quantity **год, го́да, лет** in expressions of age
Comparing ages: **моло́же ~ ста́рше кого́ на ско́лько лет**
Зову́т
Accusative case of pronouns and masculine animate singular
modifiers and nouns
Workbook: IC-2 for emphasis

Грамматика

Past tense of **есть** and **нет**
ходи́л vs. **пошёл**
Dative case of modifiers and nouns
Uses of the dative case
Expressing age
Indirect objects
The preposition **по**
Expressing necessity and possibility — **ну́жно, на́до, мо́жно**
Workbook: Soft consonants [д], [т], [л], [н],
                IC-3 and pauses

Грамматика

Conjugation of the verbs **есть** and **пить**
Instrumental case with **с**
The future tense
Introduction to verbal aspect
Workbook: Prices: review of numbers, Vowel reduction: **о, а, ы**

Грамматика

Expressing resemblance: **похо́ж (-а, -и) на кого́**
Expressing location: **на ю́ге (севере, восто́ке, западе) (от)
чего́**
Entering and graduating from school: **поступа́ть/поступи́ть
куда́; око́нчить что**
Time expressions: **в како́м году́, че́рез, наза́д**
Verbal aspect: past tense
Ездил vs. **пое́хал**
Present tense in *have been doing* constructions
Workbook: IC-4 in questions asking for additional
                information

Preface

Голоса: *A Basic Course in Russian* is the third edition of an introductory Russian-language program. It strikes a true balance between communication and structure. It takes a contemporary approach to language learning by focusing on the development of functional competence in the four skills (listening, speaking, reading, and writing), as well as the expansion of cultural knowledge. It also provides comprehensive explanations of Russian grammar along with the structural practice students need to build accuracy.

Голоса is divided into two books of ten units each. Each book is accompanied by a fully integrated Lab Manual/Workbook, audio and video recordings available on the World Wide Web, a web-based supplement of exercises, and the Instructor's Resource Manual. The units are organized thematically, and each unit contains dialogs, texts, exercises, and other material designed to enable students to read, speak, and write about the topic, as well as to understand simple conversations. The systematic grammar explanations and exercises in **Голоса** enable students to develop a conceptual understanding and partial control of all basic Russian structures, including the declensions of nouns, adjectives, and pronouns; verb conjugation; and verb aspect. This strong structural base enables students to accomplish the linguistic tasks in **Голоса** and prepares them for further study of the language.

Students successfully completing Books 1 and 2 of **Голоса** will be able to perform the following skill-related tasks.

Listening. Understand simple face-to-face conversations about daily routine, home, family, school, and work. Understand simple airport announcements, radio and television advertisements, personal interviews, and brief news items such as weather forecasts. Get the gist of more complicated scripts such as short lectures and news items.

Speaking. Use complete sentences to express immediate needs and interests. Hold a simple face-to-face conversation consisting of questions and answers with a Russian interlocutor about daily routine, home, family, school, and work. Discuss basic likes and dislikes in literature and the arts. Manage simple transactional situations in stores, post offices, hotels, dormitories, libraries, and so on.

Reading. Read signs and public notices. Understand common printed advertisements and announcements. Understand simple personal and business correspondence. Get the gist of important details in brief articles of topical interest such as news reports on familiar topics, weather forecasts, and entries in reference books. Understand significant parts of longer articles on familiar topics and brief literary texts.

Writing. Write short notes to Russian acquaintances, including invitations, thank you notes, and simple directions. Write longer letters providing basic biographical information. Write simple compositions about daily routine, home, family, school, and work.

In addition, students will grasp the essentials of **culture** necessary for active and receptive skills: background information on the topics covered in each unit. Control sociolinguistic aspects of Russian necessary for basic interaction, such as forms of address, greeting and leave-taking, giving and accepting compliments and invitations, and telephone etiquette. Become familiar with some of Russia's cultural heritage: famous writers and their works, as well as other figures in the arts.

For those who wish to continue their study of Russian, **Голоса** provides a firm footing not only in the discrete skills, but in terms of grammatical base as well.

Features of the *Голоса* Program

- **Goals**
  Objectives are stated explicitly for each book and unit in terms of language tools (grammar and lexicon), skills, and cultural knowledge.

- **Focused attention to skills development**
  Each language skill (speaking, reading, writing, listening) is addressed in its own right. Abundant activities are provided to promote the development of competence and confidence in each skill area.

- **Modularity**
  Голоса incorporates the best aspects of a variety of methods, as appropriate to the material. All skills are presented on an equal footing, but instructors may choose to focus on those which best serve their students' needs without violating the structural integrity of individual units or the program as a whole.

- **Authenticity and cultural relevance**
  Each unit contains authentic materials and realistic communicative activities for all skills. The **Голоса** Web page updates materials to account for fast-changing events in Russia.

- **Spiraling approach**
  Students are exposed repeatedly to similar functions and structures at an increasing level of complexity. Vocabulary and structures are consistently and carefully recycled. Vocabulary patterns of reading texts are recycled into subsequent listening scripts.

- **Learner-centered approach**
  Each unit places students into communicative settings to practice the four skills. In addition to core lexicon, students acquire personalized vocabulary to express individual needs.

- **Comprehensive coverage of beginning grammar**
  Communicative goals do not displace conceptual control of the main points of Russian grammar. By the end of Book 1, students have had meaningful contextual exposure to all the cases in both singular and plural, as well as tense/aspects. Book 2 spirals out the basic grammar and fills in those items needed for basic communication.

- **Abundance and variety of exercise material: on-paper, and on the World Wide Web, interactive grammar exercises plus authentic audio and video**
  Oral drills and written exercises progress from mechanical to contextualized to personalized, open-ended activities. The wide variety in exercises and activities ensures that a range of learning styles is served. Updated exercises are available on the Golosa Web Page. The web-based audio program contains nearly twenty hours of recordings (in streamable *and* downloadable MP3). The web-based video allows students to watch authentic, unscripted interviews with Russians from all walks of life. The interviews are appropriate for students both topically and by level of comprehension.

- **Learning strategies**
  Students acquire strategies that help them develop both the productive and receptive skills. This problem-solving approach leads students to become independent and confident in using the language.

- **Phonetics and intonation**
  Pronunciation is fully integrated and practiced with the material in each unit rather than covered in isolation. Intonation training includes requests, commands, nouns of address, exclamations, and non-final pauses, in addition to declaratives and interrogatives.

Organization of the *Голоса* Program

The **Голоса** package consists of three components: textbooks, student Workbooks, and World Wide Web audio, video, and cultural supplements. The course is divided into two books of ten units each. Every unit maintains the following organization.

Overview

The opening page of each unit provides a clear list of the communicative tasks the unit contains, of the grammatical material it introduces, and of the cultural knowledge it conveys.

Точка отсчёта

Введение. This warm-up section uses illustrations and simple contexts to introduce the unit vocabulary. A few simple activities provide practice of the new material, thereby preparing students for the taped **Разговоры,** which introduce the unit topics.

Разговоры для слушания. Students listen to semi-authentic conversations. Simple pre-script questions help students understand these introductory conversations. Students learn to grasp the gist of what they hear, rather than focus on every word. The **Разговоры** serve as an introduction to the themes of the unit and prepare students for the active conversational work to follow in **Давайте поговорим** on the next page.

Давайте поговорим

Диалоги. As in previous editions, the **Диалоги** introduce the active lexicon and structures to be mastered.

Упражнения к диалогам. These exercises help develop the language presented in the dialogs. They consist of

- **Вопросы к диалогам** (*new for the third edition*). Straightforward questions in Russian, keyed to the dialogs.

- **Лексика в действии.** Students learn how to search out language in context and use it. Exercises proceed from less complicated activities based on recognition to those requiring active use of the language in context. This set of activities prepares students for the **Игровые ситуации.**

- **Игровые ситуации.** Role plays put the students "on stage" with the language they know.

- **Устный перевод.** This section resembles the **Игровые ситуации,** but here students find that they must be more precise in conveying their message.

Грамматика

This section contains grammatical presentations designed to encourage students to study the material at home. They feature clear, succinct explanations, charts and tables for easy reference, and numerous examples. Important rules and tricky points are highlighted in special boxes. Simple exercises follow each grammar explanation, for use in class. Additional practice is provided by taped oral pattern drills and written exercises in the Student Lab Manual/Workbook, for homework.

Давайте почитаем

Authentic reading texts are supplemented with activities that direct students' attention to global content. Students learn strategies for guessing unfamiliar vocabulary from context and for getting information they might consider too difficult. The variety of text types included in **Давайте почитаем** ensures that students gain extensive practice with many kinds of reading material: official forms and documents; daily schedules; menus; shopping directories; maps; newspaper advertisements; TV and movie schedules; weather reports, classified ads; brief messages; newspaper articles; poetry; and short stories.

Давайте послушаем

Guided activities teach students strategies for developing global listening skills. Questions in the textbook accompany texts on the Audio (scripts appear in the Instructor's Manual). Students learn to get the gist of and extract important information from what they hear, rather than trying to understand every word. They are exposed to a great variety of aural materials, including messages recorded on telephone answering machines; public announcements; weather reports; radio and TV advertisements; letters on cassette; brief speeches; conversations; interviews; news features and reports; and poems.

Обзорные упражнения

Located at the end of each Unit, these activities present situations that call for students to integrate several skills. For example, students scan part of a newspaper to find out what weather to expect. Based on the weather report, they then call to invite a friend to either a movie or a picnic. When they cannot get hold of the friend on the phone, they leave a note. Many writing exercises that fulfill real communicative needs are included in this section.

Между прочим

Culture boxes, spread throughout each Unit, serve as the hook into the realia of Russia.

Словарь

In the Third Edition, the **Словарь** at the end of each Unit separates active from receptive-skills vocabulary. The **Словарь** at the end of the book lists the first Unit in which the entry is introduced both for active and receptive use.

Рабочая тетрадь

The **Голоса** Lab Manual/Workbook is the main vehicle for student work outside of class. It consists of the following parts:

Числительные. Students become familiar with numbers in context and at normal conversational speed. These sections are especially important for transactional situations.

Фонетика и интонация. Голоса has been the field's leader in explicit work in phonetics and intonation. This remains unchanged in the third edition.

Устные упражнения. In the Oral Drills, students practice active structures.

Письменные упражнения. The written homework section starts with mechanical manipulation and builds up to activities resembling free composition. The third edition features more simple English-Russian translation exercises, especially for those constructions that give English speakers problems (e.g. possessives, **y**-constructions, subjectless sentences).

Голоса в сети (www.prenhall.com/golosa)

The **Голоса** Website features a robust set of audio, video, and interactive materials.

Аудиопрограмма. Full audio program for the textbook and the Lab Manual/Workbook, featuring the voice talents of over two dozen speakers of Contemporary Standard Russian.

ГОЛОСА-Видео. Easy-to-follow video shorts include interviews with real Russians in various settings in-country. Available for those with broadband connections (DSL, cable modem, LAN, etc.)

Дополнительные тексты для чтения. Authentic readings for use both on-screen and in hardcopy, accompanied by full pre- and post-text exercises.

Письменные упражнения Онлайн. Expanded on-line written homework takes the drudgery out of doing exercises (for the students) and correcting them (for the instructors).

Интересные места. Links to other real Russian sites, along with appropriate activities.

Руководство для преподавателя. On-line Instructor's Manual with lesson schedules, scripts, and sample tests.

Acknowledgments

The authors would especially like to thank the reviewers, who helped in the initial stages of the manuscript:

Karen Black, Millersville University, Zheng-min Dong, Washington State University, Andrew Drozd, University of Alabama, Anastasia Koralova, University of North Carolina—Charlotte, Dasha Nisula, Western Michigan University, David Prestel, Michigan State University, Benjamin Rifkin, University of Wisconsin—Madison, Cynthia Ruder, University of Kentucky, Janet Tucker, University of Arkansas, Hallie White, Boston University

We would also like to thank the many who were involved in the audio and video ancillaries:

Oksana Prokhvacheva, Olga Fedycheva, Valery Gushchenko, Nadezhda Gushchenko, Ludmila Guslistova, Alexander Guslistov, Natalia Jacobsen, Yuri Kudriashov, Elena Kudriashova, Liliana Markova, Elena Ovtcharenko, Kristin Peterson, Mark Segal, Andrei Shatalin, Andrei Zaitsev, The George Washington University Instructional Technology Lab

The authors would like to thank Vera Belousova, Ohio University, for her helpful comments as we prepared the third edition.

Алфавит

- The Russian alphabet and sound system
- Print, italic, and cursive
- Vowel reduction
- Palatalization
- Devoicing of consonants in final position
- Consonant assimilation
- **Workbook:** Geographical names
  Numbers 1–10

Русский алфавит

Introduction to the Russian Alphabet

А Б В Г Д Е Ё Ж З И Й К Л М Н О П Р С Т У Ф Х Ц Ч Ш Щ Ъ Ы Ь Э Ю Я

The Russian alphabet contains 33 characters: 10 vowel letters, 21 consonant letters, and two signs. Russian spelling closely reflects pronunciation. Once you have learned the alphabet and a few pronunciation rules, you will be able to recognize many familiar words and proper names.

Some Russian letters look and sound somewhat like their English counterparts:

CONSONANTS

LETTER		APPROXIMATE PRONUNCIATION
К	к	like **k** in skit, but without aspiration or breath
М	м	like **m** in mother
С	с	like **s** in sail — (never like **k**)
Т	т	like **t** in stay, but tongue against upper teeth

VOWELS

LETTER		APPROXIMATE PRONUNCIATION
А	**А**	when stressed, like **a** in father
О	**О**	when stressed, between the **o** in mole and the vowel sound in talk

Words you knew all along: Each word is under a drawing that illustrates it.

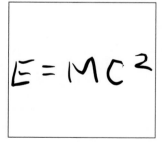

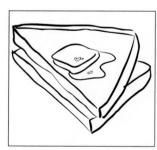

| ма́ска | ма́ма | ма́сса | то́ст |

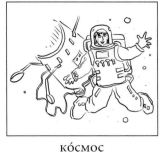

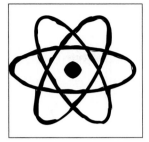

| кот | ко́смос | а́том |

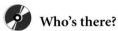 **Who's there?**

— Кто там?
— Том.

Stress

Listen to the first two words again: **ма́ска, ма́ма.** You will note that the stressed **a** is pronounced like the **a** in *father,* whereas the unstressed **a** is pronounced like the **a** in *about*. This change in the sound of an unstressed vowel letter, called reduction, is even more noticeable with the vowel letter **o**. For example, in the word **ко́смос,** the unstressed **o** in the second syllable is reduced to the sound of **a** in *about*.

Russian publications mark stress only in dictionaries. But since the stress on a word determines how some of the vowel letters are pronounced, we mark it for all the words you need to pronounce (in dialogs, glossaries, and tables). If a word has only one syllable, however (like **кот, кто, там**), no stress mark will be included. Capitalized stressed vowels are also not marked. So if you see the proper name **Отто,** you know to place the stress on the first syllable.

 Some Russian letters look like Greek letters, which you may recognize from their use in mathematics or by some student organizations:

LETTER		APPROXIMATE PRONUNCIATION
Г	г	like **g** in gamma
Д	д	like **d** in delta, but with tongue against upper teeth
Л	л	like **l** in lambda, but tongue against upper teeth
П	п	like **p** in spot (looks like Greek pi)
Р	р	flap **r**, similar to trilled r in Spanish; similar to **tt** in *better* and *butter* (looks like Greek rho)
Ф	ф	like **f** in fun (looks like Greek phi)
Х	х	like **ch** in Loch Ness (looks like Greek chi)

More geographical names

Да́ллас
Оклахо́ма
Ома́ха
Корк
Ха́ртфорд
Ога́ста

 You'll no doubt recognize . . .

Да!
ла́мпа
па́па
порт
сорт
па́спорт
фо́то
фотоаппара́т
фото́граф
Ха-ха-ха!

Your textbook is called . . .
Голоса́ "voices" (**Го́лос** is one voice).

 Here are four Russian letters that look but do not sound like English letters:

Consonants

LETTER		APPROXIMATE PRONUNCIATION
В	**в**	like **v** in *volcano*
Н	**н**	like **n** in *no,* but tongue against upper teeth

Vowels

LETTER		APPROXIMATE PRONUNCIATION
Е	**е**	when stressed, like **ye** in *yesterday*
У	**у**	like **oo** in *shoot,* but with extreme lip rounding

Words you already know

дóнор
нет
нóта
кларнéт
профéссор
студéнт
студéнтка
урá!
áвгуст
панорáма
пропагáнда

Places you might have been

Москвá
Атлáнта
Тýсон
Техáс
Канáда
Вермóнт

Four more Russian consonants are introduced below. Note that **Б б** has a different shape for its upper and lower case forms.

LETTER		APPROXIMATE PRONUNCIATION
З	**з**	like **z** in *zebra*
Б	**б**	like **b** in *boy*
Й	**й**	like **y** in *boy* or *gray*
Ж	**ж**	like **s** in *measure*, but with tongue farther back

Кто геóграф?

Бóстон
Лос-Анджелес
Женéва
Канзáс
Арканзáс
Небрáска
Айдáхо
Айóва
Род-Айленд
Огáйо
Квебéк

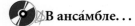**В ансáмбле. . .**

тромбóн
флéйта
кларнéт
банджó
гитáра
саксофóн

More words you know . . .

трамвáй
троллéйбус
банáн
зéбра
журнáл

Here are the last four Russian consonants and two more vowel letters:

Consonants

LETTER		APPROXIMATE PRONUNCIATION
Ц	ц	like **ts** in *cats*
Ч	ч	like **ch** in *cheer*
Ш	ш	like **sh** sound in sure, but with tongue farther back
Щ	щ	like long **sh** sound in fresh sherbet, but with tongue farther forward

Vowels

LETTER		APPROXIMATE PRONUNCIATION
И	и	like **i** in *machine*
Ё	ё	like **yo** in *New York;* always stressed

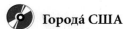**Городá США**

Цинциннáти
Сан-Франци́ско
Чикáго
Вашингтóн

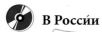**В Росси́и**

Чёрное мóре
Сóчи
Камчáтка
Благовéщенск

Вéщи

машúна

шоколáд

матч

плащ

 Names of the famous

Антóн Чéхов
áвтор дрáмы «Чáйка»

Фёдор Достоéвский
áвтор ромáна «Идиóт»

Алексáндра Коллонтáй
дипломáт

Лев Трóцкий
рýсский полúтик,
командúр Крáсной áрмии

Лев Толстóй
áвтор ромáна
«Анна Карéнина»

Михаúл Горбачёв
Президéнт СССР

Алла Пугачёва
певúца

Алексáндр Пýшкин
отéц рýсской литератýры

Никúта Хрущёв
коммунистúческий лúдер

Галúна Улáнова
балерúна

Валентúна Терешкóва
космонáвт

Михаúл Щéпкин
актёр

The last four Russian vowel letters are given below:

LETTER		APPROXIMATE PRONUNCIATION
Ы	**ы**	between the **a** in *about* and the **ee** in *see*
Э	**э**	like **e** in *set*
Ю	**ю**	like **yu** in *yule*
Я	**я**	when stressed, like **ya** in *yacht*

 Кто э́то?

Это америка́нцы.
Это юри́сты.
Это музыка́нты.
Это оте́ц и сын.

Что э́то?

Это каранда́ш.
Это ру́чка.
Это су́мка.
Это рюкза́к.
Это я́щик.
Это я́блоко.

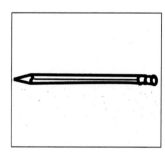
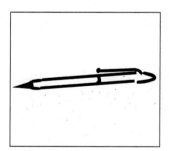

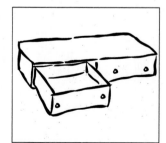

➤ *Complete Exercises 1–9 in the Workbook.*

Palatalized and Unpalatalized (Hard and Soft) Consonants and Ь, Ъ

The Russian alphabet also includes the following two symbols, which represent no sound in and of themselves:

Ь (**мя́гкий знак**) soft sign — indicates that the preceding consonant is palatalized; before a vowel it also indicates a full [y] sound between the consonant and vowel.

Ъ (**твёрдый знак**) hard sign — rarely used in contemporary language — indicates [y] sound between consonant and vowel.

A **palatalized consonant** is pronounced with the blade of the tongue pressed up against the hard palate. A palatalized consonant sounds like a consonant plus the [y] sound of "yes" pronounced *at the exact same time*. The letter **ь** (**мя́гкий знак**) indicates that the preceding consonant is **palatalized.** Look at these examples:

NOT PALATALIZED (NO **ь**)		PALATALIZED (**ь**)	
мат	checkmate	мать	mother
бит	computer bit	бить	to beat
гото́в	ready	гото́вь!	prepare it!
то́лком	cogently	то́лько	only
мел	chalk	мель	sandbar
вон	over there	вонь	stench
спор	debate	спорь!	argue!
Бори́с	Boris	бори́сь!	fight!

In addition to **ь**, the vowel letters **е, ё, и, ю, я** also indicate that the preceding consonant is **palatalized.**

In the following conversation the palatalized consonants and their vowel indicators are underlined:

— <u>Мен</u>я́ зову́т О<u>ль</u>га.
— О<u>че</u>нь при<u>я́</u>тно, О<u>ль</u>га! Сэ<u>лл</u>и. Вы студе́нтка?
— Да.
— Вы а<u>ме</u>рика́нка?
— Да, я из <u>Нь</u>ю-Йо́рка.

Authors of Russian dictionaries generally refer to unpalatalized consonants as *hard* and palatalized consonants as *soft*. **This is the terminology we shall use from now on.**

To summarize what we have said so far . . .

а	э	о	ы	у	∅	*indicate that the preceding consonant is HARD*
я	е	ё	и	ю	ь	*indicate that the preceding consonant is SOFT*

The symbol ∅ means "no vowel at all."

In short, after consonants, the vowel letter pairs **а/я, э/е, о/ё, ы/и,** and **у/ю** represent essentially the *same* vowel *sound.* Their only difference is that the letters in the bottom row tell you that the preceding consonant is **palatalized** or **soft.**

HARD CONSONANTS		SOFT CONSONANTS	
да-да!	'oh yes!'	дя́дя	'uncle'
мэр	'mayor'	мер	'of measures'
быт	'daily life'	бит	'computer bit'
живо́т	'belly'	живёт	'he/she lives'
му́зыка	'music'	мюзик-хо́лл	'music hall'

Let's get acquainted!

— Здра́вствуйте! Как вас зову́т?
— Меня́ зову́т Жа́нна.
— Очень прия́тно познако́миться, Жа́нна!

— Жа́нна, где вы живёте?
— Я живу́ в Нью-Йо́рке. А вы?
— Я живу́ в Москве́.
— Пра́вда?

ТСЯ and ТЬСЯ

These two combinations are pronounced as if spelled **ца.**

More about Ь and Ъ (**мя́гкий знак** and **твёрдый знак**)

You already know that **ь** (**мя́гкий знак**) softens the preceding consonant. When **ь** occurs before another vowel, it adds an additional English [y] sound. For example:

налёт = 'air raid'   **нальёт** = 'will pour'

The letter **ъ** (**твёрдый знак**) occurs rarely. It adds an extra English [y] sound into a syllable. For example:

се́ла = 'she sat down'   **съе́ла** = 'she ate up'

➤   *Complete Exercise 10 in the Workbook.*

Vowel Reduction

Russian vowels **о, а, е,** and **я** are pronounced differently when unstressed.

Vowel Reduction Rule 1:

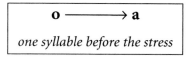

о ——→ a
one syllable before the stress

We write:

Мо	сквá

We say:

Ма	сквá

Монтáна	Оттáва
Владивостóк	Сонóра
Москвá	Колýмбус

Vowel Reduction Rule 2:

о, а ——→ ə ("uh")
more than one syllable before the stress and anywhere after the stress

We write:

Ко	ло	рá	до

We say:

Кə	ла	рá	дə

Ма	ни	тó	ба

Мə	ни	тó	бə

Words you know . . .

профéссор	панорáма
шоколáд	пропагáнда
Лóндон	маргарúн
Волгогрáд	телевúзор
Владúмир	контрáкт

Vowel Reduction Rule 3:

> **е, я** (not at the end of a word) ⟶ I (**"ih"**)
>
> **я** (at the end of a word) ⟶ уə (**"yuh"**)
>
> *when unstressed*

We write:

Пе	тер	бу́рг

Я	по́	ни	я

We say:

Пɪ	тɪр	бу́рг

Yɪ	по́	ни	уə

в январе́
в феврале́
в ма́рте
в апре́ле
в ма́е
в ию́не

в ию́ле
в а́вгусте
в сентябре́
в октябре́
в ноябре́
в декабре́

Name, please?

— Как вас зову́т?
— Меня́ зову́т Фёдор.

— Как его́ зову́т?
— Его́ зову́т Пётр.
— Кто он?
— Он фото́граф.

— Как её зову́т?
— Её зову́т Ма́ша.

Г pronounced *how?*

In a few words **г** is pronounced as if it were **в**: We spell **его** but say [**евó**].

Familiar objects

— Что э́то?
— Это мой каранда́ш.
— А э́то что?
— Это моя́ ру́чка.
— А э́то?
— Это мой рюкза́к.
— А э́то?
— Это моя́ су́мка.
— Вот фотогра́фия.

ч in что

Russians pronounce **что** as if it were spelled [**што**].

Voiced and Voiceless Consonants

Place your fingers on your vocal chords and say the *sounds* (not the names of the letters) in the chart below:

в	з	ж	б	г	д	*Vocal chords vibrate (VOICED)*
ф	с	ш	п	к	т	*Vocal chords do not vibrate (VOICELESS)*

Two rules affect these consonants:

1. Word final devoicing

Voiced consonants at the end of words are pronounced voiceless.

We write:	We say:
Чéхо**в**	Чéхо[**ф**]
джа**з**	джа[**с**]
гара**ж**	гара́[**ш**]
сно**б**	сно[**п**]
маркéтин**г**	маркéтин[**к**]
Мадри́**д**	Мадри́[**т**]

2. Voiced-voiceless assimilation

When voiced and voiceless consonants are adjacent to each other, the nature of the *second* consonant dictates the nature of the first. To put it more succinctly, when two consonants go walking, the second one does the talking:

voiced + voiceless ⟶ *voiceless + voiceless*

в Ки́еве   [**ф** К]и́еве

су**бт**и́тры   су[**пт**]и́тры

voiceless + voiced ⟶ *voiced + voiced*

баскет**бó**л   баске[**дб**]óл

Пи́т**сб**ург   Пи́[**дзб**]ург

ва**с** **з**ову́т   ва[**з з**]ову́т

Russian Alphabet — Cursive and Italic

The Russian script alphabet is given below. *Russians do not print when writing by hand! Script is universal.* For this reason, you must learn to read and write script.

Аа	*Аа*	*Аа*	Upper case cursive A is not *a*.
Бб	*Бб*	*Бб*	*б* and *в* are the only tall lower case cursive letters.
Вв	*Вв*	*Вв*	
Гг	*Гг*	*Гг*	*г* is rounded. Squared off corners result in *ч* (ч).
Дд	*Дд*	*Дд*	Do not confuse *д* (д) and *г* (г).
Ее	*Ее*	*Ее*	
Ёё	*Ёё*	*Ёё*	In most printed texts, the two dots are omitted.
Жж	*Жж*	*Жж*	
Зз	*Зз*	*Зз*	Do not confuse *з* (з) and *э* (э).
Ии	*Ии*	*Ии*	Bring *и* down to the baseline (not ∪).
Йй	*Йй*	*Йй*	
Кк	*Кк*	*Кк*	Lower case *к* is small, not tall.
Лл	*Лл*	*Лл*	Begins with a hook.
Мм	*Мм*	*Мм*	Begins with a hook. Do not confuse *м* (м) and *т* (т).
Нн	*Нн*	*Нн*	Do not confuse *н* (н) and *п* (п).
Оо	*Оо*	*Оо*	
Пп	*Пп*	*Пп*	Do not confuse *п* (п) and *н* (н).
Рр	*Рр*	*Рр*	
Сс	*Сс*	*Сс*	
Тт	*Тт*	*Тт*	Do not confuse *т* (т) and *м* (м).
Уу	*Уу*	*Уу*	Upper case *У* does not dip below the line.
Фф	*Фф*	*Фф*	
Хх	*Хх*	*Хх*	
Цц	*Цц*	*Цц*	
Чч	*Чч*	*Чч*	*ч* is squared off. Rounded corners result in *г* (г).
Шш	*Шш*	*Шш*	Do not confuse Russian *ш* and English *w*.
Щщ	*Щщ*	*Щщ*	
Ъъ	*Ъъ*	*ъ*	Like a small *seven* merged with a *six*, not like a tall *b*.
Ыы	*Ыы*	*ы*	Since **ъ, ы,** and **ь** never begin a word, there is no upper case cursive version for any of these letters.
Ьь	*Ьь*	*ь*	Like a small *six*, not like a tall *b*.

Ээ	Ээ	*Ээ*	Do not confuse *э* (**э**) and *з* (**з**).
Юю	Юю	*Юю*	
Яя	Яя	*Яя*	Begins with a hook.

Summary of handwriting hints:

1. The letters *л, м,* and *я* begin with hooks.

2. There are only two tall lower case script letters: *б* (**б**) and *в* (**в**).

3. **Мя́гкий знак (ь)** looks like a *small six:* *ь.* **Твёрдый знак (ъ)** looks like a small six with a tail: *ъ.* Neither letter has anything in common with an English script "b."

4. The letter *ы* (**ы**) is small and looks somewhat like a *small six connected to a 1*, **NOT** *ы, ы,* etc.

5. Do not confuse *м* (**м**) with *т* (**т**) or *з* (**з**) with *э* (**э**).

6. The letters *ш, и,* and *й* all terminate on the base line. Avoid writing *Ш, Ц,* etc.

Writing samples from the Alphabet Lesson. Practice writing the following words from the Introductory Unit.

маска   мама   масса   тост   кот   космос   атом – Кто там? – Том.

Даллас   Оклахома   Омаха   Корк   Хартфорд   Огаста

Да!   лампа   папа   порт   сорт   паспорт   фото   фотоаппарат   фотограф   Ха-ха-ха!   Голоса

донор   нет   нота   кларнет   профессор   студент   студентка   ура!   август   панорама   пропаганда

Москва   Казахстан   Атланта   Кентукки   Тусон   Техас   Канада   Вермонт

Бостон   Лос-Анджелес   Женева   Канзас   Арканзас   Небраска   Айдахо   Айова   Род-Айленд   Огайо   Квебек

В ансамбле. . .   тромбон   флейта   кларнет   банджо   гитара   саксофон

трамвай   троллейбус   банан   зебра   журнал

Города США: Цинциннати   Сан-Франциско   Чикаго   Вашингтон.   В России: Чёрное   море   Сочи   Камчатка   Благовещенск

Вещи: машина шоколад матч плащ

Антон Чехов, автор драмы "Чайка"   Фёдор Достоевский, автор романа "Идиот"   Александра Коллонтай, дипломат   Лев Троцкий, русский политик, командир Красной армии   Лев Толстой, автор романа "Анна Каренина"   Михаил Горбачёв, Президент СССР   Алла Пугачёва, певица   Александр Пушкин, отец русской литературы   Никита Хрущёв, коммунистический лидер   Галина Уланова, балерина   Валентина Терешкова, космонавт   Михаил Щепкин, актёр

Кто это?   Это американцы.   Это юристы.   Это музыканты.   Это отец и сын.

Что это?   Это карандаш.   Это ручка.   Это сумка.   Это рюкзак.   Это ящик.   Это яблоко.

мат   мать   бит   бить   готов   готовь   толком   только   мел   мель   вон   вонь   спор   спорь!   Борис   борись!

Keyboarding in Cyrillic

All Russians write script. Fewer type. However, with the advent of computing in Russia, typing has become a widespread skill.

Unfortunately, the native Russian keyboard follows no logical pattern — at least from the point of view of those who use the Roman alphabet. You can see this in the keyboard chart below:

ЙЦУКЕНГШЩХЪЁ
ФЫВАПРОЛДЖЭ
ЯЧСМИТЬБЮ.

This keyboard is universal in Russia and is the one that Microsoft has adopted for use in Cyrillic-enabled versions of Windows.

Most non-Russian students prefer not learn the native Cyrillic keyboard, and indeed, most find ways of creating a keyboard layout in which **Б** is on the "B" key, **Г** on the "G" key, **Д** on the "D" key, and so on.

You can find out how to go about getting your computer to produce Russian on the **Голоса** website.

Немного о себе

Коммуникативные задания

- Greeting people
- Introducing and giving information about yourself
- Asking for information about someone else

Грамматика

- Russian names
- Formal and informal speech situations: **ты–вы**
- Gender—Introduction
- The nominative case
- The prepositional case—Introduction
- The verb *to be* in Russian present tense sentences
- **Workbook:** Numbers 11–20
  Intonation contour 1 (IC-1)
  Unstressed **o** and **e**

Между прочим

- Russian greeting habits

Введение

When greeting each other, Russians say: **Здра́вствуйте** and **Здра́вствуй.**

Other greetings include: **до́брое у́тро, до́брый день, до́брый ве́чер.**

Ме́жду про́чим

Saying "Hello." Russians greet each other only the first time they meet on a particular day. During subsequent encounters that day they usually just nod or make eye contact.

Physical contact. Russians often embrace if they haven't seen each other for a long time. Men tend to shake hands each time they meet.

A. How would you greet people at the following times of day?

9:00 A.M.	3:00 P.M.
10:00 A.M.	7:00 P.M.
2:00 P.M.	9:00 P.M.

 When Russians introduce each other, the new acquaintances usually shake hands and give their own names.

Introduce yourself to your classmates.

Now use the model above to introduce your classmates to each other.

Б. **Что чему́ соотве́тствует?** Match the noun referring to a man with the corresponding noun referring to a woman.

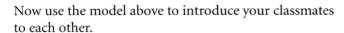

1. ру́сский	___ англича́нка
2. америка́нец	___ студе́нтка
3. кана́дец	___ бизнесме́нка
4. студе́нт	___ кана́дка
5. англича́нин	___ америка́нка
6. бизнесме́н	___ ру́сская

Which words would you use to describe yourself?

Я _____.

Я _____.

 # Разговоры для слушания

You will probably always be able to *understand* more Russian than you are able to speak. So, one part of each unit will be devoted to listening to conversations that practice the unit's topic. In the following conversations you will hear the way Russians greet each other and introduce themselves. You will not be able to understand everything you hear. In fact, you shouldn't even try. As soon as you have understood enough information to answer the questions, you have completed the assignment.

Разгово́р 1. Дава́йте познако́мимся!

1. What is the name of the male speaker?
2. What is the name of the female speaker?
3. What nationality is the woman?
4. Where is she from?
5. Where does the man go to school?

You will now hear two more conversations. Here are some suggestions on how to proceed:

- Read the questions first.
- Listen to the whole conversation to get the gist of it.
- Keeping the questions in mind, listen to the conversation again for more detail.
- If necessary, listen one more time to confirm your understanding of what is going on. Don't worry if you don't understand everything. (This cannot be overemphasized!)

Разгово́р 2. Разреши́те предста́виться.

1. What is the American's name?
2. What is the Russian's name?
3. What does she teach?
4. What American cities has the young man lived in?
5. Where does he go to school?

Разгово́р 3. Вы кана́дец?

1. What is the name of the male speaker?
2. What is the name of the female speaker?
3. What is the man's nationality?
4. Where is he from?
5. Where does the woman go to school?

Давайте поговорим

🔘 Диалоги

1. Здра́вствуйте!

— Познако́мьтесь!
— Здра́вствуйте! Ма́ша.
— Эд. Очень прия́тно!
— Очень прия́тно!

2. До́брое у́тро!

— До́брое у́тро! Меня́ зову́т Ве́ра. А как тебя́ зову́т?
— Меня́? Эван.
— Как ты сказа́л? Эванс?
— Эван. Это и́мя. А фами́лия — Джо́нсон. Я америка́нец.
— Очень прия́тно познако́миться!
— Ты студе́нт?
— Да.
— Я то́же студе́нтка.

3. До́брый день!

— До́брый день! Меня́ зову́т Джейн Па́ркер. Я америка́нка.
— Здра́вствуйте. Красно́ва Ольга Петро́вна. Вы студе́нтка, Джейн?
— Да, студе́нтка. Прости́те, как ва́ше о́тчество?
— Петро́вна.
— Очень прия́тно с ва́ми познако́миться, Ольга Петро́вна.

4. До́брый ве́чер!

— До́брый вечер! Меня́ зову́т Вале́рий.
— Джим. Очень прия́тно.
— Ты кана́дец, да? Где ты живёшь в Кана́де?
— Я живу́ и учу́сь в Квебе́ке.
— Зна́чит, ты студе́нт. Я то́же.
— Пра́вда? А где ты у́чишься?
— Я живу́ и учу́сь здесь, в Ирку́тске.

5. Здра́вствуйте! Дава́йте познако́мимся!

— Здра́вствуйте! Дава́йте познако́мимся. Меня́ зову́т Ольга Алекса́ндровна. А как вас зову́т?
— Меня́ зову́т Джейн. Очень прия́тно.
— Вы студе́нтка, Джейн?
— Да, студе́нтка. Я учу́сь в университе́те здесь, в Москве́.
— А в Англии где вы у́читесь?
— В Англии? Я живу́ и учу́сь в Ло́ндоне.

Упражнения к диалогам

Ле́ксика в де́йствии

А. Go through the dialogs and determine which names qualify as **и́мя,** which as **о́тчество,** and which as **фами́лия.**

Б. Fill in the blanks with the appropriate words and phrases.

1. An older member of a Russian delegation visiting your university wants to get acquainted with you:
   — Здра́вствуйте. Дава́йте _____ . Меня́ _____ Белоу́сова Анна Никола́евна. А _____ _____ зову́т?
   — Меня́? _____ .
   — Очень _____ познако́миться.

2. A fellow student wants to get acquainted with you:
   — До́брое _____ ! Дава́й _____ .
   _____ зову́т Ма́ша. А как _____ зову́т?
   — _____ зову́т _____ .
   — Очень _____ _____ .

В. Немно́го о себе́.

1. Меня́ зову́т _____ . Моя́ фами́лия _____ .

2. Я _____ . Я _____ .

    студе́нт, студе́нтка,   америка́нец, америка́нка,
    бизнесме́н, бизнесме́нка   кана́дец, кана́дка, англича́нин,
                               англича́нка

3. Я живу́ в _____ .

    Босто́не, Вашингто́не, Нью-Йо́рке, Чика́го, Лос-Анджелесе,
    Сан-Франци́ско, Торо́нто, Квебе́ке, Монреа́ле (*fill in your city*)

4. Я живу́ в _____ .

    Миссу́ри, Иллино́йсе, Ога́йо, Нью-Йо́рке,
    Монта́не, Квебе́ке, Онта́рио (*fill in your state or province*)

5. Я учу́сь в _____ .

    шко́ле, университе́те

Игровы́е ситуа́ции

А. Подгото́вка. Review the dialogs. How would you do the following?

1. Initiate an introduction.
2. Say what your name is.
3. Ask a person with whom you are on formal terms what his/her name is.
4. Ask a person with whom you are on informal terms what his/her name is.
5. Give your first and last name.
6. State your nationality.
7. Say how pleased you are to meet someone.
8. Tell where you live.
9. Tell in which city you go to school.
10. Ask someone what his/her patronymic (first name, last name) is.

Б. Develop a short dialog for each picture.

1.

2.

3.

4.

Ситуа́ции.

This part of the unit gives you the opportunity to use the language you have learned. Read the role-play situations and consider what language and strategies you would use to deal with each one. Do not write out dialogs. Get together with a partner and practice the situations. Then act them out in class.

You are in Moscow:

1. Get acquainted with the following people. Tell them as much as you can about yourself and find out as much as you can about them.

   a. your new Russian teacher
   b. a student sitting next to you
   c. a Russian friend's parents
   d. a young Russian at a party in the cafeteria

2. It is your first day of class in Russia. Introduce yourself to the class. Say as much about yourself as you can.

3. Working with a partner, prepare and act out an introduction situation of your own design. Use what you know, not what you don't know.

ꙮ Устный перевод

Here is your chance to act as an interpreter for an English speaker and a Russian. The purpose is to give additional practice using the linguistic material you are learning. Try to express your client's ideas rather than translating every word.

One student will play the role of the English speaker who knows no Russian. This person's script is given. Your instructor will play the role of the Russian. All students should prepare the interpreter's role by planning how they will express the English speaker's comments in Russian. If you play the interpreter, you will have to give the English version of the Russian's comments as well as the Russian version of the English speaker's comments; those playing the English and Russian speakers must pretend not to know the other language. If the interpreter runs into difficulty, he/she may ask a classmate to help out.

You are in Moscow. A friend who does not know Russian has asked you to help her get acquainted with someone at a party.

ENGLISH SPEAKER'S PART

1. Hello. I'd like to meet you. What's your name?
2. My name is. . . It's nice to meet you.
3. My last name is. . . What's your last name?
4. Is that so! I'm a student too.
5. Yes, I am an American.

Грамматика

1.1 Formal and Informal Speech Situations

Family members and friends normally address each other informally: they call each other by first name and use the **ты** forms of the pronoun *you*. When they first meet, adults normally address each other formally: they may call each other by name and patronymic and use the **вы** forms of the pronoun *you*.

The **вы** forms are also used to address more than one person.

ты FORMS (INFORMAL SINGULAR)	**вы** FORMS (FORMAL AND PLURAL)
Здра́вствуй!	Здра́вствуйте!
Как тебя́ зову́т?	Как вас зову́т?
Как ты сказа́л(а)?	Как вы сказа́ли?
Где ты у́чишься?	Где вы у́читесь?
Где ты живёшь?	Где вы живёте?

Упражнения

А. How would you say hello to the following people?

- your new Russian teacher
- a four-year-old boy
- three little girls
- your next door neighbor

Б. How would you ask the above people their names?

В. Would you address the people below with **ты** or with **вы**?

1. 2. 3. 4. 5.

Г.   The following dialog takes place between people on formal terms (**вы**). Change it to one between people whose relationship is informal.

— Здра́вствуйте! Меня́ зову́т Ольга. А как вас зову́т?
— Меня́ зову́т Джейн. Очень прия́тно.
— Вы студе́нтка, Джейн?
— Да, студе́нтка. Я учу́сь в университе́те здесь, в Москве́.
— А в Аме́рике где вы у́читесь?
— В Аме́рике? Я живу́ и учу́сь в Лос-Анджелесе.

➤   *Complete Oral Drills 1 and 2 in the Workbook.*

1.2   Russian Names

Russians have three names: a first name (**и́мя**), a patronymic (**о́тчество**), and a last name (**фами́лия**).

1.   ИМЯ. This is the given name, the name the parents select when a baby is born. Examples are **Михаи́л, Серге́й, Екатери́на,** and **Ната́лья.** Most names have one or more commonly used nicknames. **Екатери́на,** for example, is called **Ка́тя, Ка́тенька,** and **Катю́ша** by close friends and relatives.

2.   ОТЧЕСТВО. The **о́тчество** is derived from the father's first name by adding a suffix to it (**-овна** for daughters, **-ович** for sons). It means "daughter of. . ." or "son of. . .". It is part of a Russian's full name as it appears in all documents.

   When Russians reach their twenties, usually when they acquire some degree of status at work, they begin to be addressed by their **и́мя–о́тчество** in formal situations. This carries the semantic weight of 'Mr.' and 'Ms.' The literal Russian equivalents of 'Mr.' (**господи́н**) and 'Ms.' (**госпожа́**) are used only in the most official of circumstances. The **отчество́** is used only with the full form of the **и́мя,** never with a nickname.

   Foreigners do not have an **о́тчество.** Unless you are Russian, it is culturally inappropriate for you to introduce yourself using **и́мя–о́тчество.**

3.   ФАМИЛИЯ. Russian last names are slightly different for males and females: the female form of the last name ends in **-a.** He is **Каре́нин;** she is **Каре́нина;** he is **Петро́в;** she is **Петро́ва.** Women may or may not take their husband's **фами́лия** when they get married.

Call your Russian friends by their first name or nickname. Call all other adults, especially your teacher and individuals with whom you are conducting business negotiations, by their name and patronymic.

Упражнение

Что чему́ соотве́тствует? Match the people on the left with their fathers on the right.

PERSON'S FULL NAME

___ Еле́на Ви́кторовна Гусли́стова
___ Игорь Петро́вич Ка́спин
___ Алексе́й Миха́йлович Ма́рков
___ Мари́на Андре́евна Соловьёва
___ Ива́н Серге́евич Канды́бин
___ Ната́лья Ива́новна Петро́ва

FATHER'S FIRST NAME

а. Ива́н
б. Серге́й
в. Пётр
г. Андре́й
д. Михаи́л
е. Ви́ктор

1.3   Gender—Introduction

Зо́я Ива́новна Петро́ва   Евге́ний Ива́нович Петро́в

Russian women's names end in **-а** or **-я.**
Russian men's *full* names end in a consonant. (Many men's *nicknames* end in **-а** or **-я.**
For example, a nickname for **Евге́ний** is **Же́ня,** and a nickname for **Па́вел** is **Па́ша.**)

Nouns denoting nationality also show gender. So far you have seen **америка́нец/ америка́нка, кана́дец/кана́дка,** and **ру́сский/ру́сская.**

Упражнения

A.   Which of the following are men?

1. Григо́рий Анто́нович Бо́ский
2. Мари́я Петро́вна Петро́ва
3. Ната́лья Петро́вна Ивано́ва
4. Фёдор Ива́нович Гага́рин
5. Алекса́ндра Миха́йловна Аксёнова
6. Алекса́ндр Григо́рьевич Буга́ев
7. Бори́с Серге́евич Макси́мов
8. Евге́ния Алекса́ндровна Вознесе́нская
9. Никола́й Па́влович Зерно́в

Б. Parts of the following list were smeared in the rain. Help restore the names by filling in the missing letters. Note that in official Russian, the **фами́лия** comes first, followed by the **и́мя** and **о́тчество**. They are not separated by commas.

Астáфьев   Марúя   Ивáновна
Зáйцев   Ольга   Максúмовна
Монáхов   Сергéй   Михáйлович
Трúшин   Валéрий   Петрóвич
Устúнов   Алексáндра   Андрéевна

В. Match each full name in the left column with its appropriate nickname in the right column. Two nicknames can be used twice.

1. ___ Пáвел	а.	Натáша
2. ___ Евгéний	б.	Áня
3. ___ Алексáндра	в.	Сáша
4. ___ Марúя	г.	Бóря
5. ___ Екатерúна	д.	Лéна
6. ___ Борúс	е.	Пéтя
7. ___ Елéна	ж.	Кáтя
8. ___ Алексáндр	з.	Мáша
9. ___ Пётр	и.	Жéня
10. ___ Ивáн	к.	Мúтя
11. ___ Анна	л.	Мúша
12. ___ Михаи́л	м.	Пáша
13. ___ Евгéния	н.	Вáня
14. ___ Натáлья		
15. ___ Дмúтрий		

Г. Which of the above are women's names?

➤ *Complete Oral Drills 3–5 in the Workbook.*

1.4   Case

One way in which Russian differs from English is that Russian nouns, adjectives, and pronouns have endings that indicate their function in a sentence. Consider these two English sentences.

Mother loves Maria.   and   **Maria loves Mother.**

How can you tell which is the subject and which is the object in these sentences? In English, word order tells you which is which. In Russian, however, endings on nouns and adjectives identify their roles in sentences. For instance, the Russian sentences

Ма́ма лю́бит Мари́ю.   and   **Мари́ю лю́бит ма́ма.**

both mean *Mother loves Maria.*

The system of putting endings on nouns, adjectives, and pronouns is called the case system. Russian has six cases: nominative, accusative, genitive, prepositional, dative, and instrumental.

1.5   The Nominative Case

The nominative case is used for naming. Nouns and adjectives given in the dictionary are in the nominative case. The nominative case is used for:

1. The subject of the sentence.

   Джон — америка́нец.   *John* is an American.

2. The predicate complement in an equational sentence (any word that "is" the subject).

   Джон — **америка́нец.**   John is *an American.*

1.6   The Prepositional Case — Introduction

— Я живу́ **в** Аме́рик**е.**   *I live in America.*
— Вы живёте **в** Нью-Йо́рк**е?**   *Do you live in New York?*
— Нет, **в** Мичига́н**е.**   *No, in Michigan.*
— А я живу́ **в** Калифо́рни**и.**   *Well, I live in California.*

To indicate location, use the preposition **в** followed by a noun in the prepositional case. If you know the nominative case of the singular noun, you can form its prepositional singular as follows:

If the noun in the nominative case ends in a consonant other than **-й,** add **-е:**

NOMINATIVE	PREPOSITIONAL
Нью-Йо́рк	в Нью-Йо́рк**е**
Санкт-Петербу́рг	в Санкт-Петербу́рг**е**

If the noun in the nominative case ends in **-й, -а,** or **-я,** drop that letter and add **-е:**

NOMINATIVE	PREPOSITIONAL
музе́**й**	в музе́**е**
Москв**а́**	в Москв**е́**
Ан**я**	об Ан**е́**

HOWEVER, never write **-ие** as the last two letters in the prepositional case. Write **-ии** instead:

NOMINATIVE	PREPOSITIONAL
Калифо́рни**я**	в Калифо́рни**и**

For foreign words ending in **-о, -и,** or **-у,** the prepositional case looks the same as the nominative case:

NOMINATIVE	PREPOSITIONAL
Колора́до	в Колора́до
Миссу́ри	в Миссу́ри
Баку́	в Баку́

To say "in an American state," you may put the word **штат** in the prepositional case and then keep the state name in the nominative:

Я живу́ в Нью-Йо́рке.	*OR*	Я живу́ в шта́те Нью-Йо́рк.
Я живу́ в Мичига́не.	*OR*	Я живу́ в шта́те Мичига́н.
Я живу́ в Калифо́рнии.	*OR*	Я живу́ в шта́те Калифо́рния.

To say "in an American city," you may put the word **го́род** in the prepositional case and then keep the city name in the nominative:

Я живу́ в Нью-Йо́рке.	*OR*	Я живу́ в го́роде Нью-Йо́рк.
Я живу́ в Анн-Арборе.	*OR*	Я живу́ в го́роде Анн-Арбор.

В or во? В becomes **во** before words that begin with two consonants if the first consonant is **в** or **ф.** This affects three combinations that you are likely to use often: **во Фло́риде, во Фра́нции,** and **во Владивосто́ке.** Since **во** is never stressed, pronounce it as [**ва**].

Упражнения

A.   Indicate which words are in the nominative case (N) and which ones are in the prepositional case (P).

1. Джон (...) — студе́нт. (...)
2. Джон (...) — америка́нец. (...)
3. Я (...) учу́сь в университе́те (...) в Бо́стоне. (...)
4. Ты (...) живёшь в Массачу́сетсе. (...)
5. Бо́стон (...) в Массачу́сетсе. (...)

Б. **Где они живу́т?** Tell where the following people live.

Образец: Где живёт Кэ́рен? (Мичига́н) ➔ Кэ́рен живёт в Мичига́не.

1. Где живёт Джон? (Иллино́йс)
2. Где живёт Кэ́рол? (Арканза́с)
3. Где живёт Ва́ня? (Санкт-Петербу́рг)
4. Где живёт Сью́зан?(Индиа́на)
5. Где живёт Курт? (Монта́на)
6. Где живёт Са́ша? (Москва́)
7. Где живёт Ди́ма? (Росси́я)
8. Где живёт Мэ́ри? (Калифо́рния)
9. Где живёт Де́ннис? (Колора́до)
10. Где живёт Са́ра? (Миссиси́пи)

В. If asked where they live, how would people from the following places answer?

Вашингто́н, Квебе́к, Ло́ндон, Пари́ж, Та́мпа, Аризо́на, Аме́рика, Москва́, Сан-Дие́го, Миссу́ри, Сан-Франци́ско, Филаде́льфия, Англия, Фра́нция, Испа́ния, Герма́ния

Г. **О себе́. Отве́тьте на вопро́сы.** Answer these questions with your own information.

Где вы живёте?
Где вы у́читесь?

Д. **Как по-ру́сски?** Translate into Russian.

1. What is your name? — My name is Natasha.
2. What is your last name? — Sokolova.
3. It's nice to meet you.
4. Are you Russian? — Yes, I am.
5. Where do you live in Russia? — I live in Smolensk.
6. Where do you study? — I study here in Washington.

➤ *Complete Oral Drills 6–9 and Written Exercises 3–6 in the Workbook.*

1.7 The Verb *to be* in Russian Present Tense Sentences

The verb *to be* and its forms *am, are, is* are absent in Russian in the present tense.

Я студе́нт.	*I am a student.*
Я студе́нтка.	*I am a student.*

In writing, a dash is often used when both the subject and the predicate are nouns.

Ва́ня — студе́нт.	*Vanya is a student.*
Та́ня — студе́нтка.	*Tanya is a student.*

Давайте почитаем

In each unit you will read Russian documents and other texts to develop specific strategies for reading in Russian. Do not be surprised or frustrated if you do not know many of the words. First, read the initial questions in English, and then read the Russian text silently trying to find answers to the questions.

A.   Визи́тные ка́рточки. Look through these cards and decide whom you would consult if you:

- needed to find out about a video copyright.
- wanted to find out about the banking system.
- were interested in U.S.-Russian trade.
- wanted to inquire about courses in cultural history.
- were interested in socioeconomic issues.

ИНСТИТУТ НЕЗАВИСИМЫХ СОЦИАЛЬНО-ЭКОНОМИЧЕСКИХ ИССЛЕДОВАНИЙ

СУХОВИЦКАЯ ЕЛЕНА ЛЬВОВНА
СЕКРЕТАРЬ – РЕФЕРЕНТ

191023, Россия, Санкт-Петербург
Кан. Грибоедова, 34, к.210
тел: (812) 110 57 20, факс (812) 110 57 51
e-mail: insei@sovamsu.com

Российская ассоциация интеллектуальной собственности

РОЗАНОВ АЛЕКСАНДР БОРИСОВИЧ
Директор отдела кино- и видеопродукции

Москва, Башиловская ул., 14
Тел.: 261-64-10   Факс: 261-11-78
e-mail: rozanov@rais.ru

Валерий Михайлович МОНАХОВ

Вице-Президент
международные отношения

**РОССИЙСКО—
АМЕРИКАНСКАЯ
КОМПАНИЯ**

199226, Санкт-Петербург
Галерный проезд, 3
Тел. (812) 352 12 49
Факс. (812) 352 03 80

МЕЖЭКОНОМСБЕРБАНК

ФИЛИАЛ В Г. С.-ПЕТЕРБУРГЕ

**ГУЩЕНКО
НАДЕЖДА АЛЕКСАНДРОВНА
ЗАМЕСТИТЕЛЬ ГЛАВНОГО БУХГАЛТЕРА**

196128, . г. Санкт-Петербург   тел.: (812) 296-97-55
ул. Благодатная, 6   факс: (812) 296-88-45

**НИЖЕГОРОДСКИЙ ГОСУДАРСТВЕННЫЙ
ЛИНГВИСТИЧЕСКИЙ УНИВЕРСИТЕТ**
имени Н. А. Добролюбова

ЖИВОЛУПОВА
Наталья Васильевна
доцент
кафедры теории и истории культуры

603163, Нижний Новгород
Тел. (8312) 25-13-78   Факс (8312) 36-20-39
Электронная почта: gen@nnifl.nnov.ru

Which of these cardholders are women?

Б.   Визова́я анке́та. Read through the visa application on the next page. Find out the following information.

1. What is the person's name?
2. When was she born?
3. Why is she going to Russia?
4. What cities does she want to visit?
5. What is her arrival date?
6. What is her departure date?

7. What does she do for a living?
8. Where does she work?
9. Where does she live?
10. How long will she be in Russia?
11. What is the date of this visa application?
12. How do Russians write dates?

**КОНСУЛЬСТВО (консульский отдел посольства)
РФ в США**

ВИЗОВАЯ АНКЕТА

Место для
фотографии

Национальность	*Русская*
Гражданство	*США*
Фамилия	*Сорокина*
Имя, отчество	*Наталья Николаевна*
Дата рождения *14.03.68*	Пол *ж*
Цель поездки	Бизнес ☐ Туризм ☑
Маршрут следования (в пункты)	*Москва – С. Петербург – Москва*
Дата въезда *10.03.04*	Дата выезда *30.03.04*
Профессия	*Преподаватель русского языка*
Место рождения	*Новгород*
Паспорт № *1534762*	Годен до: *22.07.10*
Девичья фамилия	*Бернштейн*
Фамилия мужа/жены	*Сорокин*
Даты Ваших поездок в СССР или Россию *1998, 2002*	
Место работы *Нью-Йоркский университет*	Рабочий тел. *(212) 555-9879*
Адрес постоянного места жительства *1185 44th St., Brooklyn, NY 11323*	Домашний тел. *(718) 555-6658*

Я заявляю, что все данные, указанные в анкете, являются правильными и полными.

Дата: *13.02.04*   Подпись: *Н. Сорокина*

Обзорные упражнения

А.   Расписа́ние. You just arrived in Moscow to study Russian. You have a list of names of the Russian teachers, but you don't know who is teaching what. On the first day of class, the program director reads the schedule to you. Write down the names of the teachers in longhand next to the subjects they teach. The list of teachers is given below.

Па́влова Ири́на Семёновна
Купри́н Никола́й Влади́мирович
Али́ева Мари́на Никола́евна

Авваку́мов Ива́н Алексе́евич
Каза́нцева Мари́на Васи́льевна

Заня́тия

Фами́лия, и́мя, о́тчество преподава́теля

1. Грамма́тика   _____

2. Ле́ксика   _____

3. Фоне́тика   _____

4. Литерату́ра   _____

5. Исто́рия   _____

Б.   Игрова́я ситуа́ция. Act out a situation in which you introduce yourself to one of the teachers in exercise A.

В.   Пресс-конфере́нция. You are an American reporter in Moscow attending a press conference at the Ministry of Foreign Affairs. A government spokesperson is announcing the names of a delegation to an important meeting in Washington. Check them against the list you were given earlier. There are more names on your list than in the announcement.

1. Арба́това Татья́на Алексе́евна
2. Бори́сов Кири́лл Петро́вич
3. Герула́йтис Ге́рман Ка́рлович
4. Константи́нов Евге́ний Па́влович
5. Крапи́вкина Зо́я Дми́триевна
6. Кужу́ва Ни́на Гео́ргиевна
7. Ку́рский Евге́ний Ильи́ч
8. Мура́тов Ахме́д Али́евич
9. Туруха́нов Серге́й Никола́евич
10. Шестко́ Тара́с Ива́нович
11. Ча́йкин Макси́м Па́влович

Г. Приглашéние на вéчер. Listen to the announcer on the tape read the names of the people invited to a party. Check off the names you hear.

Боский Григорий Антонович
Вишевский Антон Николаевич
Владимирова Зинаида Сергеевна
Гагарин Фёдор Игнатьевич
Литвинова Наталья Петровна
Иванова Александра Ивановна
Иванов Максим Ильич
Павлов Пётр Петрович
Петрова Мария Петровна
Шукшин Михаил Петрович

Could any of the people on the list be brother and sister? Who? How do you know?

Д. Read the following descriptions. Then check the people you would like to meet.

1. Меня зовýт Джон. Моя фамúлия Эванс. Я студéнт. Я живý в Лос-Анджелесе в штáте Калифóрния. Я учýсь там в университéте.

2. Меня зовýт Боб. Моя фамúлия Гóрдон. Я живý в штáте Пенсильвáния в гóроде Филадéльфия. Я учýсь в шкóле.

3. Меня зовýт Луúса. Моя фамúлия Фернáндес. Я студéнтка. Я живý в гóроде Колýмбус в штáте Огáйо. Я учýсь в Университéте штáта Огáйо.

4. Меня зовýт Сьюзан Дóнальдсон. Я журналúст. Я живý в Лóндоне.

5. Меня зовýт Крúстофер. Моя фамúлия Маккáрти. Я из Англии. Там я живý в Лóндоне. Сейчáс я учýсь в Амéрике. Я учýсь в университéте в Бóстоне, в штáте Массачýсетс.

6. Меня зовýт Элúзабет. Моя фамúлия Мэйпл. Я живý в Бóстоне. Я учýсь в университéте в гóроде Спрúнгфилд, штáт Массачýсетс.

7. Меня зовýт Пúтер. Моя фамúлия Кларк. Я канáдец. Я живý и учýсь в гóроде Торóнто.

8. Меня зовýт Стúвен. Моя фамúлия Тéйлор. Я учýсь в университéте в Калифóрнии. Я из Детрóйта, штат Мичигáн.

9. Меня зовýт Пáмела. Моя фамúлия Шмидт. Я из Сиэтла, штат Вашингтóн. Я студéнтка. Я учýсь в университéте во Флорúде.

Новые слова и выражения

NOUNS

Аме́рика	America (*the U.S.*)
америка́нец / америка́нка	American (*person*)
англича́нин / англича́нка	English (*person*)
Англия	England
бизнесме́н / бизнесме́нка	businessperson
го́род	city
и́мя	first name
институ́т	institute (*institution of post-secondary education*)
Ирку́тск	Irkutsk (*city in Siberia*)
Кана́да	Canada
кана́дец / кана́дка	Canadian (*person*)
Квебе́к	Québec
Ло́ндон	London
Лос-Анджелес	Los Angeles
Москва́	Moscow
Нью-Йо́рк	New York
о́тчество	patronymic
ру́сский / ру́сская	Russian (*person*)
студе́нт / студе́нтка	student
университе́т	university
фами́лия	last name
штат	state

PRONOUNS

я	I
ты	you (*informal, singular*)
вы	you (*formal and plural*)

VERBS

Я живу́…	I live…
Ты живёшь / Вы живёте…	You live…
Я учу́сь…	I study…
Ты у́чишься / Вы у́читесь…	You study…

ADVERBS

здесь	here
то́же	also

QUESTION WORDS

где	where
кто	who

Но́вые слова́ и выраже́ния

CONJUNCTIONS

a	and (*often used to begin questions or statements in continuing conversation*)

PREPOSITION

в (plus *prepositional case*)	in

PHRASES

да	yes
Дава́йте познако́мимся!	Let's get acquainted!
До́брое у́тро.	Good morning.
До́брый день.	Good afternoon.
До́брый ве́чер.	Good evening.
Здра́вствуй(те)!	Hello!
Зна́чит...	So...
Как вас (тебя́) зову́т?	What's your name?
Как ва́ше о́тчество?	What's your patronymic?
Как ва́ша фами́лия?	What's your last name?
Как ты сказа́л(а)?	What did you say? (*informal*)
Как вы сказа́ли?	What did you say? (*formal and plural*)
Меня́ зову́т...	My name is...
Немно́го о себе́	A bit about myself/yourself.
Очень прия́тно с ва́ми познако́миться.	Pleased to meet you.
Познако́мьтесь!	Let me introduce you! (*lit.* Get acquainted!)
Пра́вда?	Really?
Прости́те.	Excuse me.

NUMBERS

10–19

PASSIVE VOCABULARY

анке́та	questionnaire
(Ваня) живёт...	(Vanya) lives...
введе́ние	introduction
го́лос (*pl.* голоса́)	voice
грамма́тика	grammar
Дава́йте поговори́м!	Let's talk!
Дава́йте почита́ем!	Let's read!
диало́г	dialog
игрова́я ситуа́ция	role-play
коммуникати́вные зада́ния	communicative tasks
ле́ксика в де́йствии	vocabulary in action
ме́жду про́чим	by the way

Новые слова и выражения

музе́й	museum
образе́ц	example
парк	park
подгото́вка	preparation
разгова́ривать	to converse
разгово́р	conversation
разгово́ры для слу́шания	listening conversations
расписа́ние	schedule
рестора́н	restaurant
сло́во (*pl.* слова́)	word
теа́тр	theater
то́чка отсчёта	point of departure
упражне́ние (*pl.* упражне́ния)	exercise
обзо́рные упражне́ния	summary exercises
у́стный перево́д	oral interpretation
Что чему́ соотве́тствует?	What matches what?
шко́ла	school (*primary or secondary, not post-secondary*)

PERSONALIZED VOCABULARY

_____

_____

_____

_____

Что у меня есть?

Коммуникативные задания

- Naming common objects
- Passing through customs
- Greeting friends at the airport
- Reading and listening to ads

Грамматика

- Grammatical gender
- Nominative plural of nouns
- The 5- and 7-letter spelling rules
- Pronouns **он, она́, оно́,** and **они́**
- Possessive pronouns **чей, мой, твой, наш, ваш, его, её,** and **их**
- Nominative case of adjectives
- **Что** vs. **како́й**
- **э́то** vs. **э́тот, э́то, э́та, э́ти**
- Having: **у меня́ (тебя́, вас) есть**
- **Workbook:** Numbers 20–49
  Intonation of questions with
  question words (IC-2)

Между прочим

- Passing through Russian customs

Введение

A. Оде́жда.

пла́вки

га́лстук

пиджа́к

руба́шка

блу́зка

купа́льник

пла́тье

ю́бка

колго́тки

ту́фли

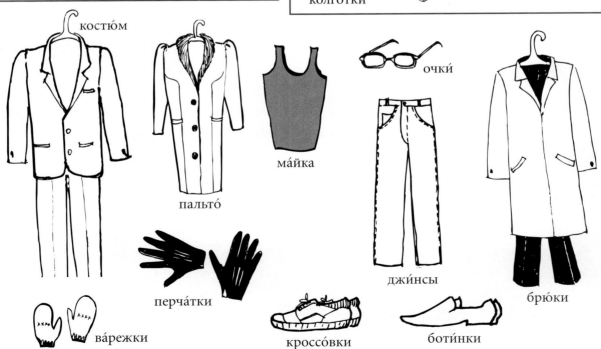

костю́м

пальто́

ма́йка

очки́

джи́нсы

брю́ки

перча́тки

ва́режки

кроссо́вки

боти́нки

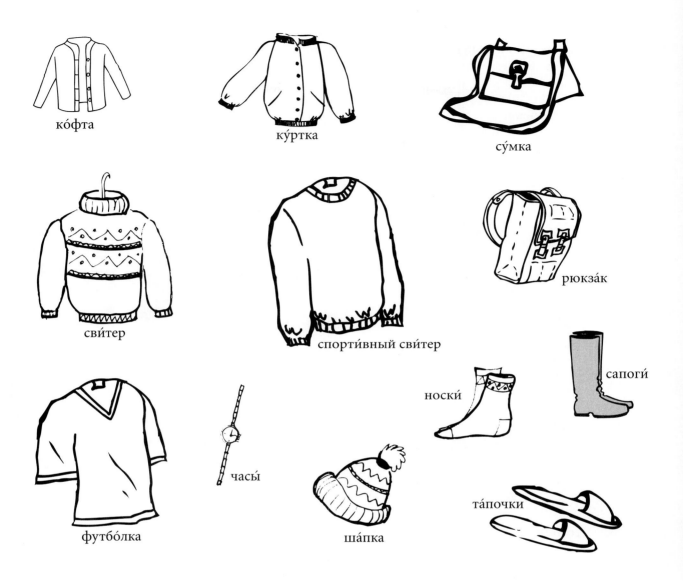

кóфта

кýртка

сýмка

свúтер

спортúвный свúтер

рюкзáк

сапогú

носкú

футбóлка

часы́

шáпка

тáпочки

1. Classify the clothing into related groups such as casual–formal, top–bottom, winter–summer, things you have–things you don't have, men's–women's.
2. You are going to visit a friend for three days. What will you take?

Б. Тéхника. A lot of Russian technical terminology is borrowed from English. Match the pictures with the words. Are there any words you do not recognize? Which items do you own?

1. ____ мобúльный телефóн
2. ____ телевúзор
3. ____ компьютер
4. ____ фотоаппарáт
5. ____ кассéтный магнитофóн
   (кассéтник)
6. ____ машúна
7. ____ видеомагнитофóн
8. ____ прúнтер
9. ____ видеокáмера
10. ____ CD-плéйер

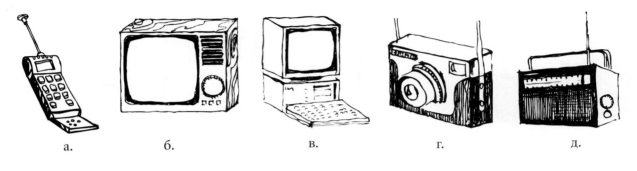

а. б. в. г. д.

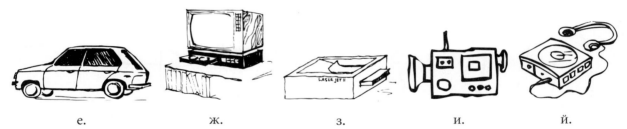

е. ж. з. и. й.

В. Что чему́ соотвéтствует? Which words go together?

1. ____ компьютер
2. ____ фотоаппарáт
3. ____ видеомагнитофóн
4. ____ магнитофóн
5. ____ CD-плéйер

а. видеокассéта
б. дискéтка
в. аудиокассéта
г. слайд
д. диск

Г. Печа́ть. Here are some things that people read. What other things do people read?

книга   докуме́нты   газе́та   письмо́   журна́л   слова́рь

Д. В аудито́рии. Can you find these objects in your classroom?

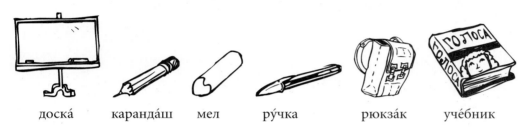

доска́   каранда́ш   мел   ру́чка   рюкза́к   уче́бник

Е. Here are some useful adjectives. Organize the Russian words into pairs of opposites. It will be easier to remember them that way.

но́вый	new	хоро́ший	good
большо́й	large	ма́ленький	small
ста́рый	old	плохо́й	bad
краси́вый	beautiful	некраси́вый	ugly

Разговоры для слушания

Разгово́р 1. На тамо́жне
    Разгова́ривают америка́нец и рабо́тник тамо́жни.

What documents is the passport official interested in?

Разгово́р 2. На тамо́жне.
    Разгова́ривают америка́нец и рабо́тник тамо́жни.

1. What equipment is the American bringing in?
2. How many CDs does he have?
3. What does the American have to explain to the customs official?

Разгово́р 3. По́сле тамо́жни.
    Разгова́ривают Мэ́ри и Ка́тя.

1. What is Katya commenting on?
2. What does Mary have in the suitcase?
3. What is Katya's surprise?

Диалоги

1. Па́спортный контро́ль

— Так. Это па́спорт, а где ви́за?
— Ви́за? Вот она́. А деклара́ция?
— Нет. То́лько па́спорт, ви́за и авиабиле́т.
— Сейча́с. Мину́точку. Вот.
— Хорошо́. Всё. Проходи́те.

2. Что в чемода́не?

— Здра́вствуйте! Чей это чемода́н, ваш?
— Этот си́ний? Мой.
— Что в чемода́не?
— Кни́ги, журна́лы, оде́жда: ма́йки, джи́нсы, пла́тья, ту́фли.
— А э́тот ма́ленький чемода́н — то́же ваш?
— Да. Это компью́тер — ноутбу́к.
— Откро́йте, пожа́луйста!
— Компью́тер? Вот, пожа́луйста.
— Поня́тно. Всё. Проходи́те.

3. С прие́здом!

— С прие́здом, Джим! Ну, как ты? Где твой чемода́н?
— Вот он.
— Како́й большо́й! Что у тебя́ в чемода́не? Те́хника?
— Да. Компью́тер, фотоаппара́т, кассе́ты, пода́рки.
— Пода́рки! Каки́е?
— Это сюрпри́з.
— А у меня́ то́же сюрпри́з.
— Како́й?
— Но́вая маши́на.

С прие́здом! Use this phrase only to greet someone who has arrived from another city or country.

Customs regulations change often. Their severity often depends on your point of entry into Russia. The **Голоса́** website will point you to a number of places where you can check for the latest regulations.

4. Ты молоде́ц!

— Ли́нда! С прие́здом! Как ты?
— Хорошо́, спаси́бо. Здра́вствуй, Ка́тя!
— Это твой чемода́н? Ой, како́й большо́й!
— И э́тот — то́же мой. Тут у меня́ то́лько оде́жда, а там — фотоаппара́т, моби́льный телефо́н, пода́рки.
— Пода́рки?! Интере́сно, каки́е?
— Но́вые компью́терные и́гры. После́дние ве́рсии.
— Ну, Ли́нда, ты молоде́ц!

Молоде́ц! Use this form of praise only with friends. It is not appropriate to praise a teacher or a business colleague like this.

Упражнения к диалогам

А.   У вас есть. . .? Working with a partner, ask and answer questions as in the models.

Образе́ц: — У вас есть те́хника?
— Да, у меня́ есть магнитофо́н.
и́ли
— Нет, у меня́ нет.

Вопро́сы:

— У вас есть. . .?   ра́дио, компью́тер, видеомагнитофо́н, CD-пле́йер,
— У тебя́ есть?   телеви́зор, фотоаппара́т, кассе́та, маши́на, газе́та,
                        англо-ру́сский слова́рь, чемода́н, часы́, очки́

Отве́ты:

— Да, (у меня́) есть.
— Нет, у меня́ нет.

Б.   Your luggage got lost. List at least ten items you had in your suitcase.

В.   What would you wear if you were to go to the places mentioned below?

1. theater
2. beach
3. job interview
4. class at the university
5. ski resort

Г. You have invited a Russian friend to visit you in your home town. List a few things your friend should bring.

Д. **У меня́ есть пода́рок!** Take turns telling your group that you have a gift, but don't say what it is. Others in the group will ask questions in Russian to find out what the gift is.

POSSIBLE QUESTIONS:

Пода́рок большо́й и́ли ма́ленький?
Это оде́жда? Это блу́зка?
Это те́хника? Это кассе́та?

Лексика в действии

А. Review the dialogs. How does the customs official ask the questions below? Practice answering these questions, using the Americans' responses in the conversations to help you.

* Whose suitcase is this?
* Do you have any gifts?
* What is this?

Review the dialogs again. How would you do the following?

* Indicate that you have understood something.
* Welcome someone at the airport.
* Praise someone.
* Thank someone.

Б. **В аэропорту́.** Working with a partner, pretend you are at the airport. Practice responding to the following situations. Then switch roles.

1. WITH CUSTOMS OFFICIAL

— Ваш па́спорт...
— Где ви́за?
— Где па́спорт?
— Где докуме́нты?
— Это ваш чемода́н?
— Что в чемода́не?
— Компью́тер есть?

2. WITH FRIEND

— С прие́здом!
— Как ты?
— Большо́е спаси́бо!
— Это пода́рок.
— У меня́ но́вая маши́на.

※ Игровые ситуации

1. You have just arrived in Russia for a homestay. Get acquainted with your host.
2. You are now unpacking at your host's house. Explain what items you have brought with you.

   a. CD player
   b. computer and printer
   c. VCR and tapes
   d. camcorder
   e. cell phone
   f. camera
   g. newspapers, magazines, books

3. Working with a partner, prepare and act out a situation that deals with the topics of this unit.

※ Устный перевод

You have been asked to interpret for a tourist who is going through customs at Moscow's **Шереме́тьево-2** airport. The Russian customs official has the first line.

ENGLISH SPEAKER'S PART

1. Here it is.
2. Visa? Here it is.
3. This is my suitcase.
4. The big suitcase is mine too.
5. Okay.
6. Clothes, gadgets. . .
7. Computer, tape recorder, camera.

Грамматика

2.1 Grammatical Gender

Russian nouns belong to one of three genders: masculine, feminine, or neuter. You can usually tell the gender of a noun by looking at its last letter in the nominative singular (the dictionary form).

GENDER OF RUSSIAN NOUNS: SCHEMATIC VIEW			
	Masculine	**Feminine**	**Neuter**
Hard stem	чемода́н - ∅	газе́т - а	о́тчеств - о
Soft stem	музе́ - й слова́р - ь	деклара́ци - я за́пис - ь	пла́ть - е

Masculine singular nouns. Nouns that end in a consonant (i.e., ∅—no vowel) are masculine. Examples: **студе́нт**—*male student,* **чемода́н**—*suitcase,* **купа́льник**—*woman's swim suit,* **костю́м**—*suit,* **сви́тер**—*sweater,* **музе́й**—*museum.*

In addition, all nouns referring to men and boys are masculine, even though some of them end in -**а** or -**я**. Examples: **па́па**—*dad,* **дя́дя**—*uncle,* **де́душка**—*grandfather,* and many nicknames for males, such as **Ва́ня, Ви́тя, То́ля,** and **Са́ша.**

Feminine singular nouns. Most nouns that end in -**а** or -**я** are feminine. Examples: **студе́нтка**—*female student,* **руба́шка**—*shirt,* **маши́на**—*car,* **газе́та**—*newspaper,* **анте́нна**—*antenna,* **деклара́ция**—*declaration,* **тамо́жня**—*customs.*

Neuter singular nouns. Nouns that end in -**о, -ё,** or -**е** are neuter. Examples: **пальто́**—*overcoat,* **письмо́**—*letter,* **бельё**—*the wash,* **пла́тье**—*dress.* Nouns that end in -**мя** are also neuter. Examples: **и́мя**—*first name* and **вре́мя**—*time.*

What about nouns that end in -ь? Some nouns that end in -**ь** are masculine (example: **слова́рь**—*dictionary*), and some are feminine (example: **за́пись**—*recording*). For these words, you must learn their gender when you learn the words. In this textbook the feminine nouns that end in -**ь** are labeled (*fem.*) in the word lists and glossaries, and the masculine nouns that end in -**ь** have no special label.

Упражнение

Он, она́ и́ли оно́? Indicate whether the following nouns are masculine, feminine, or neuter.

институ́т, магази́н, шко́ла, руба́шка, письмо́, маши́на, слова́рь, за́пись, ру́чка, Калифо́рния, пла́тье, пода́рок, ра́дио, музе́й, га́лстук, телеви́зор, видеокассе́та, о́тчество, тетра́дь, рюкза́к

2.2   Nominative Plural of Nouns

The nominative plural ending for most masculine and feminine nouns is **-ы** or **-и.** The nominative plural ending for most neuter nouns is **-а** or **-я.** The following tables show how to form the plural of Russian nouns.

MASCULINE AND FEMININE NOUNS		
	Nominative singular	**Nominative plural**
Hard stem	чемода́н ∅ газе́**та**	чемода́**ны** газе́**ты**	**-ы**
Soft stem	музе́**й** слова́**рь** деклара́**ция** за́пис**ь**	музе́**и** словар**и́** деклара́**ции** за́пис**и**	**-и**

NEUTER NOUNS		
	Nominative singular	**Nominative plural**
Hard stem	о́тчеств**о**	о́тчеств**а**	**-а**
Soft stem	пла́ть**е**	пла́ть**я**	**-я**

The 7-letter spelling rule: After the letters **к, г, х, ш, щ, ж,** and **ч,** do not write the letter **-ы.** This is called the 7-letter spelling rule. Whenever an **-ы** or **-и** sound follows one of the seven letters, it is spelled **-и.**

Examples: **кни́га => кни́ги, га́лстук => га́лстуки, гара́ж => гаражи́**

Notes

1. Whenever you change endings on Russian nouns and adjectives, the following three rules are essential.
   a. Delete the old ending before adding a new one.
   b. Add the ending that will allow the stem to retain its hard or soft nature (unless this would cause you to break a spelling rule).
   c. Never break a spelling rule.
2. Sometimes there is an accent shift in the plural: **слова́рь, словари́, письмо́, пи́сьма.** Such words are marked in the glossaries and word lists.
3. Some masculine nouns ending in **-ок** or **-ец** lose this vowel whenever an ending is added.

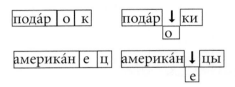

In the word lists and glossaries in this textbook, such words will be listed like this: **пода́р(о)к, америка́н(е)ц.**
4. Some masculine nouns take stressed **а́** as the plural ending. This unit presents three such words: **дом** (*house*), **сви́тер, па́спорт.** In the word lists and glossaries in this textbook, the plural of such words will be indicated.

NOMINATIVE SINGULAR	NOMINATIVE PLURAL
дом	дома́
сви́тер	свитера́
па́спорт	паспорта́

5. Words of foreign origin ending in **-о, -и,** or **-у** never change their form. They are called indeclinable. The nominative plural form of such a word is the same as the nominative singular form. For example: **ра́дио, пальто́, такси́, кенгуру́.**

Упражнение

Give the nominative plural form of the following nouns.
магнитофо́н, фотоаппара́т, чемода́н, музе́й, слова́рь, маши́на, шко́ла, ма́ма, за́пись, конститу́ция, ле́кция, фами́лия, студе́нтка, кни́га, ма́йка, пиджа́к, пода́рок, америка́нец, письмо́, о́тчество, пла́тье, пальто́, ра́дио, па́спорт, дом, сви́тер, рюкза́к, каранда́ш, ру́чка

➤ *Complete Oral Drill 1 and Written Exercise 1 in the Workbook.*

2.3   The Personal Pronouns: он, она, оно, они

The pronouns **он**—*he*, **она́**—*she*, and **они́**—*they* may stand in place of nouns, as in the following examples:

— Где Бори́с Миха́йлович?	— Вот он.	There *he* is.
— Где па́па?	— Вот он.	There *he* is.
— Где Мари́на Ива́новна?	— Вот она́.	There *she* is.
— Где Аня и Гри́ша?	— Вот они́.	There *they* are.

The English word *it* has several possible Russian equivalents.

Use **он** to refer to masculine singular nouns:

— Где чемода́н?	— Вот он.	There *it* is.
— Где слова́рь?	— Вот он.	There *it* is.

Use **она́** to refer to feminine singular nouns:

— Где кни́га?	— Вот она́.	There *it* is.
— Где за́пись?	— Вот она́.	There *it* is.

Use **оно́** to refer to neuter singular nouns:

— Где ра́дио?	— Вот оно́.	There *it* is.
— Где пла́тье?	— Вот оно́.	There *it* is.

Use **они́** to refer to plural nouns:

— Где часы́?	— Вот они́.	There *it* is.
— Где кни́ги?	— Вот они́.	There *they* are.
— Где чемода́ны?	— Вот они́.	There *they* are.

Упражнение

Answer these questions, following the models given above.

1. Где ви́за?
2. Где па́спорт?
3. Где пла́тье?
4. Где кассе́та?
5. Где тетра́дь?
6. Где ма́ма?
7. Где докуме́нты?
8. Где чемода́н?
9. Где джи́нсы?
10. Где карандаши́?
11. Где слова́рь?
12. Где па́па?
13. Где магнитофо́н?
14. Где пода́рок?
15. Где пальто́?

➤ *Complete Oral Drills 2–3 and Written Exercise 2 in the Workbook.*

2.4 Whose? чей? and the Possessive Pronouns мой, твой, его, её, наш, ваш, их

To ask *Whose?* use **чей, чья, чьё,** or **чьи.**
Use **чей** with masculine singular nouns: **Чей э́то чемода́н?** *Whose suitcase is this?*
Чей э́то па́па? *Whose father is this?*

Use **чья** with feminine singular nouns: **Чья э́то ви́за?** *Whose visa is this?* **Чья э́то ма́ма?** *Whose mother is this?*

Use **чьё** with neuter singular nouns: **Чьё э́то ра́дио?** *Whose radio is this?* **Чьё э́то пла́тье?** *Whose dress is this?*

Use **чьи** with all plural nouns: **Чьи э́то чемода́ны?** *Whose suitcases are these?* **Чьи э́то па́пы?** *Whose fathers are these?* **Чьи э́то ви́зы?** *Whose visas are these?* **Чьи э́то пла́тья?** *Whose dresses are these?*

The possessive pronouns **мой**—*my*, **твой**—*your* (when talking to someone in **ты**), **наш**—*our*, and **ваш**—*your* (when talking to someone in **вы**) also change their form, depending on whether they modify a masculine singular, feminine singular, neuter singular, or plural noun. We say that the words **мой, твой, наш, ваш,** and **чей** *agree* with the nouns they modify. The chart below lists all the nominative case forms of these words.

NOMINATIVE CASE OF **чей, мой, твой, наш, ваш**			
Modifying masculine singular nouns	**Modifying neuter singular nouns**	**Modifying feminine singular nouns**	**Modifying plural nouns**
чей	чьё	чья	чьи
мой	моё	моя́	мой
твой чемода́н	твоё ра́дио	твоя́ ви́за	твой кни́ги
наш	на́ше	на́ша	на́ши
ваш	ва́ше	ва́ша	ва́ши

The possessive pronouns **его́**—*his* (with the **г** pronounced like a **в**), **её**—*her*, and **их**—*their* have only one form:

NOMINATIVE CASE OF **его, её, их**			
Modifying masculine singular nouns	**Modifying neuter singular nouns**	**Modifying feminine singular nouns**	**Modifying plural nouns**
его́	его́	его́	его́
её чемода́н	её ра́дио	её ви́за	её кни́ги
их	их	их	их

Упражнения

A.   Supply the correct form of the possessive pronouns.

1. Это (ваш) ма́йка? — Да, (мой).
2. (Чей) это ша́пка? — (Его́).
3. (Мой) компью́тер но́вый, а (её) ста́рый.
4. (Чей) это рюкзаки́? — (Наш).
5. Это (твой) пла́тье? — Да, (мой).

Б.   Fill in the blanks, using the correct form of the appropriate possessive pronoun.

— _____ (Whose) это докуме́нты? _____ (Yours, formal)?
— Да, _____ (mine).
— Так. А это _____ (your) чемода́н?
— Нет. Не _____ (mine). Это, наве́рное, _____ (his) чемода́н.
   Вот э́тот большо́й чемода́н _____ (mine).
— _____ (whose) это кни́ги?
— Это _____ (our) кни́ги. А эта кни́га не _____ (ours). Это не
   _____ (your, informal) кни́га?
— Нет не _____ (mine).
— Интере́сно, _____ (whose) это кни́га?

B.   **Как по-ру́сски?** Translate into Russian.

"Whose pencil is this?" "This is her pencil."
"This is our cassette."
"Is this your tie?" "No, this is his."
"Where is my shirt?" "There it is."
"Whose letter is this?" "This is your letter."
"Are these our notebooks?" "No, theirs."

➤   *Complete Oral Drills 4–9 and Written Exercises 3–5 in the Workbook.*

2.5   Adjectives (Nominative Case)

Russian adjectives always agree in gender, number, and case with the nouns they modify.

Masculine adjectives modify masculine singular nouns. The masculine adjectival ending is **-ый** except in the following contexts:

1. To follow the 7-letter spelling rule, the ending changes to **-ий.**
2. "Naturally" soft adjectives such as **си́ний** and **после́дний** also end in **-ий.**
3. Some adjectives have end stress. Their masculine form ends on **-о́й: большо́й.**

Neuter adjectives modify neuter singular nouns. The neuter adjectival ending is **-oe**. Use **-ee** instead in two contexts:

1. To follow the 5-letter spelling rule, the ending changes to **-ee**. (See the Spelling Rules below.)
2. In "naturally" soft adjectives: **си́нее, после́днее.**

Feminine adjectives modify feminine singular nouns. These adjectives end in **-ая**. The only exception is for naturally soft adjectives, for which the ending is **-яя: си́няя, после́дняя.**

Plural adjectives modify plural nouns of any gender. These adjectives end in **-ые**. There are two exceptions:

1. To follow the 7-letter spelling rule, the ending changes to **-ие**.
2. In naturally soft adjectives: **си́ние, после́дние.**

Endings for adjectives and nouns are treated separately. A soft-stem plural noun ending in **-и** can be modified by an adjectival ending in either **-ые** or **-ие**.

The 7-letter spelling rule
After the letters **к, г, х, ш, щ, ж, ч,** do not write **-ы**, write **-и** instead.

The 5-letter spelling rule
After the letters **ш, щ, ж, ч, ц,** do not write **unstressed -o**, write **-e** instead.

NOMINATIVE CASE OF ADJECTIVES				
	Masculine	**Neuter**	**Feminine**	**Plural (any gender)**
Hard endings	но́в**ый** каранда́ш	но́в**ое** пла́тье	но́в**ая** ви́за	но́в**ые** рюкзаки́
Soft endings	си́н**ий** рюкза́к	си́н**ее** пальто́	си́н**яя** кни́га	си́н**ие** дома́
Spelling rule adjectives: "5" superscript = 5-letter spelling rule "7" superscript = 7-letter spelling rule	ру́сск**ий**[7] слова́рь	ру́сск**ое** пла́тье	ру́сск**ая** газе́та	ру́сск**ие**[7] за́писи
	больш**о́й** чемода́н	больш**о́е** пальто́	больш**а́я** ку́ртка	больш**и́е**[7] часы́
	хоро́ш**ий**[7] журна́л	хоро́ш**ее**[5] ра́дио	хоро́ш**ая** маши́на	хоро́ш**ие**[7] очки́

Notes:

1. Masculine nouns with feminine endings like **па́па** take masculine adjectives: **мой ста́рый де́душка.**
2. Adjectives denoting nationality are not capitalized: **росси́йская ви́за.**

Упражнения

A.   Supply the correct forms of the adjectives.

1. Это (краси́вый) ту́фли.
2. У меня́ есть (но́вый) футбо́лка.
3. Где (ста́рый) очки́?
4. Это (хоро́ший) пальто́.
5. У вас есть (большо́й) слова́рь?
6. Это (плохо́й) маши́на.
7. Это (ма́ленький) часы́.
8. Тут (ста́рый) доска́.
9. У тебя́ есть (си́ний) ру́чка?

Б.   Make a list of the clothing you own. Use adjectives with as many items as you can.

В.   **Соста́вьте предложе́ния.** Create grammatically correct sentences by combining words from the three columns below. Be sure to make the adjectives agree with the nouns.

	но́вый	джи́нсы
	хоро́ший	магнитофо́н
	ста́рый	ра́дио
Это	краси́вый	пла́тье
У вас есть	плохо́й	кроссо́вки
У меня́ есть	некраси́вый	руба́шка
		телеви́зор
		кассе́ты
		рюкза́к

Г. **Как по-ру́сски?** Translate into Russian.

1. "Where is my new tie?" "Here it is."
2. Do you have Russian magazines?
3. Is this a good recording?
4. This is an old watch.
5. Your dress is beautiful.
6. I have American newspapers.
7. This is a black blouse.
8. This magazine is not interesting.
9. That's a big backpack.
10. This is a new blackboard.

➤ *Complete Oral Drills 10–11 and Written Exercises 6–9 in the Workbook.*

2.6 What: что vs. какой

Both **что** and **како́й** (**како́е, кака́я, каки́е**) mean *what,* but they are not interchangeable. Look at the examples:

Что в чемода́не?   *What* is in the suitcase?
Кака́я кни́га в чемода́не?   *What (which) book* is in the suitcase?

When *what* is followed by a noun, it is adjectival and therefore rendered by **како́й.** When *what* stands alone, it is translated as **что.**

The adjective **како́й** has end stress and works like the adjective **большо́й.**

MASCULINE	NEUTER	FEMININE	PLURAL
Како́й чемода́н?	Како́е ра́дио?	Кака́я кни́га?	Каки́е часы́?

Упражнение

Запо́лните про́пуски. Fill in the blanks with the correct Russian equivalent of *what.*

1. What is that?   _____ э́то?
2. What documents are those?   _____ э́то докуме́нты?
3. What do you have there?   _____ тут у вас?
4. What book is that?   _____ э́то кни́га?
5. What kind of television is this? _____ э́то телеви́зор?

➤ *Complete Oral Drills 12–14 and Written Exercises 10–12 in the Workbook.*

2.7 This Is/These Are vs. This (Thing, Person)/These (Things, People): это vs. этот (эта, это, эти)

Both the unchanging form **это** and the modifier **этот (эта, это, эти)** can be rendered in English as *this/these.* However, they are not interchangeable. Study these examples and then work through the exercise that follows. At this stage of learning Russian, you should develop an awareness of the distinction. You will become more comfortable with it and will be able to control its use only after you have read and heard a great deal more authentic Russian.

THIS IS.../ THESE ARE...	THIS.../ THESE...
Это мой чемода́н.	Этот чемода́н мой.
Это моя́ ви́за.	Эта ви́за моя́.
Это моё ра́дио.	Это ра́дио моё.
Это мои́ докуме́нты.	Эти докуме́нты мои́.

IS THIS...?/ ARE THESE...?	IS THIS (X)...?/ ARE THESE (X's)...?
Это ваш чемода́н?	Этот чемода́н ваш?
Это но́вая ви́за?	Эта ви́за но́вая?
Это его́ ра́дио?	Это ра́дио его́?
Это твои́ докуме́нты?	Эти докуме́нты твои́?

Упражнение

Fill in the blanks with **это** or a form of **этот.**

1. *This is* my book.   _____ моя́ кни́га.
2. *This book* is mine.   _____ кни́га моя́.
3. *These are* my suitcases.   _____ мои́ чемода́ны.
4. *This suitcase* is yours.   _____ чемода́н ваш.
5. *This small suitcase* is also yours.   _____ ма́ленький чемода́н то́же ваш.
6. *These books* are interesting.   _____ кни́ги интере́сные.
7. *These interesting books* are yours.   _____ интере́сные кни́ги ва́ши.
8. *These are* interesting books.   _____ интере́сные кни́ги.
9. *Are these* interesting books?   _____ интере́сные кни́ги?
10. Are *these books* interesting?   _____ кни́ги интере́сные?

➤ *Complete Oral Drill 15 and Written Exercises 13–14 in the Workbook.*

2.8   Indicating Having Something: у меня есть, у тебя есть, у вас есть

In English, we say:

I have a book.

"I" is the subject and book is the object of the verb "have."

In Russian we express possession this way:

У меня́ есть кни́га.

The subject of the sentence is the thing possessed: **кни́га.** It is therefore in the nominative case. The possessor is in the genitive case, which we have not yet learned. For now, memorize the following forms:

У меня́ есть. . .
У тебя́ есть. . .
У вас есть. . .

Although you do not yet have the tools to say that you don't have something (I don't have a book), for now you can simply say in response to a question: "No, I don't have it." or "No, I don't have one.":

У вас есть ру́сско-англи́йский слова́рь?

Нет, у меня́ нет.

The word **есть** is not always necessary, especially when there is an adjective in the sentence. The word **есть** is used to question the existence of something, or someone's possession of it. If you know someone has something but want to know more about it, you can drop the **есть.** The intonation of the question clarifies its meaning.

У вас есть си́ний костю́м?	*Do you have a blue suit?*
Да, есть.	*Yes, I do.*
У вас си́ний костю́м?	*Is your suit blue?*
Да, си́ний.	*Yes, it is.*

Упражнение

Ask what clothing your partner owns. Use **У тебя́ есть. . . ? У вас есть. . . ?** in your questions. Answer your partner's questions.

➤ *Review Oral Drill 10 and complete Written Exercises 15–17 in the Workbook.*

Давайте почитаем

Продаю.

1. Look through this "for sale" column. What numbers would you call if you wanted to buy the items listed?

   - a stereo
   - a VCR
   - a car
   - a TV set
   - musical instruments

2. What musical instruments are advertised?
3. What else is advertised?

ПРОДАЮ

4016-540. Музыкальный стереоцентр «Шарп». Тел. 149-74-98.

4038-360. Пианино «Строуд» (США, не новое). Тел. 335-90-60.

4065-840. Контактные линзы (04, -5,5). Тел. 963-98-12.

4096-340. Автомашину «Вольво» (1986 г.). Тел. 388-09-38.

4227-1080. Новый японский видеомагнитофон «Sanyo-3100EE», телевизор «Рекорд ВЦ-311». Тел. 145-00-76.

4475-540. Компьютер «Лазер» (486-33МГц, 8 Мб, 120 Мб). Тел. 443-25-19.

4506-541. Видеомагнитофон «JVC-120». Тел. 405-09-87.

456-260. Электрогитару, банджо. Тел. 285-41-57.

4189-360. Мотоцикл «К-58» недорого. Тел. 534-98-67. Борис.

Давайте послушаем

А. Магазин-салон. Listen to the announcement with the following questions in mind.

1. Circle the items the store offers.
2. What is the store's address?
3. What is its phone number?

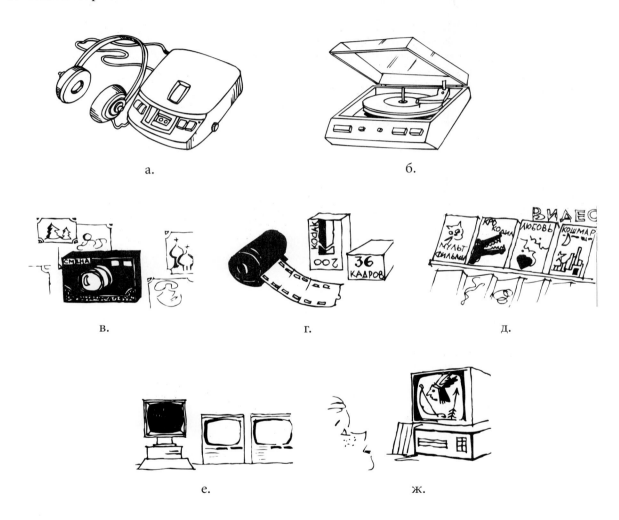

а.

б.

в.

г.

д.

е.

ж.

Б. Магазин «Мода». Listen to the announcement and determine what is being advertised. Pick out at least four key words that lead you to your conclusion and jot them down in English or in Russian.

Обзорные упражнения

А.   День рождения. What ten things would you like to get for your birthday? Use adjectives with at least five items on your list.

Б.   Поездка в Москву. Sasha and Lena have invited you to visit them in Moscow for two weeks in December.

1. Make a list of ten things to pack.
2. Act out your arrival in Moscow, passing through customs and greeting your friends. Classmates and your teacher will play the other roles.
3. Introduce yourself to Lena's parents. Find out about them, and tell them about yourself.

 В.   После таможни. Listen to the conversation to find answers to these questions.

1. What does Valera say about Jim's suitcase?
2. What does Jim have in the lighter suitcase?
3. What does Jim have in the heavier suitcase?
4. What gift has Jim brought for Valera?
5. What is Valera's surprise?

Новые слова и выражения

NOUNS

авиабилéт	airplane ticket
вéрсия	version
вúза	visa
газéта	newspaper
декларáция	customs declaration
докумéнт	document, identification
дом (*pl.* домá)	home, apartment building
журнáл	magazine
зáпись (*fem.*)	recording
игрá (*pl.* úгры)	game
карандáш (*pl.* карандашú)	pencil
кнúга	book
пáспорт (*pl.* паспортá)	passport
подáр(о)к	gift
письмó (*pl.* пúсьма)	letter
рýчка	pen
рюкзáк (*pl.* рюкзакú)	backpack
словáрь (*pl.* словарú)	dictionary
сюрпрúз	surprise
тамóжня	customs
тетрáдь (*fem.*)	notebook
учéбник	textbook
чемодáн	suitcase

тéхника	**gadgets**
видеокáмера	video camera
видеокассéта	video cassette
видеомагнитофóн	video cassette recorder
дискéтка	diskette
кассéта	cassette
кассéтный магнитофóн (кассéтник)	cassette player
(компáкт) дúск (*pl.* [компáкт] дúски)	CD
компьютер	computer
магнитофóн	tape recorder
машúна	car
нóутбук	notebook computer
плéйер: CD [сидú]-плéйер	CD player
прúнтер	printer
рáдио (приёмник)	radio (receiver)
телевúзор	television

Новые слова и выражения

телефо́н	telephone
моби́льный телефо́н	mobile telephone
фотоаппара́т	camera

оде́жда	**clothing**
блу́зка	blouse
боти́нки (*pl.*)	men's shoes
брю́ки (*pl.*)	pants
га́лстук	tie
джи́нсы (*pl.*)	jeans
колго́тки (*pl.*)	pantyhose; tights
костю́м	suit
ко́фта	cardigan
кроссо́вки (*pl.*)	athletic shoes
купа́льник	woman's bathing suit
ку́ртка	short jacket
ма́йка	t-shirt, undershirt
носки́ (*pl.*)	socks
очки́ (*pl.*)	eyeglasses
пальто́ (*indecl.*)	overcoat
перча́тки (*pl.*)	gloves
пиджа́к	suit jacket
пла́вки (*pl.*)	swimming trunks
пла́тье	dress
руба́шка	shirt
сапоги́ (*pl.*)	boots
сви́тер (*pl.* свитера́)	sweater
та́почки (*pl.*)	slippers
ту́фли (*pl.*)	shoes (usu. women's formal)
футбо́лка	t-shirt, jersey
часы́ (*pl.*)	watch
ша́пка	cap
ю́бка	skirt

PRONOUNS

он	he, it
она́	she, it
оно́	it
они́	they
э́то	this is, that is, those are, these are

POSSESSIVE PRONOUNS

чей (чьё, чья, чьи)	whose?
мой (моё, моя́, мои́)	my
твой (твоё, твоя́, твои́)	your (*informal*)
наш (на́ше, на́ша, на́ши)	our
ваш (ва́ше, ва́ша, ва́ши)	your (*formal or plural*)
её	her
его́	his
их	their

Новые слова и выражения

ADJECTIVES

американский (американское,   American
    американская, американские)
большой (большое, большая, большие)   large
компьютерный   computer (*adj.*)
(не)интересный (интересное,   (un)interesting
    интересная, интересные)
какой (какое, какая, какие)   what, which
(не)красивый (красивое, красивая,   pretty (ugly)
    красивые)
маленький (маленькое, маленькая,   small
    маленькие)
новый (новое, новая, новые)   new
плохой (плохое, плохая, плохие)   bad
последний (последнее, последняя,   last
    последние)
русский (русское, русская, русские)   Russian
синий (синее, синяя, синие)   dark blue
старый (старое, старая, старые)   old
хороший (хорошее, хорошая, хорошие)   good
этот (это, эта, эти)   this

ADVERBS

сейчас   now; just a moment
там   there
только   only
тут   here

QUESTION WORDS

какой (какое, какая, какие)   what
кто   who
чей (чьё, чья, чьи)   whose
что   what

CONJUNCTION

и   and

OTHER WORDS AND PHRASES

Вот...   Here is...
Всё.   That's all.
Есть...?   Is there...? Are there...?
Интересно...   I wonder..., It's interesting...
Закройте!   Close.

Новые слова и выражения

Как ты?	How are you? (*informal*)
Мину́точку!	Just a moment!
Молод(е́)ц!	Well done!
нет	no
ну	well. . .
Ой!	Oh!
Откро́йте!	Open.
Пожа́луйста.	You're welcome.
Поня́тно.	Understood.
Проходи́те.	Go on through.
С прие́здом!	Welcome! (*to someone from out of town*)
Спаси́бо.	Thank you.
У меня́ есть. . .	I have. . .
У меня́ нет.	I don't have any of those.
У вас есть. . .?	Do you have. . .? (*formal*)
У тебя́ есть. . .?	Do you have. . .? (*informal*)
Хорошо́.	Fine. Good.

NUMBERS   20–49

PASSIVE VOCABULARY

англо-ру́сский (англо-ру́сское, англо-ру́сская, англо-ру́сские)	English-Russian
аудито́рия	classroom
ва́режки (*pl.*)	mittens
Запо́лните про́пуски.	Fill in the blanks.
доска́ (*pl.* до́ски)	(black)board
мел	chalk
русско-англи́йский (русско-англи́йское, русско-англи́йская, русско-англи́йские)	Russian-English
Соста́вьте предложе́ния.	Make up sentences.
спорти́вный сви́тер	sweatshirt

PERSONALIZED VOCABULARY

_____

_____

_____

_____

Какие языки вы знаете?

Коммуникативные задания

- Talking about languages
- Discussing ethnic and national backgrounds
- Reading ads about language programs

Грамматика

- Verb conjugation: present and past tense
- Position of adverbial modifiers
- Prepositional case of singular and plural modifiers and nouns
- Languages: **ру́сский язы́к** vs. **по-ру́сски**
- Conjunctions: **и, а, но**
- **Workbook:** Numbers 50–199
  Intonation of yes-no questions
  (IC-3)

Между прочим

- The place of foreign languages in Russia
- Responding to compliments
- Passports and nationalities

Точка отсчёта

Введение

А. Кто э́то?

Это Джон и Джéссика.
Джон — **америка́нец.**
Джéссика — **америка́нка.**
Они́ говоря́т **по-англи́йски.**

Это Алёша и Ка́тя.
Алёша — **ру́сский.**
Ка́тя — **ру́сская.**
Они́ говоря́т **по-ру́сски.**

Это Хуа́н и Марисо́ль.
Хуа́н — **испа́нец.**
Марисо́ль — **испа́нка.**
Они́ говоря́т **по-испа́нски.**

Б. Языки́ и национа́льности

1. Каки́е языки́ вы изуча́ете и́ли зна́ете?

Я изуча́ю. . .
Я зна́ю. . .

англи́йский язы́к
ара́бский язы́к
испа́нский язы́к
кита́йский язы́к (*Chinese*)

неме́цкий язы́к (*German*)
ру́сский язы́к
францу́зский язы́к
япо́нский язы́к (*Japanese*)

2. Кто они́ по национа́льности?

па́па. . .	ма́ма. . .	они́. . .
америка́нец	америка́нка	америка́нцы
англича́нин	англича́нка	англича́не
ара́б	ара́бка	ара́бы
испа́нец	испа́нка	испа́нцы
итальянец	итальянка	итальянцы
кана́дец	кана́дка	кана́дцы
кита́ец	китая́нка	кита́йцы
мексика́нец	мексика́нка	мексика́нцы
не́мец	не́мка	не́мцы
ру́сский	ру́сская	ру́сские
украи́нец	украи́нка	украи́нцы
францу́з	францу́женка	францу́зы
япо́нец	япо́нка	япо́нцы

3. На како́м языке́ вы говори́те до́ма?

   До́ма мы говори́м...

по-англи́йски	по-неме́цки
по-ара́бски	по-ру́сски
по-испа́нски	по-францу́зски
по-кита́йски	по-япо́нски

4. Ва́ша фами́лия ру́сская?

   Да, ру́сская.

   Нет, ...

англи́йская	неме́цкая
ара́бская	францу́зская
испа́нская	япо́нская
кита́йская	

5. Где вы жи́ли?

   Я жил(а́)...

в А́нглии	в Герма́нии	в Кана́де
в Еги́пте	во Фра́нции	в Аме́рике
в Испа́нии	в Япо́нии	
в Кита́е		

🔘 Разгово́ры для слу́шания

Разгово́р 1. Вы зна́ете англи́йский язы́к?
Разгова́ривают Пе́тя и секрета́рь филологи́ческого факульте́та Моско́вского университе́та.

1. What language is being discussed?
2. Does Petya know this language?
3. What does he want to find out?
4. How does the secretary help him?

Разгово́р 2. Вы говори́те по-францу́зски?

Разгова́ривают Вади́м и Анто́н Васи́льевич.

1. What language is being discussed?
2. Does the professor know this language?
3. What is Vadim trying to find out?
4. Does the professor help him?

Разгово́р 3. Я говори́л хорошо́ по-англи́йски.

Разгова́ривают Ко́ля и Ве́ра.

1. What two languages did Kolya study in college?
2. How did Kolya speak this language back then? How is his speaking now?
3. How is Kolya's reading in his second language?
4. What is Kolya reading about?
5. What language did Vera study?
6. How does she describe her proficiency in her second language?

Давайте поговорим

Диалоги

1. **Вы зна́ете испа́нский язы́к?**

— Жа́нна, вы зна́ете испа́нский язы́к?
— Чита́ю хорошо́, говорю́ пло́хо.
— Я тут чита́ю испа́нский журна́л и не понима́ю одно́ сло́во. . .
— Како́е?
— Вот э́то. Как по-ру́сски «aduana»?
— По-ру́сски э́то бу́дет «тамо́жня». А о чём вы чита́ете?
— О европе́йских фина́нсовых ры́нках.
— Поня́тно.

Ме́жду про́чим

Иностра́нные языки́ в Росси́и   The study of foreign languages
historically been at the core of the education system. It is universal in
Russian schools. At the latest, students begin the study of a foreign language
in the fifth grade. Many schools offer foreign language instruction starting
in second grade. English is the most commonly taught language, followed by
German and French.

A thorough knowledge of a foreign language is a mark of prestige. Many
prominent writers and thinkers began their careers as language majors or
as translators.

---

2. **Вы о́чень хорошо́ говори́те по-ру́сски.**

— Джейн, вы о́чень хорошо́ говори́те по-ру́сски.
— Нет, что вы! Я хорошо́ понима́ю, но говорю́ и пишу́ ещё пло́хо.
— Нет-нет, вы говори́те о́чень хорошо́. Роди́тели ру́сские?
— Па́па ру́сский, а ма́ма — америка́нка.
— А на како́м языке́ вы говори́те до́ма?
— До́ма мы говори́м то́лько по-англи́йски.
— А отку́да вы зна́ете ру́сский язы́к?
— Я его́ изуча́ла в университе́те. И жила́ в ру́сском до́ме.
— В ру́сском до́ме? Что э́то тако́е?
— Э́то общежи́тие, где говоря́т то́лько по-ру́сски.
— Поня́тно.

Note the use of the **они́**
form of the verb without
the pronoun **они́.** *That's
a dormitory where [they]
speak only Russian/where
only Russian is spoken.*

3. **Дава́йте познако́мимся.**

— Здра́вствуйте! Полищу́к Алекса́ндр Дми́триевич.
— Са́ра Нью́элл. Очень прия́тно. Полищу́к — э́то украи́нская фами́лия, да?
— Да, оте́ц — украи́нец. А мать ру́сская.
— А где они́ живу́т?
— Они́ живу́т в Ки́еве.
— А до́ма вы говори́те по-украи́нски?
— Не всегда́. Ра́ньше мы говори́ли то́лько по-украи́нски, а сейча́с иногда́ и по-ру́сски.
— Интере́сно.

4. **Разреши́те предста́виться.**

— Разреши́те предста́виться. Боб Джонс.
— Смирно́ва Ли́дия Миха́йловна. Очень прия́тно.
— Очень прия́тно.
— Вы англича́нин, да?
— Нет, америка́нец.
— Вы так хорошо́ говори́те по-ру́сски.
— Нет-нет, что́ вы! Я говорю́ ещё пло́хо.
— Но вы всё понима́ете по-ру́сски, да?
— Нет, не всё. Я понима́ю, когда́ говоря́т ме́дленно.
— А я не бы́стро говорю́?
— Нет, норма́льно.

Note again the use of the **они́** form of the verb without the pronoun **они́**. *I understand when it is spoken slowly.*

5. **Очень прия́тно познако́миться.**

— Здра́вствуйте! Пе́гги Сноу.
— Аганя́н Гайда́р Була́тович.
— Говори́те ме́дленнее, пожа́луйста. Я пло́хо понима́ю по-ру́сски.
— Аганя́н Гайда́р Була́тович.
— Зна́чит, ва́ше и́мя Аганя́н?
— Нет, Аганя́н — фами́лия. Зову́т меня́ Гайда́р Була́тович.
— Поня́тно. Гайда́р не ру́сское и́мя?
— Не ру́сское. По национа́льности я армяни́н. Жил в Ерева́не. Извини́те, Пе́гги, о́чень прия́тно познако́миться, но у меня́ сейчас ле́кция.
— До свида́ния.

Между про́чим

Комплиме́нты. No matter how well Russians speak English, they will probably respond to a compliment about their ability to speak a foreign language with denials, such as **Нет-нет, что вы!** (Oh, no! Not at all!)

Па́спорт и национа́льность. Russia is a multinational state. At age sixteen, each citizen receives a passport that serves as a national ID. The passport contains the person's address, marital and military status, and, until the late 1990s, **национа́льность** or ethnic group, which was based on the ethnic origin of either parent.

A.   Как по-ру́сски...?

The expression **я забы́ла** (*I forgot*) is marked for gender. A man says **я забы́л,** and a woman says **я забы́ла.**

> Образе́ц: — Я забы́л (забы́ла), как по-ру́сски «dress».
> — По-ру́сски э́то бу́дет «пла́тье».

1. shirt	6. suit	11. blouse
2. coat	7. tie	12. skirt
3. shoes	8. jacket	13. glasses
4. jeans	9. t-shirt	14. pants
5. sneakers	10. watch	15. overcoat

Б.   Как их зову́т? Кто они́ по национа́льности?

Образе́ц: Это Ви́льям Шекспи́р. Он англича́нин.

Упражнения к диалогам

Лексика в действии

А. Подготóвка к разговóру. Review the dialogs. How would you do the following?

1. Ask if someone knows Spanish, English, French, etc.
2. Describe your level in speaking, reading, and understanding in a language you know.
3. Find out the meaning of a word you don't know in Spanish (French, Russian, etc.).
4. Praise someone's language ability.
5. Respond to a compliment about your Russian.
6. Ask where someone learned Russian (English, Spanish, etc.).
7. Find out if someone's name (first, last) is Russian (French, Spanish, etc.).
8. Indicate that you don't understand fast speech.
9. Find out if you are speaking too fast.
10. Say you used to live in a Russian House (or in Moscow, St. Petersburg, Washington, etc.).

Б. Инострáнные языки́. Каки́е языки́ ты зна́ешь? Каки́е языки́ зна́ют твои́ роди́тели? На какóм языкé вы говори́те дóма?

В. Немнóго о карти́нках. Кто э́то? Как их зовýт? Кто они́ по национáльности? Что они́ говоря́т?

🗣 Игровые ситуации

В Москве́...

1. You are applying for a translating job and are asked to describe your language background. Your prospective employer may be interested in one skill more than another (for example, reading over speaking).
2. Your new host family is impressed with your Russian. Respond appropriately to the compliment and explain, when they ask, how you learned Russian.
3. Start a conversation with a Russian on any topic. If it goes too fast, slow it down.
4. You have just started a conversation with a Russian in Russian, but your language is still too limited to talk about much. Find out if you share another language.
5. Working with a partner, prepare and act out a situation of your own that deals with the topics of this unit.

🗣 Устный перевод

You are an interpreter for a foreigner visiting Moscow. At a party, the foreigner, who speaks no Russian, is interested in meeting a Russian who speaks no English. Help them out.

ENGLISH SPEAKER'S PART

1. Hi. Let me introduce myself. My name is... What's your name?
2. Pleased to meet you. [Name and patronymic of the Russian] do you know English?
3. No, I don't know Russian. I understand a little French and Italian.
4. Yes, I go to school at a small university in California. How about you?
5. Do you live in St. Petersburg?
6. Goodbye.

Грамматика

3.1 Verb Conjugation

The infinitive is the form listed in Russian dictionaries. For most Russian verbs the infinitive ends in **-ть.** The infinitive is used in several specific contexts, such as **Я хочу́ чита́ть** — *I want to read* and **Я люблю́ чита́ть**—*I like to read.*

In the present tense, Russian verbs agree with the grammatical subject. This is called verb conjugation.

When you learn a Russian verb, learn its conjugation in addition to its infinitive (dictionary) form.

3.2 First-Conjugation Verbs: -ю (-у), -ешь, -ет, -ем, -ете, -ют (-ут)

The following charts show the endings for first-conjugation verbs. The first chart shows verbs with stems ending in a vowel. The second chart shows verbs with stems ending in a consonant.

	знать (to know)	чита́ть (to read)	понима́ть (to understand)
я	зна́ - **ю**	чита́ - **ю**	понима́ - **ю**
ты	зна́ - **ешь**	чита́ - **ешь**	понима́ - **ешь**
он/она́	зна́ - **ет**	чита́ - **ет**	понима́ - **ет**
мы	зна́ - **ем**	чита́ - **ем**	понима́ - **ем**
вы	зна́ - **ете**	чита́ - **ете**	понима́ - **ете**
они́	зна́ - **ют**	чита́ - **ют**	понима́ - **ют**

	писать (to write)	жить (to live)
я	пиш - **у́**	жив - **у́**
ты	пи́ш - **ешь**	жив - **ёшь**
он/она́	пи́ш - **ет**	жив - **ёт**
мы	пи́ш - **ем**	жив - **ём**
вы	пи́ш - **ете**	жив - **ёте**
они́	пи́ш - **ут**	жив - **у́т**

Here are some things to keep in mind about first-conjugation verbs. Refer to the charts above.

1. Learn both the infinitive and the conjugation of each verb. For the verbs in the first chart, the infinitive stem and the present tense stem are the same. But for the verbs in the second chart, the stem of the present tense is not the same as the stem of the infinitive.
2. Watch for similarities. The **я** and **они́** forms are alike, except for the **-т** ending on the latter. All other forms feature the vowel **е** or **ё** plus an ending that distinguishes each form.
3. Note how endings are spelled. Verbs whose stems end in vowels, like those in the first chart, end in **-ю** for the **я** form and **-ют** for the **они́** form. Verbs whose stems end in consonants, like **писа́ть** and **жить** in the second chart, end in **-у** and **-ут** for those forms.
4. Watch for stress patterns. Stress can stay on the stem, as in the verbs from the first chart. It can change after the **я** form, as in the verb **писа́ть.** Or it can stay on the ending, as in **жить.** End stress changes the **е** in the middle forms to **ё.**

Упражнения

A. **Запо́лните про́пуски.** Fill in the blanks with the correct forms of **чита́ть.**

1. Что ты _____ ?
2. Я _____ францу́зские кни́ги.
3. Он ме́дленно _____ по-ру́сски.
4. Мы немно́го _____ по-неме́цки.
5. Кто хорошо́ _____ по-испа́нски?
6. Эти студе́нты непло́хо _____ по-италья́нски.
7. На како́м языке́ вы _____ ?
   — Я _____ по-англи́йски.
8. Она́ не _____ по-ара́бски.

Б. **Запо́лните про́пуски.** Fill in the blanks with the correct forms of **жить.**

1. Где она́ _____ ?
2. Мои́ роди́тели _____ в Оклахо́ме.
3. Кто _____ в Росси́и?
4. Я сейча́с не _____ там.
5. Ты _____ в Пенсильва́нии?
6. Он _____ в Де́нвере?
7. Где вы _____ ?
8. Мы _____ в Москве́.

В.   Запо́лните про́пуски. Fill in the blanks with the correct form of the verb.

1. Ива́н бы́стро _____ (чита́ть) по-ру́сски, а я _____ (чита́ть) ме́дленно.
2. — На каки́х языка́х вы _____ (понима́ть)?
   — Мы _____ (понима́ть) по-англи́йски и немно́го по-ру́сски.
3. — Кто _____ (жить) здесь?
   — Здесь _____ (жить) на́ши студе́нты.
4. Вы хорошо́ _____ (пи́сать) по-ру́сски?
   — Да, я _____ (писа́ть) непло́хо.
5. — Каки́е языки́ вы _____ (зна́ть)?
   — Я _____ (чита́ть) по-испа́нски и по-неме́цки, но пло́хо _____ (понима́ть).
6. Кристи́на _____ (жить) во Фра́нции, но она́ пло́хо _____ (знать) францу́зский язы́к. Она́ дово́льно хорошо́ _____ (понима́ть), но пло́хо _____ (писать).
7. Ты _____ (жить) в Ме́ксике? Зна́чит, ты _____ (знать) испа́нский язы́к?
8. — Зна́ешь, я по-испа́нски хорошо́ говорю́ и _____ (понима́ть), но пло́хо _____ (писа́ть) и _____ (чита́ть).

➤ *Complete Oral Drills 1–6 and Written Exercises 1–5 in the Workbook.*

3.3   Second-Conjugation Verbs: -ю, -ишь, -ит, -им, -ите, -ят

The following chart shows the endings for second-conjugation verbs. You know one verb in this family: **говори́ть.**

говори́ть	(to speak, to talk)
я	говор - ю́
ты	говор - и́шь
он/она́	говор - и́т
мы	говор - и́м
вы	говор - и́те
они́	говор - я́т

Second-conjugation verbs generally have a **-ю** ending in the **я** form and a **-ят** ending in the **они́** form. The other forms feature the vowel **и.**

Summary: How to tell if a verb is first or second conjugation.
The vowel in the **ты, он/она́, мы,** and **вы** forms is **е** or **ё** for first-conjugation verbs and **и** for second-conjugation verbs. If you know the **ты** form of the verb, you can predict the **он/она́, мы,** and **вы** forms. The word lists in this book give the infinitive followed by the **я, ты,** and **они́** forms. For example: **жить (живу́, живёшь, живу́т); говори́ть (говорю́, говори́шь, говоря́т).**

Упражнения

А.   Заполните пропуски. Fill in the blanks with the correct form of the verb **говорить.**

1. Мы _____ по-английски, а Дима и Вера _____ по-русски.
2. Мария _____ по-испански и по-французски.
3. Я немного _____ по-русски.
4. Вы _____ по-немецки?
5. Кто _____ по-арабски?
6. Ты хорошо _____ по-русски.
7. Профессор _____ быстро, а студенты _____ медленно.

Б.   Составьте предложения. Make ten truthful statements using the words from the columns below. Be sure to make the verb agree with the grammatical subject.

я		по-русски
родители		по-английски
мы	(не) говорить	по-испански
ты		по-украински
вы		по-французски
Катя		по-арабски
Роджер		по-немецки

➤   *Complete Oral Drills 7–8 and Written Exercise 6 in the Workbook.*

3.4   The Past Tense: Introduction

Гайдар Булатович жил в Ереване.
Джейн изучала русский язык в университете и жила в русском доме.
Раньше мы говорили только по-украински, а сейчас иногда и по-русски.

The past tense is formed from the infinitive. Unlike the present tense, the past tense indicates the gender of the subject in the singular. The plural does not indicate gender. For most verbs, form the past tense this way:

Masculine subject: drop the **-ть** from the infinitive and add **-л.**
Feminine subject: drop the **-ть** from the infinitive and add **-ла.**
Plural subject: drop the **-ть** from the infinitive and add **-ли.**

читать	он читал	она читала	они читали
понимать	он понимал	она понимала	они понимали
писать	он писал	они писала	они писали
жить	он жил	они жила	они жили

Plural subjects include **мы** and **вы,** even if **вы** is used to address a single person. The informal **ты** is singular, and a past tense verb with **ты** agrees with the gender of the person addressed as **ты.**

— Гайда́р Була́тович, вы жи́ли в Ерева́не?
— Да, я жил в Ерева́не.

— Джейн, вы изуча́ли ру́сский язы́к в университе́те?
— Да, я изуча́ла ру́сский язы́к в университе́те.

— Джейн, ты жила́ в ру́сском до́ме?
— Да, жила́.

Учи́ться: The past tense forms of **учи́ться** are **учи́лся, учи́лась,** and **учи́лись.** You will see a full explanation of verbs with the reflexive particle **-ся** in Unit 4.

Упражнения

А. Fill in the blanks with the past tense form of the verb in parentheses.

1. В университе́те мы (изуча́ть) _____ англи́йский язы́к.
2. Ра́ньше Ви́ктор хорошо́ (говори́ть) _____ и (понима́ть) _____ по-англи́йски.
3. В шко́ле Ле́на о́чень хорошо́ (чита́ть) _____ и (писа́ть) _____ по-францу́зски.
4. Па́па ра́ньше (понима́ть) _____ по-кита́йски.
5. — Ири́на Па́вловна, вы (изуча́ть) _____ неме́цкий язы́к?
   — Да, в университе́те мы (изуча́ть) _____ и неме́цкий, и францу́зский языки́. Я непло́хо (чита́ть) _____ по-неме́цки, но по-францу́зски (писа́ть) _____ о́чень пло́хо.
6. — Ви́тя, ты (жить) _____ в общежи́тии?
   — Да, в университе́те я (жить) _____ в общежи́тии. Мно́гие студе́нты там (жить) _____ .

Б. Explain that you no longer know the following languages as well as you used to.

> Образе́ц: говори́ть по-ру́сски
> Ра́ньше я хорошо́ говори́л по-ру́сски, а тепе́рь я пло́хо говорю́.

пи́сать по-францу́зски чита́ть по-кита́йски
понима́ть по-неме́цки говори́ть по-япо́нски Ра́ньше. . . , а тепе́рь. . .
чита́ть по-ара́бски писа́ть по-испа́нски *Back then. . . , whereas now. . .*

➤ *Complete Oral Drills 9–10 and Written Exercise 7 in the Workbook.*

3.5 Word Order: Adverbs

In Russian, adverbs such as **хорошо́, пло́хо, бы́стро, свобо́дно,** and **немно́го** usually precede verbs. For example:

Ты **хорошо́** говори́шь по-ру́сски.	*You speak Russian well.*
Он **о́чень** лю́бит ру́сский язы́к.	*He likes Russian very much.*

However, in answering the question **как** — *how,* put the adverb last. This conforms to the tendency in Russian for new or stressed information to come at the end of the sentence. For example:

— **Как** вы говори́те по-ру́сски?	*How do you speak Russian?*
— Я говорю́ **хорошо́.**	*I speak it well.*

➤ *Review Oral Drill 8 in the Workbook.*

3.6 Talking about Languages — Языки́

In this chapter we have used two kinds of verbs that relate to language:

1. verbs involving language skills: **чита́ть, писа́ть, говори́ть, понима́ть**
2. verbs involving knowledge or study of language: **знать, изуча́ть**

For verbs in group 1 (language skills), use a form of the language with **по-: по-ру́сски, по-испа́нски, по-италья́нски,** etc. Note that the language does not end in **й.**

До́ма мы говори́ли по-ру́сски.
Ле́на хорошо́ чита́ет по-кита́йски.

When asking what language someone speaks, reads, or writes using these verbs, use the phrase **На како́м языке́. . . ?** for one language or **На каки́х языка́х. . . ?** for more than one.

— **На каки́х языка́х** вы говори́те?	— **На каки́х языка́х** вы чита́ете?	— **На како́м языке́** вы хорошо́ пи́шете?
— Я говорю́ **по-ру́сски** и **по-англи́йски.**	— Я чита́ю **по-испа́нски** и **по-францу́зски.**	— Я хорошо́ пишу́ **по-англи́йски.**

For verbs in group 2, use a form of the language with **-ский язы́к.** Note that the language does end in **й,** and that the word **язы́к** is obligatory.

Ви́ктор Петро́вич ра́ньше хорошо́ знал испа́нский язы́к.
Студе́нты изуча́ют япо́нский и англи́йский языки́.

When asking what language(s) someone knows or studies, use the phrase **Како́й язы́к. . .?** for one language or **Каки́е языки́. . .?** for more than one.

— **Каки́е языки́** вы зна́ете?
— Я зна́ю **англи́йский** и **испа́нский** языки́.

— **Како́й язы́к** вы изуча́ете в университе́те?
— Я изуча́ю **францу́зский язы́к.**

Exception: The verb **понима́ть** can be used with either structure.

— **Каки́е языки́** понима́ет твоя́ ма́ма?
— Она́ понима́ет **испа́нский** и **неме́цкий языки́.**
  OR
— **На каки́х языка́х** понима́ет твоя́ мама́?
— Она́ понима́ет **по-испа́нски** и **по-неме́цки.**

SUMMARY OF FORMS USED TO TALK ABOUT LANGUAGES		
	по-. . . ски *по -й and по* **язы́к**	**. . .ский язы́к** *must have -й and* **язы́к**
говори́ть чита́ть писа́ть	Я говорю́ по-ру́сски. Я чита́ю по-ру́сски. Я пишу́ по-ру́сски.	
знать изуча́ть		Я зна́ю ру́сский язы́к. Я изуча́ю ру́сский язы́к.
понима́ть	Я понима́ю по-ру́сски. *OR* Я понима́ю ру́сский язы́к.	

Упражнения

А.   Языки́. Отве́тьте на вопро́сы.

1. Каки́е языки́ вы зна́ете?
2. Каки́е языки́ вы понима́ете?
3. На каки́х языка́х вы хорошо́ говори́те?
4. На каки́х языка́х вы пи́шете?
5. На каки́х языка́х вы чита́ете?
6. Каки́е языки́ зна́ют ва́ши роди́тели?
7. На како́м языке́ вы говори́те до́ма?
8. Каки́е языки́ вы изуча́ете?

Б.   Как по-ру́сски? Express these questions in Russian, using **ты.**

1. What languages do you know?
2. What languages do you study?
3. What language are you studying?

4. What languages can you write?
5. What languages do you understand?
6. What languages do you read?
7. What languages do you speak?

В.   Как по-ру́сски?

1. Marina speaks English and German.
2. Do you study Arabic?
3. Who writes French?
4. The students study Italian.
5. I read and write Spanish very well.
6. My parents do not understand Russian.
7. "What languages do you know?" "We speak and read Chinese."
8. I studied French in college, but now I speak French badly.
9. They used to speak Japanese fluently.

➤   *Complete Oral Drills 11–15 and Written Exercises 8–10 in the Workbook.*

3.7   Talking about Nationalities — Кто вы по национальности?

To say someone is ethnically Russian, use the following adjective forms:

Он ру́сский.	Она́ ру́сская.	Они́ ру́сские.	*(ethnically) Russian*

To indicate other nationalities, use nouns:

Он америка́нец.	Она́ америка́нка.	Они́ америка́нцы.	*American*
Он англича́нин.	Она́ англича́нка.	Они́ англича́не.	*English*
Он ара́б.	Она́ ара́бка.	Они́ ара́бы.	*Arab*
Он испа́нец.	Она́ испа́нка.	Они́ испа́нцы.	*Spanish*
Он италья́нец.	Она́ италья́нка.	Они́ италья́нцы.	*Italian*
Он кана́дец.	Она́ кана́дка.	Они́ кана́дцы.	*Canadian*
Он кита́ец.	Она́ китая́нка.	Они́ кита́йцы.	*Chinese*
Он мексика́нец.	Она́ мексика́нка.	Они́ мексика́нцы.	*Mexican*
Он не́мец.	Она́ не́мка.	Они́ не́мцы.	*German*
Он россия́нин.	Она́ россия́нка.	Они́ россия́не.	*Russian (citizen)*
Он францу́з.	Она́ францу́женка.	Они́ францу́зы.	*French*
Он япо́нец.	Она́ япо́нка.	Они́ япо́нцы.	*Japanese*

Use an adjective only if the nationality term modifies another noun, as in
америка́нский студе́нт — *American student*, **ру́сский язы́к** — *Russian language*,
неме́цкая литерату́ра — *German literature*. Do not capitalize nouns and adjectives
referring to nationalities unless they start a new sentence.

Ру́сский или россия́нин?

Russian has two words for *Russian*. **Ру́сский** is generic and refers to ethnic background. **Россия́нин (россия́нка, россия́не)** invokes the notion of citizenship. Similarly, the adjective **росси́йский** refers to Russia as a nation-state (e.g., **Росси́йская Федера́ция,** the formal name for **Росси́я**), whereas **ру́сский** has to do with "Russianness," as in **ру́сские тради́ции,** which go far beyond Russia's political borders.

Упражнение

1. Кто по национа́льности ва́ша ма́ма?
2. Кто по национа́льности ваш па́па?
3. Кто вы по национа́льности?

➤ *Complete Oral Drill 16 and Written Exercise 11 in the Workbook.*

3.8 The Prepositional Case

You have been using the prepositional case of nouns after the preposition **в** to indicate location. For example: **Я живу́ в Аме́рике.**

In Russian, adjectives agree with the noun they modify in *gender, number,* and *case.* Therefore adjectives that modify nouns in the prepositional case must also be in the prepositional case.

Review of Prepositional Case for Singular Nouns

Masculine Nouns:

- If the word has a hard ending, i.e., a consonant other than **-й, -ь,** add **-е: в университе́те.**
- If the word ends in **-й** or **-ь,** drop that letter and add **-е: в словаре́.**
- If the resulting ending in the prepositional case would be **-ие,** change it to **-ии: кафете́рий → в кафете́рии.**

Neuter Nouns:

- If the word ends in **-о,** drop that letter and add **-е: в о́тчестве.**
- If the word ends in **-е,** there is no change: **в пла́тье.**
- If the resulting ending in the prepositional case would be **-ие,** change it to **-ии: общежи́тие → в общежи́тии.**

Feminine Nouns:

- If the word ends in **-а** or **-я,** drop the last letter and add **-е: в шко́ле.**
- If the word ends in **-ь,** drop that letter and add **-и: в за́писи.**
- If the resulting ending in the prepositional case would be **-ие,** change it to **-ии: в деклара́ции.**

NOMINATIVE	PREPOSITIONAL	
университе́т	в университе́т**е**	*in the university*
музе́й	в музе́**е**	*in the museum*
слова́рь	в словар**е́**	*in the dictionary*
шко́ла	в шко́л**е**	*in the school*
тамо́жня	на тамо́жн**е**	*at customs*
деклара́ция	в деклараци**и**[5]	*in the declaration*
общежи́тие	в общежи́ти**и**[5]	*in the dormitory*
за́пись	в за́пис**и**[6]	*in the recording*

Prepositional Case of Singular Adjectives

Masculine and Neuter Modifiers:

- The regular ending is -**ом**: **но́вом.**
- If the letter prior to that ending is mentioned in the 5-letter spelling rule and the ending is unstressed, then the ending is -**ем**: **хоро́шем.**
- The ending for naturally soft adjectives is -**ем**: **си́нем.**

Feminine Modifiers:

- The regular ending is -**ой**: **но́вой.**
- If the letter prior to that ending is mentioned in the 5-letter spelling rule and the ending is unstressed, then the ending is -**ей**: **хоро́шей.**
- The ending for naturally soft adjectives is -**ей**: **си́ней.**

Masculine and Neuter Singular Adjective-Noun Phrases in the Prepositional Case: Adjectives: -ом (-ем); Nouns: -е (-и)

NOMINATIVE	PREPOSITIONAL	
ма́ленький университе́т	в ма́леньк**ом** университе́т**е**	*in a small university*
э́тот большо́й университе́т	в э́том[12] больш**о́м** университе́т**е**	*in this large university*
её но́вый чемода́н	в её[9] но́в**ом** чемода́н**е**	*in her new suitcase*
интере́сное письмо́	в интере́сн**ом** письм**е́**	*in an interesting letter*
э́то краси́вое пла́тье	в э́том[12] краси́в**ом** пла́тье	*in this pretty dress*
хоро́ший университе́т	в хоро́ш**ем**[3] университе́т**е**	*in a good university*
наш институ́т	в на́ш**ем**[3, 12] институ́т**е**	*in our institute*
мой па́спорт	в мо**ём**[2, 12] па́спорт**е**	*in my passport*
твой журна́л	в тво**ём**[2, 12] журна́л**е**	*in your magazine*

Feminine Singular Adjective-Noun Phrases in the Prepositional Case: Examples of Adjectives: -ой (-ей); Nouns: -е (-и)

NOMINATIVE	PREPOSITIONAL	
ма́ленькая шко́ла	в ма́леньк**ой** шко́ле	*in a small school*
больша́я шко́ла	в больш**о́й** шко́ле	*in a large school*
э́та но́вая аудито́рия	в э́т**ой**[12] аудито́рии	*in this new classroom*
их интере́сная кни́га	в их[9] интере́сн**ой** кни́ге	*in their interesting book*
хоро́шая шко́ла	в хоро́ш**ей**[3] шко́ле	*in a good school*
на́ша аудито́рия	в на́ш**ей**[3, 12] аудито́рии	*in our classroom*
моя́ деклара́ция	в мо**е́й**[2, 12] деклара́ции	*in my declaration*
твоя́ кни́га	в тво**е́й**[2, 12] кни́ге	*in your book*

Prepositional Case for Plural Nouns (all genders):

- If the singular form ends in a hard consonant (i.e., not **-й** or **-ь**), **-а**, or **-о**, add **-ах**. Drop the final vowel: **в журна́лах**.
- If the singular form has a soft ending (**-й**, **-ь**, **-я**, or **-е**), drop that letter and add **-ях**: **в словаря́х**.

Prepositional Case Endings for Nouns (Overview)

	MASCULINE AND NEUTER	FEMININE	PLURAL
Hard (-∅, **-о**, **-а**)	в журна́л**е**	в ви́з**е**	в журна́л**ах**
Soft (**-ь**, **-е**, **-я**)	в словар**е́**	на тамо́жн**е**	словаря́х за́писях
Fem. **-ь** and fem. **-ия**, neut. **-ие**, masc. **-ий**		в за́пис**и** в деклара́ц**ии** в общежи́т**ии**	

Prepositional Case for Plural Adjectives:

All adjectives have the same ending in the prepositional plural, regardless of gender. The two possible forms of this ending are **-ых** and **-их**.

- The basic ending is **-ых**: **но́вых**.
- If the adjective is naturally soft, the prepositional plural form is **-их**: **си́них**.
- If the last letter before the adjectival ending is one of those in the 7-letter spelling rule (see note 4 below), the prepositional plural form is **-их**: **хоро́ших**.

Prepositional Endings for Adjectives (Overview):

	MASCULINE, NEUTER	FEMININE	PLURAL
Hard (**-ый, -ой**)	но́в**ом**	но́в**ой**	но́в**ых**
Soft (**-ий**)	си́н**ем**	си́н**ей**	си́н**их**
Spelling rules	хоро́ш**ем**[3]	хоро́ш**ей**[3]	хоро́ш**их**[4]

Plural Adjective-Noun Phrases in the Prepositional Case: Examples of adjectives: -ых (-их); Nouns: -ах (-ях)

NOMINATIVE	PREPOSITIONAL	
но́вый университе́т	в но́в**ых** университе́т**ах**	*in new universities*
интере́сное письмо́	в интере́сн**ых** пи́сьм**ах**	*in interesting letters*
эта ма́ленькая шко́ла	в э́т**их**[12] ма́леньк**их**[4] шко́л**ах**	*in these small schools*
ваш большо́й чемода́н	в ва́ш**их**[4, 12] больш**их**[4] чемода́н**ах**	*in your large suitcases*
на́ше письмо́	в на́ш**их**[4, 12] пи́сьм**ах**	*in our letters*
мой чемода́н	в мо**и́х**[2, 12] чемода́н**ах**	*in my large suitcases*
но́вый музе́й	в но́вых музе́**ях**[2]	*in new museums*
ста́рый слова́рь	в ста́рых словар**я́х**[2]	*in old dictionaries*
краси́вое пла́тье	в краси́вых пла́ть**ях**[2]	*in pretty dresses*
больша́я лаборато́рия	в больш**их**[4, 12] лаборато́ри**ях**[2]	*in big laboratories*
его́ но́вая за́пись	в его́[9] но́вых за́пис**ях**[2]	*in his new recordings*

Prepositional Case of Adjectives and Nouns — Summary

	MASCULINE SINGULAR	NEUTER SINGULAR	FEMININE SINGULAR	PLURAL
Nom.	но́в**ый** парк ру́сск**ий** музе́й больш**о́й** слова́рь	но́в**ое** письмо́ ру́сск**ое** о́тчество больш**о́е** общежи́тие	но́в**ая** ви́за ру́сск**ая** деклара́ция после́дн**яя** за́пись	но́в**ые** чемода́ны ру́сск**ие** деклара́ции после́дн**ие** за́писи
Prep.	в но́в**ом** па́рк**е** в ру́сск**ом** музе́**е** в больш**о́м** словар**е́**	в но́в**ом** письм**е́** в ру́сск**ом** о́тчеств**е** в больш**о́м** общежи́ти**и**	в но́в**ой** ви́з**е** в ру́сск**ой** деклара́ци**и** в после́дн**ей** за́пис**и**	в но́в**ых** чемода́н**ах** в ру́сск**их** деклара́ци**ях** в после́дн**их** за́пис**ях**

Notes and Reminders

1. Always delete the old ending before adding a new one. Only masculine nouns ending in any letter other than **й** or **ь** do not require any deletions before a new ending is added.

2. Add the ending that will allow the stem to retain its hard or soft nature (unless this would cause you to break a spelling rule).

3. After **ш, щ, ж, ч, ц,** do not write **о** if unstressed; write **е** instead: **В хоро́шем университе́те.** (This is the 5-letter spelling rule.)

4. After **г, к, х, ш, щ, ж, ч,** do not write **ы**; write **и** instead: **В ма́леньких университе́тах.** (This is the 7-letter spelling rule.)

5. For prepositional singular nouns, never write **-ие** as the last two letters; write **-ии** instead: **общежи́тие ⇒ в общежи́тии, Росси́я ⇒ в Росси́и.**

6. The prepositional singular ending for masculine nouns ending in **-ь** is **-е**: **слова́рь ⇒ в словаре́.** However, the prepositional singular ending for feminine nouns ending in **-ь** is **-и**: **Сиби́рь ⇒ в Сиби́ри.**

7. Some masculine nouns with **о** or **е** in the semi-final position lose this vowel whenever an ending is added: **пода́рок ⇒ в пода́рке.**

8. Words of foreign origin ending in **-о, -и,** or **-у** are indeclinable. They never change their form: **Ога́йо ⇒ в Ога́йо, Цинцинна́ти ⇒ в Цинцинна́ти.**

9. The possessive pronouns **его́, её,** and **их** never change their form: **Кни́га в его́ (её, их) ко́мнате.** *The book is in his (her, their) room.*

10. The prepositional case of **что** is **чём.**

11. The prepositional case of **кто** is **ком.**

12. The prepositional case endings for the possessive pronouns **чей, мой, твой, наш, ваш** and the demonstrative **э́тот** are given below. These are not irregular, but because they involve stress shifts, soft endings, and applications of spelling rules, you may wish simply to memorize them.

Masculine and neuter singular	мо**ём** тво**ём** на́ш**ем**	ва́ш**ем** чь**ём** э́т**ом**
Feminine singular	мо**е́й** тво**е́й** на́ш**ей**	ва́ш**ей** чь**ей** э́т**ой**
Plural	мо**и́х** тво**и́х** на́ш**их**	ва́ш**их** чь**их** э́т**их**

Упражнения

А. О себе.

1. Вы живёте в большо́м и́ли ма́леньком шта́те?
2. Вы живёте в большо́м и́ли ма́леньком го́роде?
3. Вы живёте в ста́ром и́ли но́вом го́роде?
4. Вы живёте в краси́вом и́ли некраси́вом го́роде?
5. Вы у́читесь в большо́м и́ли ма́леньком университе́те?
6. Вы живёте в общежи́тии, в кварти́ре и́ли в до́ме?
7. В каки́х шта́тах вы жи́ли?
8. В каки́х города́х вы жи́ли?

Б. Где они́ живу́т? Где они́ жи́ли?

Образе́ц: Илья́ — Москва́
Илья́ живёт в Москве́.
Илья́ жил в Москве́.

1. Ро́берт — Аме́рика
2. Мари́я — Ме́ксика
3. Хосе́ — Испа́ния
4. Курт — Эсто́ния
5. Мари́ — Фра́нция
6. Вади́м — Росси́я
7. Алёша — Санкт-Петербу́рг
8. Ната́ша — Ки́ев
9. Джордж — Цинцинна́ти
10. Дже́ннифер — Сан-Франци́ско
11. Ке́вин — Миссу́ри
12. Лари́са и Ольга — ста́рые дома́
13. Никола́й — наш го́род
14. Сюзен — этот краси́вый штат
15. Ва́ня — ма́ленький го́род
16. Па́вел и Бори́с — больши́е общежи́тия
17. Со́ня — это ма́ленькое общежи́тие
18. Ди́ма — э́та но́вая кварти́ра
19. Гри́ша и Петя — хоро́шие кварти́ры
20. Са́ра — Но́вая Англия

В. Где вы жи́ли?

Form sentences from answers in Exercise A using the past tense instead.

Г. Как по-ру́сски.

1. Katya lives in Moscow.
2. They studied Russian at good schools.
3. Do you live in a big city?
4. "Where does he study?" "He studies at a new university in California."
5. Amanda and Anna live in beautiful apartments.
6. I study in an old Russian city.
7. We lived in a small dormitory.
8. Have you lived in Russia?
9. Have you studied Russian?
10. I used to speak French well, but now I speak poorly.

➤ *Complete Oral Drills 17–19 and Written Exercises 12–14 in the Workbook.*

3.9 About: Preposition o (об) and the Prepositional Case

You already know that the prepositional case is used with the preposition **в,** to answer the question **Где?**

The prepositional case is also used with the preposition **o** (**об** before a vowel *sound*) to mean *about.*

— О чём вы чита́ете?
  — О европе́йских фина́нсовых ры́нках.
  — О но́вой кни́ге.
  — О но́вом ру́сском журна́ле.

— О ком вы говори́те?
  — О но́вых студе́нтах.
  — О на́ших преподава́телях.

The form **об** is used before words beginning with the vowel letters **а, э, и, о,** or **у.** The form **о** is used everywhere else.

Вы говори́те **об** э́той но́вой кни́ге?	Вы говори́те **о** его́ но́вой кни́ге?
Ты говори́шь **об** ара́бском языке́?	Ты говори́шь **о** языка́х?
Он говори́т **об** общежи́тии.	Он говори́т **о** ру́сских общежи́тиях.
Мы говори́м **об** интере́сной ле́кции.	Мы говори́м **о** хоро́шей ле́кции.

Упражнение

О чём вы говори́те? О ком вы говори́те?
О чём вы говори́ли? О ком вы говори́ли?

> Образец: мы — Москва́
> *О чём вы говори́те?*
> *Мы говори́м о Москве́.*
> *О чём вы говори́ли?*
> *Мы говори́ли о Москве́.*

1. ру́сские студе́нты — Аме́рика
2. америка́нцы — ру́сские
3. ру́сские — америка́нцы
4. Анна — Росси́я
5. студе́нты — общежи́тие
6. студе́нтка — ру́сская грамма́тика
7. преподава́тели — студе́нты
8. студе́нты — преподава́тели
9. мы — испа́нский журна́л
10. ты — роди́тели
11. я — но́вое пла́тье
12. вы — иностра́нные языки́

➤ *Complete Oral Drill 20 and Written Exercises 15–16 in the Workbook.*

3.10 Conjunctions: и, а, но

This table shows in what situations the conjunctions **и, а,** and **но** are used.

	И	А	НО
In a compound subject	Ка́тя **и** Яша ру́сские.		
In a compound predicate	Они́ чита́ют **и** пи́шут по-ру́сски.		
To mean *but rather*		Это не Ки́ра, **а** Ка́тя. Ки́ра говори́т не по-неме́цки, **а** по-ру́сски.	
As the first word in a continuing question		—До́ма они́ говоря́т по-ру́сски. —**А** отку́да они́ зна́ют ру́сский язы́к?	
Combining two clauses: • To make the *same comment* about two different subjects	Ка́тя ру́сская, **и** Яша ру́сский.		
• To make *different comments* about two different topics		Ка́тя ру́сская, **а** Энн америка́нка.	
• To indicate that the information in the second clause is a logical result of the first	Яша ру́сский, **и** он хорошо́ зна́ет ру́сский язы́к.		
• To indicate that the information in the second clause is unexpected, or that it in some way limits the information in the first clause			Я изуча́ю ру́сский язы́к, **но** говорю́ ещё пло́хо.

Упражнения

А. И, а, но. Review the dialogs on pages 73–74. Find sentences with the conjunctions **и, а,** and **но.** Group them in appropriate columns.

Б. Запо́лните про́пуски. Fill in the blanks with the conjunction **и, а,** or **но.**

1. Ма́ша хорошо́ говори́т по-ара́бски, _____ я пло́хо говорю́.
2. Боб изуча́л ру́сский язы́к в шко́ле, _____ тепе́рь пло́хо говори́т и чита́ет по-ру́сски.
3. Бори́с изуча́л неме́цкий язы́к в шко́ле, _____ его́ брат изуча́л францу́зский.
4. Ира _____ её сестра́ хорошо́ пи́шут _____ чита́ют по-англи́йски.
5. Наш брат изуча́ет не ру́сский язы́к, _____ кита́йский.

В. Как по-ру́сски? Translate this paragraph, paying special attention to the underlined conjunctions.

Masha <u>and</u> Styopa are Russians. They live in Moscow <u>and</u> go to the university. She studies French <u>and</u> he studies English. She knows French, <u>but</u> reads slowly. Styopa knows not Spanish, <u>but</u> English.

Дава́йте почита́ем

А. Ку́рсы иностра́нных языко́в.

1. Look at this newspaper ad with the following questions in mind.
   • What is the name of the company?
   • What languages are being offered?
   • Who are the instructors?
2. Go back to the ad and underline all the cognates (words that sound like English words).
3. If the root **-скор-** means fast, what is the meaning of the adjective **уско́ренный?**

> **Фирма «ЛИНГВА»**
> объявляет открытие курсов иностранных языков
>
> ♦ **английского** ♦ **французского**
> ♦ **немецкого**
>
> Приглашаем взрослых и учащихся старших классов. Обучаем быстро, интересно, основательно.
> Лучшие учебные пособия, лингафонные и видеокурсы, а, главное, высококвалифицированные, опытные преподаватели из Англии, США, Германии, Франции и Канады.
> Для коммерсантов мы предлагаем ускоренные бизнес-курсы: девять недель по шесть часов в день.
>
> *Телефон: 158-06-90 (с 16 до 19 часов ежедневно, кроме субботы и воскресенья).*
>
> *Адрес: ул. Врубеля, 8, ст. метро «Сокол».*

B. **Иностра́нные языки́.** Working in small groups, go through the newspaper ad and extract from it as much information as you can. Compare the information you got with other groups. What clues did you use to get the information?

🎵 Дава́йте послу́шаем

Рекла́ма по ра́дио.

1. Listen to the radio ad and decide what is being advertised. Then name three key points you expect to find in it.
2. Listen to the ad again with the following questions in mind:
   a. At which segment of the listening audience is the ad aimed (children, teenagers, adults, etc.)?
   b. What services are offered?
   c. What is the advertiser's strongest drawing card?
   d. Name one other feature of the services provided.
   e. Where can you get more information?

ВЫ ЕДЕТЕ В АМЕРИКУ?

А ЯЗЫК?

Фирма «НТМ» поможет вам быстро освоить **английский язык** с использованием современных методик и пособий США и Канады. Мы предлагаем

- курсы ускоренного обучения
- бизнес-курсы
- курсы для иммигрантов

Оплата по наличному и безналичному расчёту.

тел. 236-98-78, 236-66-96

Обзорные упражнения

А.   Но́вая програ́мма иностра́нных языко́в. You are the administrator of a new foreign language program whose budget is large enough to offer instruction in five languages. Make a list of the languages you will include.

Б.   Каки́е языки́. You are a guide for a group of Russian tourists who are going to visit Europe. You need to find out in which countries they will need an interpreter. Write a brief list of questions to give them.

 В.   На како́м языке́ вы говори́те до́ма? Listen to the conversation and fill in the missing words.

Вади́м:	Здра́вствуй! Что э́то у тебя́, учéбник ру́сского языка́? Но ты ужé свобо́дно _____ по-ру́сски. У тебя́ ведь роди́тели _____ .
Анна:	Нет, то́лько ма́ма ру́сская. Па́па _____ . И до́ма мы говори́м _____ .
Вади́м:	Да, но ведь _____ ты _____ практи́чески всё. Зачéм тебé учéбник?
Анна:	В то́м-то и дéло. Я всё понима́ю, но _____ пло́хо. И поэ́тому я _____ ру́сский язы́к _____ . Тепéрь до́ма _____ с ма́мой то́лько по-ру́сски.
Вади́м:	А как же твой па́па? Он понима́ет, что вы говори́те?
Анна:	Нет! Поэ́тому он говори́т, что то́же хо́чет изуча́ть _____ в университéте.

Г.   Интервью. You have been asked to interview a Russian visitor who does not know English.

1. List at least five questions you could ask the visitor about his or her language or ethnic background.
 2. Role-play a meeting with a Russian visitor in which you ask your questions.
3. Write a short composition telling what you learned about the visitor.

Д.   Сочинéние — Мои́ роди́тели. Write a short composition about your parents' nationality and knowledge of languages. Give as much information as you can, keeping within the bounds of the Russian you know.

Новые слова и выражения

COUNTRIES AND NATIONALITIES

Аме́рика/америка́нец, америка́нка/амери́канский	America(n)
Англия/англича́нин (*pl.* англича́не), англичанка/англи́йский	England (English)
Арме́ния/армяни́н (*pl.* армя́не), армя́нка/армя́нский	Armenia(n)
Герма́ния/не́мец, не́мка/неме́цкий	Germany (German)
Еги́п(е)т/ара́б, ара́бка (*pl.* ара́бы)/ара́бский	Egypt (Arab, Arabic)
Испа́ния/испа́нец, испа́нка/испа́нский	Spain (Spanish)
Ита́лия/итальянец, итальянка/итальянский	Italy (Italian)
Кана́да/кана́дец, кана́дка/кана́дский	Canada (Canadian)
Кита́й/кита́ец, китая́нка/кита́йский	China (Chinese)
Ме́ксика/мексика́нец, мексика́нка/ме́ксиканский	Mexico (Mexican)
Росси́я/россия́нин (*pl.* россия́не), россия́нка/росси́йский	Russia (Russian)
Ру́сский, ру́сская/ру́сский	See pages 85–86
Украи́на/украи́нец, украи́нка/украи́нский	Ukraine (Ukrainian)
Фра́нция/францу́з, францу́женка/францу́зский	France (French)
Япо́ния/япо́нец, япо́нка/япо́нский	Japan (Japanese)

NOUNS

европе́йский	European
Ерева́н	Yerevan (city in Armenia)
кварти́ра	apartment
ле́кция	lecture
ма́ма	mom
ма́ть (*fem.*) (*pl.* ма́тери)	mother
общежи́тие	dormitory
от(é)ц	father
па́па	dad
роди́тели	parents
росси́йский	Russian (pertaining to the Russian Federation)
ры́нок (*pl.* ры́нки)	market
сло́во (*pl.* слова́)	word
язы́к (*pl.* языки́)	language

PRONOUNS

всё	everything
мы	we

ADJECTIVE

фина́нсовый	financial

Новые слова и выражения

VERBS

говори́ть (говорю́, говори́шь, говоря́т)	to speak, to say
жить (живу́, живёшь, живу́т)	to live
знать (зна́ю, зна́ешь, зна́ют)	to know
изуча́ть (изуча́ю, изуча́ешь, изуча́ют)(*что*)	to study (*something*)
писа́ть (пишу́, пи́шешь, пи́шут)	to write
понима́ть (понима́ю, понима́ешь, понима́ют)	to understand
чита́ть (чита́ю, чита́ешь, чита́ют)	to read

ADVERBS

бы́стро	quickly
всегда́	always
дово́льно	quite
ещё	still
иногда́	sometimes
ме́дленно	slowly
немно́го, немно́жко	a little
непло́хо	pretty well
норма́льно	in a normal way
о́чень	very
пло́хо	poorly
по-англи́йски	English
по-ара́бски	Arabic
по-испа́нски	Spanish
по-италья́нски	Italian
по-кита́йски	Chinese
по-неме́цки	German
по-ру́сски	Russian
по-украи́нски	Ukrainian
по-францу́зски	French
по-япо́нски	Japanese
ра́ньше	previously
свобо́дно	fluently
сейчас	now
так	so
хорошо́	well

CONJUNCTIONS

где	where
когда́	when
но	but
что	that

Новые слова и выражения

NEGATIVE PARTICLE

не   not (*negates following word*)

OTHER WORDS AND PHRASES

Большо́е спаси́бо.   Thank you very much.
Говори́те ме́дленнее.   Speak more slowly.
До свида́ния.   Goodbye.
до́ма   at home
Извини́те.   Excuse me.
Как по-ру́сски. . . ?   How do you say. . . in Russian?
Кто. . . по национа́льности?   What is. . .'s nationality?
На каки́х языка́х вы говори́те до́ма?   What languages do you speak at home?
На како́м языке́ вы говори́те до́ма?   What language do you speak at home?
одно́ сло́во   one word
Отку́да вы зна́ете ру́сский язы́к?   How do you know Russian?
пожа́луйста   please
по национа́льности   by nationality
Разреши́те предста́виться.   Allow me to introduce myself.
Что́ вы (ты)!   response to a compliment
Что э́то тако́е?   (Just) what is that?
Я забы́л(а).   I forgot.

NUMBERS   50–199

PASSIVE VOCABULARY

комплиме́нт   compliment
лаборато́рия   lab
рекла́ма   advertisement
санкт-петербу́ргский   (of) St. Petersburg
секрета́рь   secretary
фи́рма   firm; company

PERSONALIZED VOCABULARY

_____

_____

_____

_____

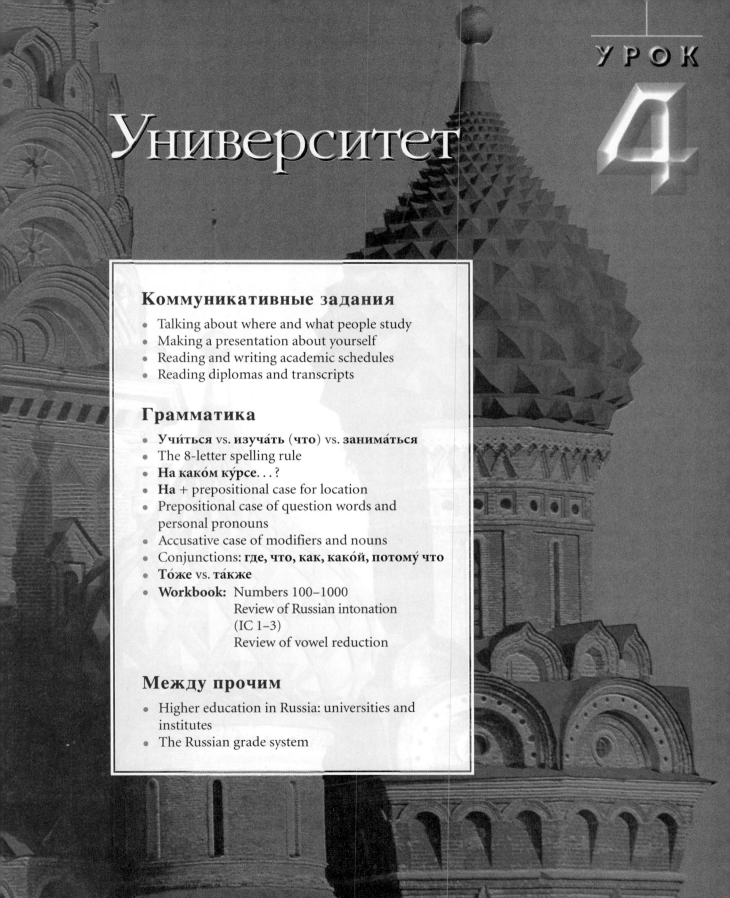

Университет

Коммуникативные задания

- Talking about where and what people study
- Making a presentation about yourself
- Reading and writing academic schedules
- Reading diplomas and transcripts

Грамматика

- **Учи́ться** vs. **изуча́ть** (**что**) vs. **занима́ться**
- The 8-letter spelling rule
- **На како́м ку́рсе. . . ?**
- **На** + prepositional case for location
- Prepositional case of question words and personal pronouns
- Accusative case of modifiers and nouns
- Conjunctions: **где, что, как, како́й, потому́ что**
- **То́же** vs. **та́кже**
- **Workbook:**   Numbers 100–1000
  Review of Russian intonation
  (IC 1–3)
  Review of vowel reduction

Между прочим

- Higher education in Russia: universities and institutes
- The Russian grade system

Точка отсчёта

Введение

A. Taking turns with a partner, ask and answer the following questions about where you go to college, what year of study you are in, what your major is, and what courses you are currently taking. Follow the models.

1. — Где вы сейчас у́читесь?
   — Я учу́сь...

   в Калифорни́йском (госуда́рственном) университе́те
   в Виско́нсинском (госуда́рственном) университе́те
   в Пенсильва́нском (госуда́рственном) университе́те

   в Джорджта́унском университе́те
   в Га́рвардском университе́те
   в Колумби́йском университе́те

   в Университе́те Джо́рджа Вашингто́на
   в Университе́те Джо́нса Го́пкинса

   в Мичига́нском госуда́рственном университе́те
   в Госуда́рственном университе́те шта́та Ога́йо
   в Госуда́рственном университе́те шта́та Нью-Йо́рк

Your teacher will tell you the name of your college or university.

2. — На како́м ку́рсе вы у́читесь?
   — Я учу́сь...

   на
   }
   пе́рвом
   второ́м
   тре́тьем   ку́рсе
   четвёртом
   пя́том

   в   аспиранту́ре.

3. — Кака́я у вас специа́льность?
   — Моя́ специа́льность. . .

англи́йская
литерату́ра

архитекту́ра

биоло́гия

исто́рия

ру́сский язы́к

фи́зика

медици́на

му́зыка

фина́нсы

хи́мия

эконо́мика

юриспруде́нция

Други́е специа́льности:

антрополо́гия	политоло́гия
коммуника́ция	психоло́гия
компью́терная те́хника	росси́йское странове́дение
матема́тика	социоло́гия
междунаро́дные отноше́ния	филоло́гия
педаго́гика	филосо́фия

4. — Что вы изуча́ете?
   — Я изуча́ю...

англи́йскую литерату́ру	политоло́гию
антрополо́гию	психоло́гию
архитекту́ру	ру́сский язы́к
биоло́гию	росси́йское странове́дение
исто́рию	социоло́гию
коммуника́цию	фи́зику
компью́терную те́хнику	филоло́гию
матема́тику	филосо́фию
медици́ну	фина́нсы
междунаро́дные отноше́ния	хи́мию
му́зыку	эконо́мику
педаго́гику	юриспруде́нцию

Б. Make two lists of subjects: those you have taken and those you are taking.

Я изуча́л(а)...
Я изуча́ю...

В. Make a list of the subjects you like the best and the least.

Я люблю́...
Я не люблю́...

 # Разгово́ры для слу́шания

Разгово́р 1. В общежи́тии
> Разгова́ривают ру́сский и иностра́нец.

1. A Russian is speaking with a foreigner. What nationality is the foreigner?
2. What is he doing in Russia?
3. Where does he go to school in his home country?
4. In which year of university study is he?

Разгово́р 2. В библиоте́ке
> Разгова́ривают ру́сский и америка́нка.

1. What is the American student doing in Russia?
2. What is her field of study?
3. What does the Russian say about the American's Russian?
4. What is the man's name?
5. What is the woman's name?

Разгово́р 3. Я вас не по́нял!

Разгова́ривают ру́сский и иностра́нец.

1. One of the participants is a foreigner. What makes that obvious?
2. Where is the foreigner from?
3. What is he doing in Russia?
4. What interests does the foreigner have besides Russian?
5. What are the names of the two speakers?

Давайте поговорим

Диалоги

1. Где вы у́читесь?

— Где вы у́читесь?
— В Моско́вском университе́те.
— Вот как?! А на како́м ку́рсе?
— На тре́тьем.
— Кака́я у вас специа́льность?
— Журнали́стика.
— Кака́я интере́сная специа́льность!
— Да, я то́же так ду́маю.

2. Вы у́читесь или рабо́таете?

— Вы у́читесь и́ли рабо́таете?
— Я ра́ньше рабо́тал. А тепе́рь учу́сь.
— В университе́те?
— Нет, в Институ́те иностра́нных языко́в.
— А каки́е языки́ вы зна́ете?
— Я хорошо́ говорю́ по-англи́йски. Я та́кже немно́жко чита́ю и понима́ю по-францу́зски.
— Молоде́ц! А я то́лько немно́жко говорю́ по-ру́сски.

If you are no longer a student, you will want to be able to answer the question **Где вы учи́лись?** (*Where did you study/go to college?*)

3. Я изуча́ю ру́сский язы́к.

— Ли́нда, где ты у́чишься в Аме́рике?
— В Иллино́йском госуда́рственном университе́те.
— Кака́я у тебя́ специа́льность?
— Ещё не зна́ю. Мо́жет быть, ру́сский язы́к и литерату́ра.
— А что ты изуча́ешь здесь, в Росси́и?
— Я изуча́ю ру́сский язы́к.
— Но ты уже́ хорошо́ говори́шь по-ру́сски!
— Нет, что ты! Ру́сский язы́к о́чень тру́дный!

4. Я изуча́ю англи́йский язы́к.

— Вале́ра! Что ты чита́ешь?

— Занима́юсь. Мы чита́ем статью́ в америка́нском журна́ле.

— Ты хорошо́ чита́ешь по-англи́йски. Молоде́ц!

— Не о́чень хорошо́. Я сейча́с изуча́ю англи́йский язы́к.

— Где? На филологи́ческом факульте́те?

— Да. На ка́федре англи́йского языка́.

— Там хоро́шие преподава́тели?

— Преподава́тели хоро́шие, но э́та статья́ дово́льно ску́чная.

5. Вы у́читесь в Аме́рике?

— Вы в Аме́рике у́читесь?

— Я не по́нял. Как вы сказа́ли?

— Вы у́читесь в Аме́рике?

— В Аме́рике? Да, в Джорджта́унском университе́те.

— А что вы там изуча́ете?

— Ру́сский язы́к, полито́логию, а та́кже европе́йскую исто́рию. Я люблю́ ру́сский язы́к. Ой, у меня́ сейча́с ле́кция. До свида́ния!

— До свида́ния! Я ваш сосе́д. Живу́ здесь, в общежи́тии.

А. Уче́бный день. Following the example of the daily planner below, make a schedule of your day.

9.00	*английский язык – фонетика*
10.30	*английский язык – практика*
12.00	*американская литература*
13.30	*обед*
15.00	*дискуссионный клуб*
16.30	*аэробика*
19.30	*кинофильм*

Russians use the 24-hour clock for all schedules. Note that periods, not colons, are used between hours, minutes and seconds.

Б. Предме́ты. With your partner, discuss your opinion about the following school subjects. Use adjectives from the column on the right. Make sure they agree with the subject in gender and number.

Образе́ц: — Я ду́маю, что ру́сский язы́к о́чень тру́дный.

— Я то́же так ду́маю.

и́ли

— Я ду́маю, что ру́сский язы́к не тру́дный.

биоло́гия
фи́зика
испа́нский язы́к   тру́дный
неме́цкий язы́к   не тру́дный
эконо́мика   интере́сный
филосо́фия   не интере́сный
фина́нсы

Ме́жду про́чим

Вы́сшее образова́ние в Росси́и

Вуз (вы́сшее уче́бное заведе́ние). Literally "higher learning institute," **вуз** is the bureaucratic expression that covers all post-secondary schools in Russia. A **вуз** can be a major **университе́т** such as **МГУ** (**Моско́вский госуда́рственный университе́т**) or a more specialized university, such as (**МГЛУ**) **Моско́вский госуда́рственный лингвисти́ческий университе́т.** Narrower still in focus are the thousands of **институ́ты,** each devoted to its own discipline: **медици́нский институ́т, энергети́ческий институ́т, институ́т ру́сского языка́ и литерату́ры,** and so forth. Most full-time undergraduates attend college for five years.

The early 1990s saw the rise of more streamlined **ко́лледжи** and **вы́сшие шко́лы** (schools of higher learning). Many of the newer **ко́лледжи** are akin to two-year colleges affiliated with more traditional universities. Others are independent entities. Most **ву́зы** are tuition-free for those students who pass fiercely competitive exams. Less talented students may be admitted after paying hefty fees. In the majority of institutions, students declare their major upon application and, if admitted, take a standard set of courses with few electives. Virtually all **ву́зы** are located in large cities. The concept of a "college town" is alien to Russia.

Факульте́т. Russian universities are made up of units called **факульте́ты,** which are somewhere in size between what Americans call divisions and departments. A typical university would normally include **математи́ческий факульте́т, филологи́ческий факульте́т** (languages, literatures, linguistics), **истори́ческий факульте́т, юриди́ческий факульте́т,** etc.

Ка́федра. It is roughly equivalent to a department. For instance, the **филологи́ческий факульте́т** may include **ка́федра ру́сского языка́, ка́федра англи́йского языка́,** and other individual language **ка́федры.**

Упражнения к диалогам

Лексика в действии

А. **Подготовка к разговору.** Review the dialogs. How would you do the following?

- Tell someone where you go (or went) to school.
- Say what year of college you are in.
- Tell someone what your major is.
- Tell someone what languages you know and how well.
- Tell someone where you live.
- Tell someone what courses you are taking.
- Say that you used to work.
- Express agreement with an opinion.
- Respond to a compliment.
- State that you missed something that was said.

 Б. **На каком курсе ты учишься?** Ask what year your classmates are in. Find out what courses they are taking. Report your findings to others in the class.

В. **Автобиография.** You are in a Russian classroom on the first day of class. The teacher has asked everybody to tell a bit about themselves. Be prepared to talk for at least one minute without notes. Remember to say what you can, not what you can't!

Игровые ситуации

1. Start up a conversation with someone at a party in Moscow and make as much small talk as you can. If your partner talks too fast, explain the state of your Russian to slow the conversation down. When you have run out of things to say, close the conversation properly.
2. You are talking to a Russian who knows several languages, but not English. Find out as much as you can about your new friend's language background.
3. Now imagine that you are in your own country. You are a newspaper reporter. Interview a Russian exchange student whose English is minimal.
4. Working with a partner, prepare and act out a situation of your own that deals with the topics of this unit. Remember to use what you know, not what you don't.

Устный перевод

The verbs **говори́ть**—*to say*, **ду́мать**—*to think*, **спра́шивать**—*to ask*, and **отвеча́ть**—*to answer* allow you to speak about a third person in the interpreting exercises: *She says that. . .*, *He thinks. . .*, *They are asking. . .*, etc. Below you see some lines that might come up in interpreting. Practice changing them from direct speech into indirect speech.

Образе́ц:

AMERICAN AND UKRAINIAN	INTERPRETER
— What's your name and patronymic?	— **Он спра́шивает, как ва́ше и́мя-о́тчество.**
— **Меня́ зову́т Кири́лл Па́влович.**	— He says his name is Kirill Pavlovich.

— What's your last name?
— **Са́венко.**
— Is that a Ukrainian last name?
— **Украи́нская.**
— Where do you live?
— **Здесь, в Москве́. А вы америка́нец?**
— Yes.

Now use the verbs you have just practiced in the interpreting situation below.

A reporter wants to interview a visiting Russian student and has asked you to interpret.

ENGLISH SPEAKER'S PART

1. What's your name?
2. What's your last name?
3. Where do you go to school?
4. Which university?
5. That's very interesting. In what department?
6. So your major is history?
7. That's very good. Do you know English?
8. Are you studying English now?
9. Goodbye.

Грамматика

4.1 Учи́ться

— Вы у́читесь и́ли рабо́таете? *Do* you *go to school* or work?
— Я учу́сь. I *go to school.*

The **-ся** or **-сь** at the end of this verb makes it look different from other verbs
you have learned. The verb endings before this particle, however, are regular
second-conjugation endings, with application of the 8-letter spelling rule in the
я- and **они́**-forms. The **-сь** ending is added after a vowel, and the **-ся** ending after
a consonant.

Here is the complete conjugation of **учи́ться:**

учи́ться	
я	уч - у́ - сь
ты	у́ч - **ишь** - ся
он/она́	у́ч - **ит** - ся
мы	у́ч - **им** - ся
вы	у́ч - **ите** - сь
они́	у́ч - **ат** - ся

Past Tense:

он учи́л - **ся**
она́ учи́л - **а** - сь
они́ учи́л - **и** - сь

The 8-letter spelling rule
After the letters **к, г, х, ш, щ, ж, ч, ц,** write **-у** instead of **-ю,** and **-а** instead of **-я.**

Упражнение

Запо́лните про́пуски. Fill in the blanks with the appropriate form of the
verb **учи́ться.**

Ты _____ и́ли рабо́таешь?
— Я _____ в университе́те.
— Пра́вда? А мой брат то́же там _____ !
— А я ду́мала, что твой брат рабо́тает.
— Мы с бра́том* рабо́таем в о́фисе, и мы _____ в университе́те.

*мы с бра́том = *my brother and I*

➤ *Complete Oral Drills 1–2 in the Workbook.*

4.2   The Prepositional Case: На

You already know that the prepositional case is used after the preposition **в** to indicate location. The preposition **на** is used instead of **в** in the following situations:

- to indicate *on*:   на столе́   on the table
- with activities: на ле́кции   in class
                             на бале́те   at a ballet
                             на рабо́те   at work

- with certain words, which must be memorized:

          на факульте́те   in the division (of a college)
          на ка́федре   in the department (of a college)
          на ку́рсе   in a year (first, second, etc.) of college

The glossaries and word lists in this book list words that must be memorized as "**на** words" like this: **факульте́т (на)**.

Упражнения

А.   Запо́лните про́пуски. Fill in the blanks with either **в** or **на**.

1. Ната́ша у́чится _____ четвёртом ку́рсе _____ институ́те _____ Росси́и. Там она́ у́чится _____ филологи́ческом факульте́те, _____ ка́федре испа́нского языка́. Живёт она́ _____ Смоле́нске _____ большо́м общежи́тии.
2. Ко́стя живёт_____ Москве́, где он у́чится _____ Моско́вском госуда́рственном лингвисти́ческом университе́те. Он _____ пе́рвом ку́рсе. Его́ брат то́же студе́нт. Он у́чится _____ энергети́ческом институ́те, _____ тре́тьем ку́рсе.
3. Ла́ра сейча́с _____ университе́те, _____ ле́кции. Её сестра́ _____ рабо́те.

Б.   Соста́вьте предложе́ния. Form ten sentences in Russian by combining words from the columns below. Make the verbs agree with their grammatical subjects. Put the words following **в** or **на** into the prepositional case. Pay special attention to which words will be used with **в** and which with **на**.

я			филологи́ческий факульте́т
мы			Моско́вский университе́т
профе́ссор	учи́ться	в	пе́рвый курс
э́тот студе́нт	рабо́тать	на	Росси́я
вы			Институ́т иностра́нных языко́в
ты			ка́федра англи́йского языка́

➤ *Complete Oral Drills 3–5 and Written Exercises 1–3 in the Workbook.*

4.3   Studying: Учи́ться, изуча́ть, занима́ться

— Где вы у́читесь?	Where do you *go to school?*
— Я учу́сь в Га́рвардском университе́те.	*I go* to Harvard.
— А что вы там изуча́ете?	What do you *study* there?
— Фи́зику.	Physics.
— Вы хорошо́ у́читесь?	Do you *do* well in school?
— Да, хорошо́.	Yes, I do.
— А где вы обы́чно занима́етесь?	And where do you usually *study* (*do homework*)?
— Я обы́чно занима́юсь в библиоте́ке.	I usually *study* in the library.

Russian has several verbs that correspond to the English verb *study*. These Russian verbs are used in different situations.

The verb **учи́ться** is used to express that someone is a student or goes to school somewhere. It can also be used to indicate what kind of a student someone is.

The verb **изуча́ть** is used to indicate what subject one is taking; the subject studied *must always* be mentioned when this verb is used. The area of study must be in the accusative case (see 4.4).

The verb **занима́ться** is used to describe the process of studying in the sense of doing homework. It cannot take a direct object.

	учи́ться	изуча́ть (что)	занима́ться
No complement	**Я учу́сь.** *I'm a student.*		**Я сейча́с занима́юсь.** *I'm studying right now.*
Place	**Я учу́сь в Моско́вском университе́те.** *I go to Moscow University.*		**Я занима́юсь в библиоте́ке.** *I am studying in the library.*
Time			**Я всегда́ занима́юсь.** *I always study.*
Adverb (how)	**Я хорошо́ учу́сь.** *I do well in school.*		
Direct object (**что?**) (e.g., school subject)		**Я изуча́ю фи́зику.** *I take physics.*	

Упражнения

А.   Как по-ру́сски?

— Where do you (**ты**) study?
— At Columbia University.
— What do you (**ты**) take?
— Spanish.
— Do you do well?
— Yes, I do well.
— Where do you usually study (do homework)?
— I usually study (do homework) at home.

Б.   О себе́. Отве́тьте на вопро́сы.

1.   Вы у́читесь и́ли рабо́таете? Где? Что вы изуча́ете?
2.   Ва́ша сестра́* у́чится? Где? Что она́ изуча́ет?
3.   Ваш брат* у́чится? Где? Что он изуча́ет?
4.   Ва́ши роди́тели учи́лись? Где?
5.   Где вы обы́чно занима́етесь?

*сестра́—*sister;* брат—*brother*

➤   *Review Oral Drills 1–5 and Complete Written Exercises 4–6 in the Workbook.*

4.4   The Accusative Case

In Russian the accusative case is used for direct objects. A direct object is a noun or a pronoun that receives the action of the verb. The direct objects in the following Russian sentences are in boldface.

Я зна́ю **ру́сский язы́к.**	I know *Russian (language).*
Я люблю́ **ру́сскую литерату́ру.**	I love *Russian literature.*
Я изуча́л **росси́йское странове́дение.**	I took *Russian area studies.*
Я чита́ю **интере́сные кни́ги.**	I read *interesting books.*

Упражнение

Which of the following words are direct objects?

On Friday we heard an interesting lecture on Russian art. The speaker has studied art for several decades. She concentrated on nineteenth-century paintings.

The accusative case of modifiers and nouns

The accusative singular endings for most feminine phrases are **-ую** for adjectives and **-у** for nouns:

NOMINATIVE	ACCUSATIVE	ENGLISH
но́в**ая** кни́га	но́в**ую** кни́гу	*new book*
интере́сн**ая** газе́та	интере́сн**ую** газе́ту	*interesting newspaper*
компью́терн**ая** те́хника	компью́терн**ую** те́хнику	*computer science*
ру́сск**ая** литерату́ра	ру́сск**ую** литерату́ру	*Russian literature*

If the feminine noun ends in **-я**, its accusative ending is spelled **-ю** (this keeps the stem soft):

NOMINATIVE	ACCUSATIVE	ENGLISH
неме́цк**ая** филосо́фия	неме́цк**ую** филосо́фию	*German philosophy*
ру́сск**ая** исто́рия	ру́сск**ую** исто́рию	*Russian history*

Soft adjectives, such as **после́дний** (fem. **после́дняя**), take their accusative forms in **-юю.**

NOMINATIVE	ACCUSATIVE	ENGLISH
после́дн**яя** ве́рсия	после́дн**юю** ве́рсию	*latest version*
си́н**яя** ру́чка	си́н**юю** ру́чку	*blue pen*

Feminine nouns ending in **-ь** look the same in the accusative case as they do in the nominative case. The adjectives that modify them, however, still take the **-ую/-юю** ending:

NOMINATIVE	ACCUSATIVE	ENGLISH
но́в**ая** за́пись	но́в**ую** за́пись	*new recording*
интере́сн**ая** специа́льность	интере́сн**ую** специа́льность	*interesting major/specialty*

The feminine possessive pronouns (**моя́, твоя́, на́ша, ва́ша**), the question word **чья,** and the demonstrative pronoun **э́та** end in **-у** or **-ю** in the accusative case:

NOMINATIVE	ACCUSATIVE	ENGLISH
мо**я́** за́пись	мо**ю́** за́пись	*my recording*
тво**я́** кни́га	тво**ю́** кни́гу	*your book*
на́ш**а** газе́та	на́ш**у** газе́ту	*our newspaper*
ва́ш**а** дочь	ва́ш**у** дочь	*your daughter*
чь**я** ви́за	чь**ю** ви́зу	*whose visa*
э́т**а** деклара́ция	э́т**у** деклара́цию	*this declaration*

Remember these simple rules for feminine accusative endings:

- **а** goes to **у**
- **я** goes to **ю**
- **ь** stays the same

For all other phrases (masculine singular, neuter singular, all plurals), the accusative endings are

- the same as the nominative endings *if the phrase refers to something inanimate* (not a person or animal):

NOMINATIVE	ACCUSATIVE	ENGLISH
но́в**ый** журна́л ∅	но́в**ый** журна́л ∅	*new magazine*
ста́р**ый** слова́рь	ста́р**ый** слова́рь	*old dictionary*
интере́сн**ое** письмо́	интере́сн**ое** письмо́	*interesting letter*
но́в**ые** журна́лы	но́в**ые** журна́лы	*new magazines*
ста́р**ые** словари́	ста́р**ые** словари́	*old dictionaries*
интере́сн**ые** пи́сьма	интере́сн**ые** пи́сьма	*interesting letters*
междунаро́дн**ые** отноше́ния	междунаро́дн**ые** отноше́ния	*international relations*
ру́сск**ие** кни́ги	ру́сск**ие** кни́ги	*Russian books*

- the same as the genitive endings *if the phrase refers to something animate* (a person or animal). You will learn these endings for singular noun phrases in Unit 6, for plural noun phrases in Unit 7.

ACCUSATIVE CASE OF ADJECTIVES AND NOUNS — SUMMARY				
	Masculine singular	**Neuter singular**	**Feminine singular**	**Plural**
Nominative	но́вый большо́й уро́к после́дний	но́вое большо́е письмо́ после́днее	но́вая больша́я маши́на после́дняя	но́вые больши́е маши́ны после́дние
Accusative inanimate animate	*like nominative* *like genitive*	*like nominative*	но́вую большу́ю маши́ну после́днюю	*like nominative* *like genitive*

Notes and Reminders

1. The accusative singular of feminine nouns ending in **-ь** is the same as the nominative case: **мать ⇒ мать, дочь ⇒ дочь.**
2. Nouns ending in **-а** or **-я** that refer to men and boys decline like feminine nouns: **Мы зна́ем Ди́му и Ва́ню.**
3. The possessive pronouns **его́**—*his*, **её**—*her*, and **их**—*their* never change their form: **Вы зна́ете его́ ма́му? Я чита́ю её журна́л. Она́ чита́ет их письмо́.**
4. The accusative endings in this lesson for masculine nouns and modifiers apply only to inanimate objects. You cannot yet form the accusative for animate males (humans or masculine animals). There is no such animate/inanimate distinction for feminine words, however:

Я чита́ю э́ту кни́гу.	*I am reading this book.*
Я зна́ю ва́шу дочь.	*I know your daughter.*

Упражне́ния

А. Запо́лните про́пуски. Fill in the blanks with adjectives and nouns in the accusative case.

— Ко́стя, ты чита́ешь _____ (ру́сские газе́ты)?
— Да, я чита́ю _____ _____ («Моско́вские но́вости») и _____ («Аргуме́нты и фа́кты»).
   Я люблю́ _____ (ру́сские журна́лы) то́же. Я, наприме́р* регуля́рно чита́ю _____ («Но́вый мир») и _____ («Огонёк»).
— А _____ (каки́е газе́ты) ты чита́ешь?
— Я чита́ю _____ («Литерату́рная газе́та»), потому́ что я люблю́ _____ (ру́сская литерату́ра).

*наприме́р—for example

Б. Как по-ру́сски?

1. What are you reading?
2. I'm reading an American magazine.
3. She was writing a letter.
4. Do you know English literature?
5. "What do these students take?" "They take psychology and German."
6. He did not know Russian history.

➤ *Complete Oral Drills 8–11 and Written Exercises 7–9 in the Workbook. Do Written Exercise 7 before you do the Oral Drills.*

4.5   Prepositional Case of Question Words and Personal Pronouns

You already know from Unit 3 that the prepositional case is used for prepositions **в, на,** and **о.** You already know the prepositional case forms of nouns, adjectives, and possessive pronouns from the previous chapter.

Here are the forms of the question words and the personal pronouns in the prepositional case:

Nominative	что	кто	я	ты	он	она́	мы	вы	они́
Prepositional	о чём	о ком	обо мне	о тебе́	о нём	о ней	о нас	о вас	о них

* Note that the preposition **о** becomes **обо** in the phrase **обо мне́.**

Упражнение

Как по-ру́сски? Express the following in Russian.

1.   Вы говори́те (about your courses)?
     — Да, мы говори́м (about them).
2.   Она́ ду́мает (about computer science)?— Да, она́ ду́мает (about it).
3.   Что вы зна́ете (about your new teachers)?
     — Я (about them) не зна́ю.
4.   Что пи́шут (about the Russian dorms)?
     — (About them) не пи́шут.
5.   Вы говори́те (about me) и́ли (about my neighbor)?
     — Мы говори́м (about him).

➤   *Complete Oral Drill 12 and Written Exercises 10–11 in the Workbook.*

4.6   Conjunctions

Же́ня спра́шивает, где у́чится Ива́н.
Я ду́маю, что Ива́н у́чится здесь.
Я отвеча́ю, что Ива́н у́чится здесь.
Но я не зна́ю, как он у́чится.

Он у́чится на филологи́ческом
   факульте́те, потому́ что он лю́бит
   литерату́ру.
Же́ня спра́шивает, каки́е языки́ он зна́ет.
Я отвеча́ю, что он зна́ет англи́йский и
   францу́зский языки́.

Zhenya asks *where* Ivan goes to school.
I think (*that*) Ivan goes to school here.
I answer *that* Ivan goes to school here.
But I don't know *how* he studies.
(*how* good a student he is).
He studies in the department of
   languages and literatures *because* he loves
   literature.
Zhenya asks *what* languages he knows.
I reply *that* he knows English and French.

Clauses such as **я говорю, мы думаем, она знает** may begin sentences such as *I say that...*, *We believe that...*, *She knows that...*, etc.

Note that Russian uses **что** where English uses *that*. But whereas the word *that* is optional in English, the Russian **что** is obligatory.

In Russian a comma is used before the conjunctions **где, что, как, какой,** and **потому что.** In fact, in Russian a comma is always used between clauses.

Упражнения

А. Заполните пропуски. Fill in the blanks.

Мила думает, _____ Коля хорошо говорит по-английски. Она думает, _____ Коля изучает английский язык. Она спрашивает Колю, _____ он учится. Коля отвечает, _____ он учится в университете. Но он не изучает английский язык. Он хорошо говорит по-английски, _____ его родители говорят по-английски дома.

Б. Ответьте на вопросы.

1. Почему (*why*) вы изучаете русский язык?
2. Почему вы учитесь в этом университете?
3. Вы думаете, что русский язык трудный или нетрудный?

В. О русской культуре.

1. Вы знаете, какие газеты читают русские студенты?
2. Вы знаете, где живут русские студенты?
3. Вы знаете, какие факультеты есть в Московском университете?

➤ *Complete Oral Drills 13–14 and Written Exercises 12–13 in the Workbook.*

4.7 Also: То́же vs. Та́кже

— Журнали́стика интере́сная специа́льность.	"Journalism is an interesting major."
— Я **то́же** так ду́маю.	"I *also* think so."
— Ми́ша говори́т по-кита́йски.	"Misha speaks Chinese."
— Я **то́же** говорю́ по-кита́йски.	"I also speak Chinese."
— А каки́е языки́ вы зна́ете?	"What languages do you know?"
— Я хорошо́ говорю́ по-англи́йски.	"I speak English well. I *also* read and
Я **та́кже** немно́жко чита́ю и понима́ю по-францу́зски.	understand a little French."

At first glance, it looks as if Russian has two words for "too" or "also." However, **то́же** and **та́кже** are not synonyms. **То́же** is used when two different people do the same thing. **Та́кже** is used when one person does two different things.

Think of the difference in terms of triangles. The use of **то́же** can be thought of as an inverted triangle, whereas **та́кже** corresponds to a right-side-up triangle:

Ми́ша говори́т.   Я говорю́.   Я говорю́.

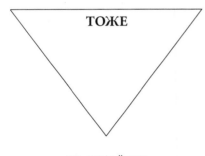

по-кита́йски   по-англи́йски   по-францу́зски

There's a little test that you can perform for the correct use of **то́же**.

1. Construct a Russian sentence where you have doubts about **то́же** or **та́кже**.
    a. Вы зна́ете англи́йский язы́к? Я (то́же? та́кже?) говорю́ по-англи́йски!
    b. Я зна́ю англи́йский язы́к. Я (то́же? та́кже?) говорю́ по-ру́сски.
2. Translate the sentences in question into English. Translate the **то́же/та́кже** choice as "too," (not "also") and place it in the exact same position in the English sentence as it appeared in the Russian sentence:

    a. Вы зна́ете англи́йский язы́к? Я (**то́же? та́кже?**) говорю́ по-англи́йски!
        You know English?   I   *too*   speak English!

    If you end up with a formal-sounding sentence that makes sense in English, use **то́же**:

    Вы зна́ете англи́йский язы́к? Я **то́же** говорю́ по-англи́йски!

b. Я зна́ю англи́йский язы́к. Я (**то́же? та́кже?**) говорю́ по-ру́сски.
   I know English.   I   *too*   speak Russian.

If you end up with English nonsense, use **та́кже**:

Я зна́ю англи́йский язы́к. Я **та́кже** говорю́ по-ру́сски.

There is one more hard and fast rule about the use of **та́кже**. Whenever you have the urge to start a phrase with "and also. . . ," never use и ~~то́же~~; use **а та́кже** instead.

We take history, math, and also music.   Мы изуча́ем исто́рию, матема́тику, **а та́кже** му́зыку.

Упражнения

А. Запо́лните про́пуски. Fill in the blanks with **то́же** or **та́кже**.

— Студе́нты на́шего филологи́ческого факульте́та изуча́ют таки́е языки́, как францу́зский и испа́нский, а _____ экзоти́ческие, как урду́ или банту́. То́ня, наприме́р, изуча́ет вьетна́мский язы́к, а _____ немно́го чита́ет по-коре́йски.
— Как интере́сно! Моя́ сосе́дка Анна _____ зна́ет коре́йский язы́к. Она́ специали́ст по языка́м Азии. Она́ _____ понима́ет по-япо́нски. Она́ говори́т, что япо́нский язы́к о́чень тру́дный. Сейча́с она́ ду́мает изуча́ть кита́йский язы́к.
— А я ду́маю, что кита́йский язы́к _____ тру́дный.
— Я_____ так ду́маю.

Б. Запо́лните про́пуски. Fill in the blanks with **то́же** or **та́кже**.

1. —Пе́тя у́чится в университе́те. А Ма́ргарет? —Ма́ргарет _____ у́чится в университе́те.
2. —Андре́й изуча́ет междунаро́дные отноше́ния? —Да, и он _____ изуча́ет ру́сскую исто́рию.
3. —Анна Семёновна чита́ет по-болга́рски? —Да, и она́ _____ чита́ет по-украи́нски.
4. —Лорре́йн у́чится на пе́рвом ку́рсе? —Да, и я _____ на пе́рвом ку́рсе.
5. —Ты чита́ешь ру́сские журна́лы? —Да, и я _____ чита́ю ру́сские журна́лы.

➤ *Complete Oral Drill 15 and Written Exercise 14 in the Workbook.*

Давайте почитаем

A. Приложе́ние к дипло́му.

1. What courses would you expect to find in an official transcript for a journalism major in your country? Which courses are required for everyone receiving a university degree? Which are specific to a journalism major?
2. Read through the transcript.
   a. Which subjects listed in the transcript are similar to those taken by journalism majors in your country?
   b. Which subjects would not normally be taken by journalism majors in your country?
3. Read the transcript again and see if you can determine the following:
   a. To whom was the transcript issued?
   b. What university issued it?
   c. What kind of grades did this student receive?
4. Go over the transcript again and find all the courses having to do with history.

Между прочим

The Russian grade system

The following grades are recorded in Russian transcripts:

> **отли́чно** (5)
> **хорошо́** (4)
> **удовлетвори́тельно** (3)
> **неудовлетвори́тельно** (2)

Students can take some courses on a pass/fail basis. A passing grade in this document is recorded as **зачёт.**

When talking about grades, students most often refer to them by number:

	пятёрку (5)
	четвёрку (4)
Я получи́л(а)	**тро́йку** (3)
	дво́йку (2)
	едини́цу (1)

Although a **едини́ца** (1) is technically the lowest grade a student can receive, in reality a **дво́йка** (2) is a failing grade and **едини́цы** are rarely given.

Приложение к диплому № цв 079319

ВЫПИСКА ИЗ ЗАЧЕТНОЙ ВЕДОМОСТИ
(без диплома недействительна)

За время пребывания на факультете журналистики Московского государственного университета имени М. В. Ломоносова с 1998 по 2003 г.   Кузнецов Степан Николаевич .... сдал следующие дисциплины по специальности: журналистика.

Наименование дисциплины ....Оценка

История России	хорошо
Политическая экономия	удовлетв.
История русской философии	удовлетв.
История зарубежной философии	хорошо
Эстетика	зачёт
История религии	зачёт
История новейшего времени	зачёт
Методика конкретных исследований	хорошо
Российское право	хорошо
Актуальные проблемы журналистики	хорошо
Основы экономики	удовлетв.
Логика	удовлетв.
Введение в литературоведение	зачёт
История русской литературы	зачёт
Литературно-художественная критика	удовлетв.
История зарубежной литературы	отлично
Основы журналистики	отлично
История русской журналистики	хорошо
История зарубежной печати	хорошо
Современные СМИ	отлично
Современный русский язык	хорошо
Практическая стилистика русского языка	отлично
Литературное редактирование	отлично
Иностранный язык: немецкий	хорошо
Журналистское мастерство	хорошо
Современные технические средства журналистики	хорошо
Техника СМИ	зачёт
Физическое воспитание	зачёт
Дисциплины специализации:	хорошо
Теория и практика периодической печати	зачёт
Курсовые работы: I курс	хорошо
II курс	хорошо
III курс	хорошо
IV курс	отлично

Между прочим

Notice that the name of the university is followed by the phrase **имени М. В. Ломоносова** (named in honor of. . .). **Михаи́л Васи́льевич Ломоно́сов,** a founder of Moscow University in 1755, was a scientist, tinkerer, poet, and linguist (somewhat like Benjamin Franklin). He also wrote one of the first Russian grammars.

5. Find Russian equivalents for these words:
   a. history of Russia
   b. esthetics
   c. foundations of economics
   d. logic
   e. foundations of journalism
   f. physical education
6. List five courses you would be most and least interested in taking.
7. **Но́вые слова́**

актуа́льный—current (*not* "actual")
введе́ние в литературове́дение—introduction to literature studies
журнали́стское мастерство́—the art of good journalism
зарубе́жный—foreign
литерату́рная худо́жественная критика—literary criticism
мето́дика конкре́тных иссле́дований—methods of applied research
нове́йшее вре́мя—present day; current time
печа́ть—press (*чего*—печа́ти)
редакти́рование — editing
СМИ—сре́дства ма́ссовой информа́ции—mass media; сре́дство = medium, method
совреме́нный—modern

Using the words in the list above, you should be able to figure out the following course names:

исто́рия зарубе́жной филосо́фии, исто́рия нове́йшего вре́мени, актуа́льные пробле́мы журнали́стики, исто́рия зарубе́жной литерату́ры, исто́рия зарубе́жной печа́ти, совреме́нные СМИ, совреме́нный ру́сский язы́к, литерату́рное редакти́рование, совреме́нные техни́ческие сре́дства журнали́стики, те́хника СМИ, тео́рия и пра́ктика периоди́ческой печа́ти

Б.   Нижегородский государственный университет

You are asked to find some information from a brochure about the University of Nizhny Novgorod.

1. **Background information.** Until recently Russian universities offered degrees whose titles, even when translated into English, would puzzle any North American registrar.

   Students who graduate from most Russian colleges get a **дипло́м.** They can go on to graduate school to earn the title of **кандида́т нау́к** (*candidate of science*), which requires extra coursework, comprehensive examinations, and a thesis, as well as published articles on the thesis topic. The requirements for such a degree are generally more rigorous than for a Master's Degree but less demanding than for a Ph.D. in the United States. The degree of **до́ктор нау́к** is harder to obtain than a Ph.D. and requires a published dissertation.

Нижегородский государственный университет им.[1] Н.И.Лобачевского
Аббревиатура: ННГУ

Нижегородский государственный университет имени Н. И. Лобачевского создан в 1916 г. Университет один из ведущих вузов[2] страны[3].

В настоящее время[4] в состав университета входит 21 факультет:

1. Биологический факультет
2. Химический факультет
3. Исторический факультет
4. Радиофизический факультет
5. Физический факультет
6. Механико-математический факультет
7. Экономический факультет (специальности: экономика, менеджмент, маркетинг)
8. Факультет вычислительной[5] математики и кибернетики (специальности: прикладная математика и информатика)
9. Филологический факультет
10. Высшая школа общей и прикладной[6] физики
11. Юридический факультет
12. Факультет управления и предпринимательства[7] (специальности по заочному образованию[8]: финансы и кредит, бухгалтерский учет[9] и аудит, налоги и налогообложение[10]
13. Финансовый факультет (специальности по дневному образованию[11]: финансы и кредит, бухгалтерский учет и аудит, налоги и налогообложение)
14. Факультет социальных наук (специальности: социология, социальная работа)
15. Факультет физической культуры и спорта
16. Факультет военной подготовки[12]
17. Факультеты дистанционного обучения городов Дзержинск, Бор, Выкс и Павлово
18. Подготовительный факультет – Центр «Образование»

В состав университета также входят 6 научно-исследовательских институтов[13]: физико-технический, НИИ химии, НИИ механики, НИИ прикладной математики и кибернетики, НИИ стратегических исследований и радиофизический. Кроме того, университет имеет обширную библиотеку с фондом в 2 млн.книг и других материалов и 8 читальных залов, 5 музеев (зоологический, археологический, этнографический, истории университета с художественной галереей, Нижегородскую радиолабораторию), 5 спортивных залов, издательство,[14] региональный центр новых информационных технологий, научно-технологический парк, биологическая станция и центр интернет.

В университете сейчас учится около 20 тысяч студентов. Среди преподавателей и научных сотрудников насчитывается 270 докторов и 805 кандидатов наук. Нижегородский университет имеет высокий международный рейтинг. В официальных рейтингах университет стабильно находится среди десяти лучших университетов России, а также входит в число 50 ведущих университетов мира. Нижегородский университет первым в Российской Федерации прошел государственную аттестацию и с 1992 года проводит обучение по программам, предусматривающим присвоение:

степени бакалавра наук (4 года обучения, базовое высшее образование);
степени магистра наук (5–7 лет[15] обучения, полное высшее образование);
звание дипломированного специалиста (5–6 лет обучения, полное высшее образование).

[1]и́мени — *named in honor of.* [2]вуз — вы́сшее уче́бное заведе́ние lit. *higher learning institution* [3]*of the country* [4]*at the current time* [5]*computational* [6]*applied* [7]*management and entrepreneurship* [8]зао́чное образова́ние — *correspondence courses for working students* [9]*accounting* [10]нало́ги и налогообложе́ние — *taxes and taxation* [11]Дневно́е образова́ние — *traditional daytime course schedule* [12]вое́нной подгото́вки — lit. *"military preparedness"* [13]нау́чно-иссле́довательский институ́т (НИИ) — *scientific research institute* [14]*publishing house* [15]*Both* го́да and лет mean *years.*

Many Russian colleges have begun to introduce Western-style degrees: Bachelor's (**сте́пень бакала́вра нау́к**) and Master's (**сте́пень маги́стра нау́к**). In addition, some institutions have introduced a degree called **дипломи́рованный специали́ст** "certified specialist."

Like American universities, many major Russian universities serve less-populated areas in their region by providing distance-learning opportunities. Nizhny Novgorod University has four such distance-learning satellite campuses. In addition, Russian universities have traditionally offered daytime, evening, and correspondence courses, in order to help students who work full-time improve their professional qualifications. You will see an example of majors offered in two different departments in parallel, in one as a traditional program of study and in the other by correspondence.

2. **What's it all about?** This brochure gives you a lot of information. Before looking for the details, get a feel for what you are likely to find.
   a. What is the purpose of the list in the top half of the page?
   b. What was the topic of the paragraph with the numbers 20,000, 270, and 805?
   c. What is the topic of the penultimate paragraph? What key word gives you a hint?
   d. What is the purpose of the list in the last paragraph?

3. **Going for details.**
   a. Judging from the list of departments, what are this school's strengths?
   b. Are there any departments not listed that you might expect at a major university? What equivalents might large American universities have to some of those here?
   c. What can you say about the library facilities?
   d. What kinds of museums are there ?
   e. What other facilities does the university have ? Name three.
   f. What did you learn about the qualifications of the faculty?
   g. What did you find out about the university's national and international rating?
   h. What degrees are offered, and how many years of study does it take to get each?

4. **Russian from context.** Despite the daunting number of new words in the brochure, you can get much of the meaning through context. Go back through the text and locate the Russian for the phrases listed below. They are given in the order of their appearance in the brochure.

   - social work
   - according to official ratings
   - is among the n best universities in Russia and the n leading universities of the world...
   - was the first to pass state accreditation

Никола́й Ива́нович Лобаче́вский (1792–1856) was the founder of non-Euclidean geometry.

5. **Meaning from context.** You can often make educated guesses at meaning by knowing what the text is "supposed" to say. This is a brochure extolling the virtues of the University of Nizhny Novgorod. Based on that, make an educated guess about the meaning of the underlined words in the following sentences.

Университе́т <u>со́здан</u> в 1916 г.	*(a) was created, (b) was closed*
Университе́т оди́н из <u>веду́щих</u> ву́зов страны́.	*(a) surviving, (b) passing, (c) leading*
<u>В соста́в университе́та вхо́дит</u> 21 факульте́т.	*(a) Included in the university's structure, (b) Unacceptable in the university's programs, (c) Absent from the university's programs,*
Университе́т <u>име́ет</u> обши́рную библиоте́ку.	*(a) denies, (b) indicates, (c) possesses,*
Университе́т име́ет <u>обши́рную</u> библиоте́ку.	*(a) high, (b) extensive, (c) average*

6. **Words that look alike.** Russian is a great borrower of words. But when borrowed, the words can change shape. What is the meaning of these borrowed words?

киберне́тика—(What sometimes happens to English *cy-*?)
ауди́т—
региона́льный центр—(What sometimes happens to English *g* pronounced as *j*?)

⊙ Давайте послушаем

Каза́нский госуда́рственный университе́т. You will hear segments of an opening talk from an assistant dean of Kazan State University to visiting American students. Read through the exercises below. Then listen to the talk and complete the exercises.

A. Imagine that you are about to make a welcoming speech to a group of foreign students who have just arrived at your university. What four or five things would you tell them?

Б. The assistant dean's remarks can be broken up into a number of topic areas. Before you listen to the talk, arrange the topics in the order you think they may occur:

1. composition of the student body
2. foreign students
3. foreign students from North America
4. good luck wishes
5. opening welcome
6. structure of the university
7. things that make this school different from others

Now listen to the talk to see if you were correct.

B. Listen to the talk again with these questions in mind.

1. How many departments does the university have?
2. Kazan University has two research institutes and one teaching institute. Name at least one of them.
3. Name one other university resource.
4. How big is the library?
5. Name five things that students can major in.
6. Name at least one language department that was mentioned.
7. How many students are there?
8. What department hosts most of the students from the U.S. and Canada?
9. Name two other departments that have hosted North American students.
10. The assistant dean says that two Americans were pursuing interesting individual projects. Name the topic of at least one of the two projects.

Г. The lecturer mentions the Commonwealth of Independent States (CIS), a loose political entity made up of many of the republics of the former Soviet Union. Listen to the lecture once again to catch as many of the names as you can of places in the **Содру́жество Незави́симых Госуда́рств (СНГ).**

Обзорные упражнения

 А. **Звуково́е письмо́.** Instead of a letter, you got a cassette recording from a Russian student seeking an American pen pal.

1. Before you listen, jot down three topics you expect to find in such a letter. Then listen to see if these topics are indeed addressed.
2. Listen to the letter again and write down as many facts as you can.
3. Answer the letter. Remember to use what you know, not what you don't know.

Б. **Письмо́.** Sara Frankel has prepared a letter for a Russian pen-pal organization and has asked you to translate it into Russian. Before you start translating, remember that a good translator tries to find the best functional equivalent, rather than translate word for word.

October 5

Hello! Let me introduce myself. My name is Sara. I go to Georgetown University, where I am a freshman. I live in a dorm. My major is American literature, but I also take history, international relations, French, and Russian. I study Russian because I think it is very beautiful, but I know it (его) poorly.

The library at our university is large. We read American and French newspapers and magazines in the library. I like the university very much.

Where do you go to school, and where do you live? Do you know English? Do you like music? I like American and Russian rock.

Yours,

Sara Frankel

Words you will need:

October 5	**5.10**
library	**библиоте́ка**
(do) you like	**вы лю́бите**
rock	**рок**

Capitalize all forms of **Вы** and **Ваш** in the letter.

В. **Статья́ в газе́те.** You have been asked to write a feature article on a visiting Russian exchange student (**стажёр**) for your newspaper.

1. Prepare to interview the exchange student, by writing a list of questions to ask in Russian.
2. Your teacher will play the role of the visiting student. Find out the answers to your questions. Keep notes during the interview.
3. Write your short article. The article will be *in English* and will show the extent to which you understood the visiting student's answers.

Г. **Интервью́.** Listen to a recording of an interview with a foreign student studying in Russia. For some reason the interviewer's questions were erased. Write down the questions that must have been asked.

Новые слова и выражения

NOUNS

антрополо́гия	anthropology
архитекту́ра	architecture
аспиранту́ра	graduate school
библиоте́ка	library
биоло́гия	biology
журнали́стика	journalism
Институ́т иностра́нных языко́в	Institute of Foreign Languages
исто́рия	history
ка́федра (на)	department
ка́федра ру́сского языка́	Russian department
ка́федра англи́йского языка́	English department
коммуника́ция	communications
компью́терная те́хника	computer science
курс (на)	course, year in university or institute
ле́кция (на)	lecture
литерату́ра	literature
матема́тика	mathematics
междунаро́дные отноше́ния	international affairs
медици́на	medicine
му́зыка	music
образова́ние	education
вы́сшее образова́ние	higher education
педаго́гика	education (*a subject in college*)
письмо́	letter (mail)
политоло́гия	political science
преподава́тель	teacher (in college)
преподава́тель ру́сского языка́	Russian language teacher
психоло́гия	psychology
рабо́та (на)	work
Росси́я	Russia
сосе́д (*pl.* сосе́ди)/сосе́дка	neighbor
сосе́д/ка по ко́мнате	roommate
социоло́гия	sociology
специа́льность (*fem.*)	major
стажёр	a student in a special course not leading to a degree; used for foreign students doing work in Russian
статья́	article
странове́дение	area studies
росси́йское странове́дение	Russian area studies
факульте́т (на)	department
фи́зика	physics

Новые слова и выражения

фина́нсы	finance
филоло́гия	philology (*study of language and literature*)
филосо́фия	philosophy
хи́мия	chemistry
эконо́мика	economics
юриспруде́нция	law

ADJECTIVES

второ́й	second
госуда́рственный	state
европе́йский	European
иностра́нный	foreign
математи́ческий	math
моско́вский	Moscow
пе́рвый	first
полити́ческий	political
пя́тый	fifth
ску́чный	boring
тре́тий (тре́тье, тре́тья, тре́тьи)	third
тру́дный	difficult
филологи́ческий	philological (*relating to the study of language and literature*)
четвёртый	fourth
экономи́ческий	economics

VERBS

ду́мать (ду́маю, ду́маешь, ду́мают)	to think
занима́ться (занима́юсь, занима́ешься, занима́ются)	to do homework; to study (*cannot have a direct object*)
изуча́ть (что) (изуча́ю, изуча́ешь, изуча́ют)	to study, take a subject (*must have a direct object*)
отвеча́ть (отвеча́ю, отвеча́ешь, отвеча́ют)	to answer
рабо́тать (рабо́таю, рабо́таешь, рабо́тают)	to work
спра́шивать (спра́шиваю, спра́шиваешь, спра́шивают)	to ask
учи́ться (учу́сь, у́чишься, у́чатся)	to study, be a student (*cannot have a direct object*)

ADVERBS

дово́льно	quite
ещё	still
немно́жко	a tiny bit

Новые слова и выражения

обы́чно	usually (*see 4.3*)
отли́чно	perfectly
ра́ньше	previously
та́кже	also, too (*see 4.6*)
то́же	also, too (*see 4.6*)
уже́	already

PREPOSITIONS

в (+ *prepositional case*)	in, at
на (+ *prepositional case*)	in, on, at

CONJUNCTIONS

где	where
и́ли	or
как	how
потому́ что	because
что	that, what

OTHER WORDS AND PHRASES

вот как?!	Really?!
коне́чно	of course
люблю́ (я)	I like, I love
мо́жет быть	maybe
на како́м ку́рсе	in what year (*in university or institute*)
Я не по́нял (поняла́).	I didn't catch (understand) that.
Я получи́л(а).	I received.
Я учи́лся (учи́лась).	I was a student.

NUMBERS

50–100

PASSIVE VOCABULARY

аэро́бика	aerobics
Азия	Asia
бале́т	ballet
брат	brother
вуз (вы́сшее уче́бное заведе́ние)	institute of higher education
вьетна́мский	Vietnamese
дво́йка	D (*a failing grade in Russia*)
дочь (*fem.*)	daughter
дипло́м	college diploma
едини́ца	F (*grade*)
зачёт	passing grade (*pass/fail*)
калифорни́йский	Californian

Новые слова и выражения

ко́лледж	in the U.S.: small college; in Russia: equivalent to community college
колумби́йский	Columbia(n)
коре́йский	Korean
культу́ра	culture
лингвисти́ческий	linguistic
мать (*fem.*)	mother
МГУ (Моско́вский госуда́рственный университе́т)	MGU, Moscow State University
мичига́нский	of Michigan
наприме́р	for example
пенсильва́нский	Pennsylvanian
почему́	why
пра́ктика	practice
предме́т	subject
пятёрка	A (*grade*)
сестра́	sister
сте́пень	degree
сте́пень бакала́вра (нау́к)	B.A.
сте́пень маги́стра (нау́к)	M.A.
сте́пень кандида́та наук	Candidate of Science (*second highest academic degree awarded in Russia*)
сте́пень доктора нау́к	Doctor of Science (*highest academic degree awarded in Russia*)
тро́йка	C (*grade*)
удовлетвори́тельно	satisfactor(il)y
уче́бный	academic
фоне́тика	phonetics
четвёрка	B (*grade*)

PERSONALIZED VOCABULARY

_____

_____

_____

_____

Распорядок дня

Коммуникативные задания

- Talking about daily activities and schedules
- Asking and telling time on the hour
- Making and responding to simple invitations
- Talking on the phone
- Reading and writing notes and letters

Грамматика

- Days of the week
- Times of the day: **утром, днём, ве́чером,** and **но́чью**
- New verbs to answer **Что вы де́лаете?**
- Going: **идти́** vs. **е́хать; идти́** vs. **ходи́ть**
- Questions with **где** and **куда́**
- **В/на** + accusative case for direction
- Expressing necessity: **до́лжен, должна́, должны́**
- **Workbook:** Numbers 1000–100,000
  Consonant devoicing and assimilation

Между прочим

- Times of the day—Russian style

Введение

A. **Что я де́лаю?** Which activities are typical for you? Pick and arrange them in chronological order from the list below.

принима́ю душ

иду́ домо́й

убира́ю ко́мнату

отдыха́ю

ложу́сь спать

иду́ на ле́кцию

слу́шаю ра́дио

за́втракаю

занима́юсь

чита́ю газе́ту

иду́ в библиоте́ку

у́жинаю

встаю

смотрю телевизор

обедаю

одеваюсь

Б. **Утром, днём, вечером или ночью?** Construct sentences indicating when you do the things in exercise A.

Утром я встаю.

Днём я обедаю.

Вечером я занимаюсь.

Ночью я ложусь спать.

Между прочим

утром	after 3 a.m. till noon
днём	12 noon till about 5:00 p.m.
вечером	after 5 p.m. till around midnight
ночью	around 12 midnight till about 3:00 a.m.

🎧 Разговоры для слушания

Before listening to the conversations, look at this page from a Russian calendar. Note that the days are listed vertically and that the first day of the week is Monday. The days of the week are not capitalized in Russian.

понедельник		6	13	20	27
вторник		7	14	21	28
среда	1	8	15	22	29
четверг	2	9	16	23	30
пятница	3	10	17	24	31
суббота	4	11	18	25	
воскресенье	5	12	19	26	

Разгово́р 1. В общежи́тии.
> Разгова́ривают Сти́вен и Бори́с.

1. How is Steven's Russian?
2. Does Boris know any English?
3. What is Steven doing in Moscow?
4. What does Steven do Monday through Thursday?

Разгово́р 2. Биле́ты на рок-конце́рт.
> Разгова́ривают Джим и Ва́ля.

1. What days are mentioned?
2. What is Valya doing on Wednesday?
3. What is she doing on Thursday?
4. Which day do they finally agree on?

Разгово́р 3. Пойдём в буфе́т!
> Разгова́ривают Ле́на и Мэ́ри.

1. In what order will the following activities take place?
   - буфе́т
   - ру́сская исто́рия
   - разгово́рная пра́ктика
2. Where and when will Mary and Lena meet?

Давайте поговорим

💿 Диалоги

1. Ты сегодня идёшь в библиотеку?

— Саша, ты сегодня идёшь в библиотеку?
— Сейчас подумаю. Какой сегодня день?
— Сегодня? Понедельник.
— Да, иду. Днём. В два часа.
— В два? Отлично! Давай пойдём вместе.
— Давай!

2. Куда ты идёшь?

— Здравствуй, Женя! Куда ты идёшь?
— На лекцию.
— Так рано?! Сколько сейчас времени?
— Сейчас уже десять часов.
— Не может быть! А что у тебя сейчас?
— Первая пара — экономика. Ты извини, но я должна идти. Я уже опаздываю. До свидания.

Пáра, literally *pair*, refers to the 90-minute lectures at Russian universities (2 × 45 minutes), which usually run without a break.

3. Что ты делаешь в субботу вечером?

— Алло! Володя, это ты?
— Я. Здравствуй, Роб.
— Слушай, Володя. Что ты делаешь в субботу вечером?
— Ничего.
— Не хочешь пойти в кино?
— С удовольствием. Во сколько?
— В шесть часов.
— Договорились.

4. Когда у вас русская история?

— Алло, Вера! Говорит Саша.
— Здравствуй, Саша.
— Слушай, Вера! Я забыл, когда у нас русская история.
— В среду.
— Значит, завтра?! А во сколько?
— Вторая пара. В аудитории номер три на втором этаже.
— Значит, вторая пара, аудитория три, второй этаж. Спасибо. Всё.

5. Что ты сейчас делаешь?

— Алло! Джилл! Слушай, что ты сейчас делаешь?
— Я убираю комнату, а Энн смотрит телевизор. А что?
— Хотите все вместе поехать на дачу?
— Когда?
— В двенадцать часов.
— В двенадцать не могу. Я должна заниматься.
— А Энн?
— А Энн свободна весь день.
— Ты знаешь, давай поедем не днём, а вечером.
— Хорошо. Договорились.

The short-form adjective **свободен** (*free*) is marked for gender and number:

он свободен
она свободна
они свободны

Упражнения к диалогам

Вопросы к диалогам

Диалог 1

1. Какой сегодня день?
2. Куда идёт Саша?
3. Когда он идёт?
4. Друзья идут вместе?

Диалог 2

1. Куда идёт Женя?
2. Сколько сейчас времени?
3. Какое у Жени сейчас занятие?

FRIENDS

друг: masculine gender, but can be applied to a woman.
подруга — friend who is a woman (not 'girlfriend'). Most often used by women about each other.
друзья — plural of **друг**

Диалог 3

1. Куда Роб хочет пойти в субботу?
2. Когда они идут?

Диалог 4

1. Что спрашивает Саша?
2. Что отвечает Вера?

Диалог 5

1. Что сейчас делает Джилл?
2. Что делает Энн?
3. Что предлагает их подруга Лена?
4. Почему Джилл не может поехать на дачу днём?
5. Когда они решили ехать?

предлагать (+ infinitive) — to suggest (doing something)
решить (+ infinitive) — to decide (to do something)

Ле́ксика в де́йствии

А. Како́й сего́дня день? Practice asking the day.

Образе́ц: пя́тница
— Како́й сего́дня день?
— Сего́дня? Пя́тница.

а. понеде́льник
б. среда́
в. воскресе́нье

г. суббо́та
д. вто́рник
е. четве́рг

Б. Когда́? В како́й день? В каки́е дни? Practice asking on what day things will happen.

Вопро́сы	**Отве́ты**
В каки́е дни ты слу́шаешь ле́кции?	В понеде́льник.
В каки́е дни ты не слу́шаешь ле́кции?	Во вто́рник.
В каки́е дни у тебя́ ру́сский язы́к?	В сре́ду.
В каки́е дни ты смо́тришь телеви́зор?	В четве́рг.
В каки́е дни ты не занима́ешься?	В пя́тницу.
В каки́е дни ты идёшь в библиоте́ку?	В суббо́ту.
В каки́е дни ты отдыха́ешь?	В воскресе́нье.
В каки́е дни ты рабо́таешь?	
В каки́е дни ты встаёшь по́здно?	
В каки́е дни ты встаёшь ра́но?	

Use these phrases to say *on Monday, on Tuesday,* etc.

В. Что ты де́лаешь? Answer these questions about yourself.

1. Что ты де́лаешь в понеде́льник?
2. Что ты де́лаешь во вто́рник?
3. Что ты де́лаешь в сре́ду?
4. Что ты де́лаешь в четве́рг?
5. Что ты де́лаешь в пя́тницу?
6. Что ты де́лаешь в суббо́ту?
7. Что ты де́лаешь в воскресе́нье?

Г. Ско́лько сейча́с вре́мени?

Сейча́с **час.**

Russian uses three different forms of the word **час** (*o'clock*) after numbers.

Сейча́с **два часа́.**

Сейча́с **три часа́.**

Сейча́с **четы́ре часа́.**

Сейча́с
пять часо́в.

Сейча́с
шесть часо́в.

Сейча́с
семь часо́в.

Сейча́с
во́семь часо́в.

Сейча́с
де́вять часо́в.

Сейча́с
де́сять часо́в.

Сейча́с
оди́ннадцать часо́в.

Сейча́с
двена́дцать часо́в.

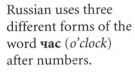

Act out a short dialog for each of the pictures below. Follow the model.

Образе́ц: — Извини́те, пожа́луйста, ско́лько сейча́с вре́мени?
— Сейча́с три часа́.
— Спаси́бо.

а.

б.

в.

г.

Д. Когда? Во сколько?

Вопро́сы	**Отве́ты**
Во ско́лько ты обы́чно встаёшь?	В час.
Во ско́лько ты обы́чно принима́ешь душ?	В два часа́.
Во ско́лько ты обы́чно одева́ешься?	В три часа́.
Во ско́лько ты обы́чно чита́ешь газе́ту?	В четы́ре часа́.
Во ско́лько ты обы́чно за́втракаешь?	В пять часо́в.
Во ско́лько ты обы́чно идёшь на заня́тия?	В шесть часо́в.
Во ско́лько ты обы́чно идёшь в библиоте́ку?	В семь часо́в.
Во ско́лько ты обы́чно обе́даешь?	В во́семь часо́в.
Во ско́лько ты обы́чно идёшь на уро́к ру́сского языка́?	В де́вять часо́в.
Во ско́лько ты обы́чно идёшь домо́й?	В де́сять часо́в.
Во ско́лько ты обы́чно у́жинаешь?	В оди́ннадцать часо́в.
Во ско́лько ты обы́чно ложи́шься спать?	В двена́дцать часо́в.

To tell what time something happens, use **в** + the hour.

Е. Моя́ неде́ля. Make a calendar of your activities for next week. As always, use what you know, not what you don't.

Ж. Са́мый люби́мый день.

1. Како́й у вас са́мый люби́мый день? Почему́?
2. Како́й у вас са́мый нелюби́мый день? Почему́?

З. Куда́ я иду́? For each of the pictures below, construct a sentence telling on what day(s) and at what time you go to these places.

Образе́ц: В понеде́льник в во́семь часо́в я иду́ в университе́т.

в кинотеа́тр

в магази́н

в музе́й

в ресторáн

в библиотéку

в кафé

на стадиóн

на дискотéку

в цирк

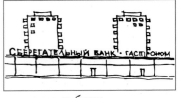

в банк

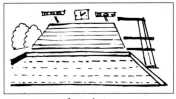

в бассéйн

на рабóту

И.   Как чáсто? The following adverbs let you describe how often you do things.

чáсто	*often*	**рéдко**	*rarely*
обы́чно	*usually*	**никогдá не**	*never*
кáждый день	*every day*	**всегдá**	*always*
иногдá	*sometimes*		

When you use these adverbs with regard to "going" somewhere in the present tense, use the verb form **я хожý: Я чáсто хожý в кафé.**

For each of the pictures in exercise **3,** construct a sentence indicating how often you go there.

> Образцы́:   Я чáсто хожý в университéт.
> Я рéдко хожý в цирк.
> Я никогдá не хожý на дискотéку.

К.   Типи́чная недéля. Working in pairs, find out what your partner does in a typical week and how often he or she does those things.

Л. Подгото́вка к разгово́ру. Review the dialogs. How would you do the following?

1. Ask what day it is.
2. Tell what day today is.
3. Ask what time it is.
4. Tell what time it is now.
5. Express surprise at something you hear.
6. Bring a conversation to an end by saying you have to go.
7. Start a telephone conversation with a friend.
8. Ask what someone is doing (on Saturday, Sunday, now, etc.).
9. Invite a friend to go to the movies.
10. Take someone up on an invitation to go to the movies (library, etc.).
11. Signal agreement to proposed arrangements.
12. Identify yourself on the phone.
13. Ask what day your Russian (math, English) class is.
14. Tell what day your Russian (economics) class is.
15. Ask what time your Russian (French, Spanish) class is.
16. Tell what time your Russian (psychology) class is.
17. End a conversation with a friend.
18. Say that you are (or someone else is) free (to do something).

М. Вопро́сы. Working with a partner, practice responding to the following. Then reverse roles.

Како́й сего́дня день?

Ско́лько сейча́с вре́мени?

Когда́ ру́сский язы́к?

Куда́ ты идёшь?

Что ты сейча́с де́лаешь?

Хо́чешь пойти́ в магази́н?

Дава́й пойдём в кино́.

Хо́чешь пойти́ в библиоте́ку вме́сте?

Что ты де́лал(а) вчера́?

Игровые ситуации

В Росси́и…

1. Call up a friend and ask what he or she is doing. Invite him or her to go out.
2. Your friend calls you up and invites you to the library. Accept the invitation and decide when you will go.
3. A friend calls to invite you to a concert Thursday night. You are busy then. Decline the invitation and suggest an alternative.
4. Working with a partner, prepare and act out a situation of your own that deals with the topics of this unit. Remember to use what you know, not what you don't know.

♫ Устный перевод

In Russia, you are asked to act as an interpreter between a tourist who does not speak any Russian and a Russian who does not speak any English.

ENGLISH SPEAKER'S PART

1. Hi. I'm an American student and my name is. . .
2. Where do you go to school?
3. What year are you in?
4. How interesting! My major is Russian history.
5. I am a sophomore. I am taking Russian, history, political science, mathematics, and economics.
6. That would be great! When?
7. That will be fine!

Первые абзацы

The following expressions will help you talk about your daily schedule and make your speech flow more naturally.

снача́ла	*at first*
(а) пото́м	*then*
наконе́ц	*finally*

As you progress through the exercises in this unit, pay attention not only to content and grammatical accuracy, but to the flow of your speech as well. Try to vary the way you begin your sentences and pay special attention to where you might combine two smaller sentences into one longer one. Consider the following monologue:

Утром я встаю́. Я принима́ю душ. Я одева́юсь. Я за́втракаю. Я иду́ на заня́тия.

The monologue, which consists of a number of short sentences monotonously strung together, is boring. Let's convey the same information in a more coherent and interesting way:

Утром я встаю́ в семь часо́в. Снача́ла я принима́ю душ, а пото́м одева́юсь. В во́семь часо́в я за́втракаю и иду́ на заня́тия.

As you can see, we have turned a group of sentences into a short paragraph.

1. Based on the preceding example, turn the following groups of sentences into paragraphs.
   а. В суббо́ту я отдыха́ю. Я встаю́. Я чита́ю газе́ту. Я принима́ю душ. Я одева́юсь. Я иду́ в кино́ и́ли в рестора́н.
   б. Ве́чером я у́жинаю. Я иду́ в библиоте́ку. Я занима́юсь. Я иду́ домо́й. Я ложу́сь спать.
   в. В воскресе́нье днём я обе́даю. Я отдыха́ю. Я занима́юсь. Я чита́ю газе́ту. Ве́чером я у́жинаю. Я занима́юсь. Я ложу́сь спать.
   г. Вчера́ я по́здно вста́л(а). Я чита́л(а) газе́ту и слу́шал(а) ра́дио. Я обе́дал(а) в кафе́. Я занима́лся (занима́лась) в библиоте́ке. Ве́чером я смотре́л(а) телеви́зор.
2. Now answer the following questions about yourself in as much detail as you can.
   а. Что вы обы́чно де́лаете в суббо́ту?
   б. Что вы обы́чно де́лаете в понеде́льник у́тром?
   в. Что вы обы́чно де́лаете в пя́тницу ве́чером?
   г. Что вы де́лали вчера́?

Грамматика

5.1 Days and Times

— Какой сегодня день?
What day is it?

— Сегодня
It's

{
понедéльник.
втóрник.
средá.
четвéрг.
пя́тница.
суббóта.
воскресéнье.
}

— **В** какóй день...?
On what day...?

— **В** какúе дни...?
On what days...?

{
— В понедéльник.
— Во втóрник.
— В срéду.
— В четвéрг.
— В пя́тницу.
— В суббóту.
— В воскресéнье.
}

Упражнение

Supply questions for these answers.

Образéц: Сегóдня пя́тница. *Какóй сегóдня день?*
У меня́ семинáр в понедéльник. *В какóй день у тебя́ семинáр?*
У меня́ рýсская истóрия во втóрник и в четвéрг. *В какúе дни у тебя́ рýсская истóрия?*

1. Сегóдня понедéльник.
2. Сегóдня суббóта.
3. Сегóдня втóрник.
4. У меня́ эконóмика в понедéльник.
5. У меня́ семинáр в четвéрг.
6. У меня́ немéцкий язы́к в понедéльник, в срéду и в пя́тницу.
7. У меня́ политолóгия в понедéльник, во втóрник, в срéду и в четвéрг.
8. Сегóдня воскресéнье.
9. Я читáю журнáлы в суббóту.
10. Я пишý пúсьма в воскресéнье.

— Скóлько сейчáс врéмени?
What time is it?

— Сейчáс
It's

{
час.
2, 3, 4 **часá.**
5, 6, 7, 8, 9, 10, 11, 12 **часóв.**
}

— **Во** скóлько...?
At what time...?

{
— **В час.**
— **В** 2, 3, 4 **часá.**
— **В** 5, 6, 7, 8, 9, 10, 11, 12 **часóв.**
}

Упражнение

Supply questions for these answers.

> Образе́ц: Сейча́с 2 часа́. *Ско́лько сейча́с вре́мени?*
> У меня́ семина́р в 2 часа́. *Во ско́лько у тебя́ семина́р?*

1. Сейча́с 5 часо́в.
2. Сейча́с час.
3. У меня́ америка́нская исто́рия в 9 часо́в.
4. У меня́ эконо́мика в 11 часо́в.
5. Сейча́с 4 часа́.
6. У меня́ политоло́гия в 4 часа́.
7. У меня́ матема́тика в 10 часо́в.

➤ *Complete Oral Drills 1–4 and Written Exercises 1–3 in the Workbook.*

5.2   New Verbs — Что вы де́лаете?

First-conjugation verbs

де́лать (to do)	
де́ла - **ю**	он де́лал
де́ла - **ешь**	она́ де́лала
де́ла - **ет**	они́/вы де́лали
де́ла - **ем**	
де́ла - **ете**	
де́ла - **ют**	

за́втракать (to eat breakfast)	
за́втрака - **ю**	он за́втракал
за́втрака - **ешь**	она́ за́втракала
за́втрака - **ет**	они́/вы за́втракали
за́втрака - **ем**	
за́втрака - **ете**	
за́втрака - **ют**	

обе́дать (to eat lunch)	
обе́да - **ю**	он обе́дал
обе́да - **ешь**	она́ обе́дала
обе́да - **ет**	они́/вы обе́дали
обе́да - **ем**	
обе́да - **ете**	
обе́да - **ют**	

у́жинать (to eat supper)	
у́жина - **ю**	он у́жинал
у́жина - **ешь**	она́ у́жинала
у́жина - **ет**	они́/вы у́жинали
у́жина - **ем**	
у́жина - **ете**	
у́жина - **ют**	

The verbs above all conjugate just like the first-conjugation verb **чита́ть**—*to read,* which you already know. Other new verbs with this conjugation are: **опа́здывать**—*to be late,* **отдыха́ть**—*to relax,* **принима́ть (душ)**—*to take a shower,* **слу́шать**—*to listen,* and **убира́ть (ко́мнату)**—*to clean a room.*

вставать (to get up)	
вста - **ю́**	он встава́л
вста - **ёшь**	она́ встава́ла
вста - **ёт**	они́/вы встава́ли
вста - **ём**	
вста - **ёте**	
вста - **ю́т**	

идти́ (to go [walk])
ид - **у́**
ид - **ёшь**
ид - **ёт**
ид - **ём**
ид - **ёте**
ид - **у́т**

The vowel in the first-conjugation endings for the **ты, он/она́, мы,** and **вы** forms is **ё** instead of **e** when the ending is stressed.

When first-conjugation endings are added after a consonant letter, the **я** and **они́** endings are -**у**, -**ут** instead of -**ю**, -**ют.**

For the past tense of the verb **встава́ть,** for now use the following forms if you mean *one time.* This will be explained in Unit 9.

он встал
она́ вста́ла
они́/вы вста́ли

Он обы́чно встава́л в 6 часо́в, но сего́дня он встал в 8 часо́в.

Two first-conjugation verbs you learn in this unit have the particle -**ся.** The -**ся** particle is spelled -**ся** after consonants and -**сь** after vowels.

занима́ться (to do homework—review from Unit 4)	
занима́ - **ю** - сь	он занима́лся
занима́ - **ешь** - ся	она́ занима́лась
занима́ - **ет** - ся	они́/вы занима́лись
занима́ - **ем** - ся	
занима́ - **ете** - сь	
занима́ - **ют** - ся	

одева́ться (to get dressed)	
одева́ - **ю** - сь	он одева́лся
одева́ - **ешь** - ся	она́ одева́лась
одева́ - **ет** - ся	они́/вы одева́лись
одева́ - **ем** - ся	
одева́ - **ете** - сь	
одева́ - **ют** - ся	

Second-conjugation verbs

ложи́ться (to go to bed)	
лож - у́ - сь	он ложи́лся
лож - и́шь - ся	она́ ложи́лась
лож - и́т - ся	они́/вы ложи́лись
лож - и́м - ся	
лож - и́те - сь	
лож - а́т - ся	

For the past tense of the verb **ложи́ться,** for now use the following forms if you mean one time. This will be explained in Unit 9.

он лёг
она легла́
они́/вы легли́

Она́ обы́чно ложи́лась в 11 часо́в, но вчера́ она́ легла́ в 9 часо́в.

смотре́ть (to watch)	
смотр - ю́	он смотре́л
смо́тр - ишь	она́ смотре́ла
смо́тр - ит	они́/вы смотре́ли
смо́тр - им	
смо́тр - ите	
смо́тр - ят	

Notice that the stress in the **я**-form of **смотре́ть** is on the ending, but in all other forms it is on the stem.

Упражнения

A. Заполните пропуски. Fill in the blanks.

1. Кира встаёт в 7 часов, а я _____ в 8.
2. Кира принимает душ в 8 часов, а я _____ душ в 9.
3. Кира быстро одевается, а я _____ медленно.
4. Кира завтракает в 9 часов, а я _____ в 10 часов.
5. Кира не слушала радио, а я его _____.
6. Кира смотрит телевизор, а я не _____.
7. Кира опаздывает на лекцию, а я не _____.
8. Днём Кира отдыхала, а я не _____.
9. Кира не убирала комнату, а я её _____.
10. Кира занималась, и я тоже _____.
11. Кира ложится спать рано, а я _____ спать поздно*.

*поздно—*late*

Б. Что ты делал(а) вчера? Change the following sentences to the past tense.

> Образец: Сегодня я отдыхаю. → Вчера я отдыхал(а).

1. Сегодня я смотрю телевизор.
2. Сегодня он слушает радио.
3. Сегодня мы занимаемся.
4. Сегодня ты не завтракаешь.
5. Сегодня вы читаете газету.
6. Сегодня они не работают.

В. Как по-русски?

"What do you do in the morning?"
"I get up at 6 o'clock and get dressed."
"You don't eat breakfast in the morning?"
"No. I study. Then at 10 o'clock I go to class."
"When do you eat lunch?"
"At 1 o'clock. Then I go home. I relax and watch TV."
"And when do you go to bed?"
"At 12 o'clock."

➤ *Complete Oral Drills 5–6 and Written Exercises 4–5 in the Workbook.*

5.3 Going

Russian distinguishes between going by foot and by vehicle:

Cáша **идёт** в библиотéку.

Марúя **éдет** в Москвý.

However, verbs for going by vehicle are used only when the context makes it absolutely clear that a vehicle is used, that is:

- when talking about going to another city or country (**Мы éдем в Кúев**—*We're going to Kiev*).
- when the vehicle is physically present (e.g., one person sees another on a bicycle and asks **Кудá ты éдешь?**—*Where are you going?*).
- when the specific vehicle being used is mentioned in the sentence (**Мы éдем домóй на машúне**—*We're going home in a car*).

In all other instances, verbs for going by foot are used.

Both **идтú** and **éхать** are regular first-conjugation verbs.

BY FOOT, WITHIN CITY

BY VEHICLE, TO ANOTHER CITY

идтú (to go[walk])
ид - ý
ид - ёшь
ид - ёт
ид - ём
ид - ёте
ид - ýт

éхать (to go [ride])
éд - у
éд - ешь
éд - ет
éд - ем
éд - ете
éд - ут

Упражнение

Запо́лните про́пуски. Fill in the blanks with the correct form of **идти́** or **е́хать**.

1. Ви́тя, Ма́ша говори́т, что в суббо́ту ты _____ в США.
   — Да, я _____ .
   — Как интере́сно! Мо́жет быть, ты. . .
   — Ла́ра, извини́! Я _____ на уро́к и о́чень опа́здываю!
2. Мы _____ в библиоте́ку.
3. Ко́стя _____ в Москву́.
4. Са́ша и Ва́ня _____ в Оде́ссу.
5. Со́ня _____ в кино́.
6. Вы _____ на ле́кцию.
7. Кто _____ на стадио́н?
8. Кто _____ в Росси́ю?

Ходи́ть and идти́. Russian also distinguishes between going in one direction or setting out (**я иду́**) and making trips back and forth (**я хожу́**). With adverbs telling how often trips are made (**ча́сто, ре́дко, обы́чно, ка́ждый день,** etc.) the verb **ходи́ть** is usually used.

Я сейча́с **иду́** в библиоте́ку.
В пять часо́в я **иду́** в библиоте́ку.

Я ка́ждый день **хожу́** в библиоте́ку.
Он ка́ждый день **ходи́л** в библиоте́ку.

The verb **ходи́ть** is a second-conjugation verb, like **говори́ть** and **учи́ться.** Only the **я** form is slightly different: **я хожу́.**

ходи́ть (to go [walk] habitually; past: to make a round trip)
хожу́
хо́дишь
хо́дит
хо́дим
хо́дите
хо́дят

There is much more to saying "go" in Russian, both in terms of habitualness and foot/vehicle, which we will deal with in Unit 10.

Past tense of going. The Russian concept of "go" in the past tense is complicated. For the time being, use **ходи́л, ходи́ла, ходи́ли,** which means to have made a round trip on foot.

SUMMARY TABLE OF "GO" VERBS

You have seen a number of different forms for verbs of going. Here is how you can use these verbs so far.

GRAMMATICAL FORM	FOOT	VEHICLE
Infinitive (for the time being)	(должны́) **пойти́**	(должны́) **пое́хать**
Future tense	*Wait till Unit 10.*	
Present tense (one direction, setting out, are go<u>ing</u>)	иду́, идёшь, иду́т	е́ду, е́дешь, е́дут
Present tense (many directions, habitual, "go")	хожу́, хо́дишь, хо́дят	*Wait till Unit 10.*
Past tense (one direction, set out, went, and stopped)	*Wait till Unit 8.*	*Wait till Unit 10.*
Past tense (many directions, habitual, "made a trip, used to go")	ходи́л, ходи́ла, ходи́ли	*Wait till Unit 10.*

Упражнение

Запо́лните про́пуски. Fill in the blanks with the appropriate form of **идти́** or **ходи́ть.**

1. Я сейча́с _____ в парк.
2. Я ка́ждый день _____ в парк.
3. Мы ча́сто _____ в кино́, но ре́дко _____ в музе́й.
4. В 8 часо́в я _____ на ле́кцию. В час я _____ домо́й.
5. Ты ка́ждый день _____ в библиоте́ку?

➤ *Complete Oral Drills 7–8 and Written Exercises 6–7 in the Workbook.*

5.4 Asking Where: где vs. куда́

In Russian, **где** is used to inquire about location and **куда́** is used to inquire about destination. Compare the following questions in English and in Russian:

— **Где** ты живёшь?   — **Куда́** ты идёшь?
— *Where* do you live?   — *Where* are you going?

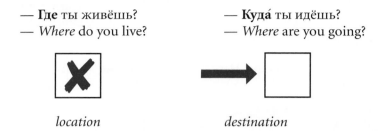

location   destination

Verbs such as **жить**—*to live,* **рабо́тать**—*to work,* and **учи́ться**—*to study* refer to location and require the use of **где**—*where*. Verbs like **идти́**—to go, **е́хать**—*to go,* and **опа́здывать**—*to be late* refer to destination and require the use of **куда́**—*where to*.

Упражнение

Как по-ру́сски?

1. Where do you live?
2. Where do you work?
3. Where are you going?
4. What are you late for?
5. Where are you driving?
6. Where do you go to school? (Be careful! Don't take the *go* of *go to school* literally.)

➤ *Complete Oral Drill 9 and Written Exercise 8 in the Workbook.*

5.5 Answering the Question Куда́?

You already know that **где** questions require answers with **в** or **на** plus the prepositional case:

— **Где** ты занима́ешься?
— Я занима́юсь **в библиоте́ке**.

Куда́ questions require answers with **в** or **на** plus the accusative case:

— **Куда́** ты идёшь?
— Я иду́ **в библиоте́ку.**

где? (в/на + PREPOSITIONAL)	куда? (в/на + ACCUSATIVE)	в OR на?
в библиоте́ке в шко́ле в аудито́рии в магази́не в институ́те в музе́е	в библиоте́ку в шко́лу в аудито́рию в магази́н в институ́т в музе́й	Place names usually take the preposition **в.**
на ле́кции на конце́рте на рабо́те на уро́ке	на ле́кцию на конце́рт на рабо́ту на уро́к	Activities take the preposition **на.**
на пе́рвом этаже́ на ка́федре на стадио́не на факульте́те на да́че на дискоте́ке	на пе́рвый эта́ж на ка́федру на стадио́н на факульте́т на да́чу на дискоте́ку	Some words that one would expect to take **в,** in fact take **на.** They must be memorized.
до́ма	домо́й	Learn these special expressions for *home.*

Упражнения

А. Запо́лните про́пуски. Supply the needed preposition. Indicate whether the noun following the preposition is in the prepositional case (P) or the accusative case (A).

1. Утром я хожу́ _____ библиоте́ку ( ). Я занима́юсь _____ библиоте́ке ( ) три часа́.
2. Я опа́здываю _____ ле́кцию ( ).
3. В 2 часа́ я иду́ _____ институ́т ( ). Я рабо́таю _____ институ́те ( ) 4 часа́. В 6 часо́в я иду́ _____ ка́федру ( ) ру́сского языка́.
4. Ве́чером я обы́чно хожу́ _____ конце́рт ( ) и́ли _____ кино́ ( ).

Б. Куда́ вы идёте? Где вы? Answer the questions **Куда́ вы идёте?** and **Где вы?** using the following prompts:

dormitory, class, university, home (!)

В. Отве́тьте на вопро́сы.

1. Куда́ вы идёте в понеде́льник у́тром? В воскресе́нье у́тром?
2. Куда́ вы идёте в сре́ду днём? В суббо́ту днём?
3. Куда́ вы идёте в пя́тницу ве́чером? В суббо́ту ве́чером?
4. Где вы живёте?
5. Где вы у́читесь?
6. Где вы рабо́таете?
7. Где рабо́тают ва́ши роди́тели? Ва́ши бра́тья и сёстры? Ваш муж или ва́ша жена́?

бра́тья—*brothers,*
сёстры—*sisters,*
муж—*husband,*
жена́—*wife*

➤ *Complete Oral Drills 10–14 and Written Exercises 9–12 in the Workbook.*

5.6 Expressing Necessity: The Short-Form Adjective до́лжен, должна́, должны́ + Infinitive

Ка́тя идёт в библиоте́ку, потому́ что она́ **должна́** занима́ться.

Katya is going to the library because she has to study.

Марк говори́т «До свида́ния», потому́ что он **до́лжен** идти́.

Mark says "Goodbye" because he has to go.

За́втра экза́мен. Студе́нты **должны́** занима́ться.

Tomorrow is a test. The students have to study.

До́лжен means "must" or "have to." It is a short-form adjective. It agrees with the grammatical subject of its clause. The **вы** form is always plural, even if the subject addressed as **вы** is only one person.

Masculine	я ты он кто	**до́лжен**
Feminine	я ты она́	**должна́**
Neuter	оно́ э́то	**должно́**
Plural	мы вы они́	**должны́**

До́лжен, должна́, and **должны́** are always followed by a verb infinitive:

Яша до́лжен **занима́ться.**	*Yasha has to study.*
Со́ня должна́ **убира́ть ко́мнату.**	*Sonya has to straighten her room.*
Мы должны́ **идти́.**	*We have to go.*
Анна Петро́вна, вы должны́ **рабо́тать** сего́дня?	*Anna Petrovna, do you have to work today?*

The short-form adjective свобо́ден, свобо́дна, свобо́дны. Like **до́лжен,** the short-form adjective **свобо́ден, свобо́дна, свобо́дны** (*free, not busy*) agrees with the subject of the sentence in gender and number:

Аня, ты сего́дня свобо́дна?	Anya, are you free?
Джим то́же свобо́ден.	Jim's also free.
Мы свобо́дны.	We're free.

Упражнения

A.   Кака́я фо́рма? Choose the needed form of the verb.

— Что вы (**де́лаете — де́лать**) сего́дня?
— Сего́дня мы должны́ (**занима́емся — занима́ться**) в библиоте́ке.
— А пото́м?
— А пото́м мы (**идём — идти́**) на уро́к.
— А ве́чером?
— А ве́чером мы должны́ (**чита́ем — чита́ть**) журна́л.

Б. Кто что до́лжен де́лать?

1. Что вы должны́ де́лать сего́дня?
2. Что до́лжен де́лать ваш знако́мый?
3. Что должна́ де́лать ва́ша знако́мая?
4. Что до́лжен де́лать ваш преподава́тель?

знако́мый—*friend (male)*
знако́мая—*friend (female)*

В. Как по-ру́сски? How would you ask the following people what they have to do today?

1. your best friend (Watch out for gender!)
2. your Russian professor
3. two friends together

➤ *Complete Oral Drill 15 and Written Exercise 13 in the Workbook.*

Дава́йте почита́ем

А. Расписа́ние.

1. Look through the page from someone's daily calendar to get a general idea of who it might belong to.

> 9.00 - английская литература
> 10.40 - фонетика
> 13.00 - обед
> 14.00 - грамматика
> 16.00 - театральный клуб
> 19.00 - кино

2. Look through the schedule again. What courses and academic activities are mentioned?

Б. Зна́ете ли вы...? Match up the famous names with their achievements.

____ 1. Анна Ахма́това
____ 2. Маргарет Мид
____ 3. Фёдор Миха́йлович Достое́вский
____ 4. Мари́я Склодо́вская-Кюри́
____ 5. Влади́мир Ильи́ч Ле́нин
____ 6. Джон Ле́ннон и Пол Макка́ртни
____ 7. Пилигри́мы
____ 8. Альберт Эйнштейн

а. Приду́мал уравне́ние $E=MC^2$
б. Изуча́ла эффе́кты радиоакти́вности.
в. Организова́л па́ртию большевико́в.
г. Занима́лась антрополо́гией наро́дов Ти́хого океа́на
д. Написа́л рома́н «Бра́тья Карама́зовы».
е. Писа́ла поэ́зию.
ж. Писа́ли пе́сни, кото́рые пе́ли Битлз.
з. Пое́хали из Англии в Аме́рику.

В.   Письмо́. Read the letter below.

1. Кто написа́л э́то письмо́?
2. Она́ у́чится и́ли рабо́тает?
3. Ско́лько у неё ку́рсов?
4. В каки́е дни у неё неме́цкая исто́рия?
5. В каки́е дни у неё неме́цкий язы́к?
6. В каки́е дни у неё семина́р по неме́цкой литерату́ре?
7. Како́й у неё четвёртый курс?
8. Почему́ она́ ду́мает, что семина́р по литерату́ре тру́дный?
9. Когда́ она́ обы́чно встаёт?
10. Что она́ де́лает у́тром?
11. Что она́ де́лает в четве́рг?
12. Когда́ она́ обе́дает во вто́рник, в сре́ду и в пя́тницу?

Дорога́я Ли́нда!

Спаси́бо за твоё интере́сное письмо́. Я ра́да слы́шать, что у тебя́ всё хорошо́ в университе́те.

Ты пи́шешь, что ку́рсы у тебя́ тру́дные в э́том семе́стре. У меня́ то́же о́чень напряжённый семе́стр. Я слу́шаю четы́ре ку́рса. Во вто́рник, в сре́ду и в пя́тницу у меня́ три ле́кции. В четве́рг у меня́ библиоте́чный день — я не хожу́ на ле́кции, но я занима́юсь весь день. Обы́чно чита́ю в библиоте́ке, но иногда́ занима́юсь до́ма. Понеде́льник у меня́ день не тру́дный — то́лько оди́н семина́р. В воскресе́нье я отдыха́ю — хожу́ в кино́ и́ли на конце́рт.

Ты спра́шиваешь, како́й у меня́ типи́чный день. Я обы́чно встаю́ ра́но, часо́в в семь. За́втракаю в столо́вой, а пото́м иду́ в спорти́вный зал. Пе́рвая па́ра — неме́цкая исто́рия — начина́ется в 9.30 во вто́рник, в сре́ду и в пя́тницу. В э́ти дни у меня́ та́кже неме́цкий язы́к — в 11 часо́в, и эконо́мика — в час. Обе́даю я по́здно. А в понеде́льник у меня́ семина́р по неме́цкой литерату́ре. Э́тот курс о́чень интере́сный, но на́до о́чень мно́го чита́ть. Мы сейча́с чита́ем Тома́са Ма́нна. Мне тру́дно, потому́ что я ещё ме́дленно чита́ю по-неме́цки, но я люблю́ э́тот семина́р.

Ка́ждый день я у́жинаю в 7 часо́в. Пото́м я обы́чно чита́ю до 10-и. По́сле э́того я и́ли смотрю́ телеви́зор, и́ли ложу́сь спать.

Хоте́лось бы узна́ть бо́льше о твоём расписа́нии. Како́й у тебя́ типи́чный день?

Жду отве́та,
Твоя́ Ма́ша

Г.   Записки. Imagine that the following notes were left for you. You do not know many of the words in the notes. On the basis of what you do understand, put a check mark next to the notes you believe need action on your part.

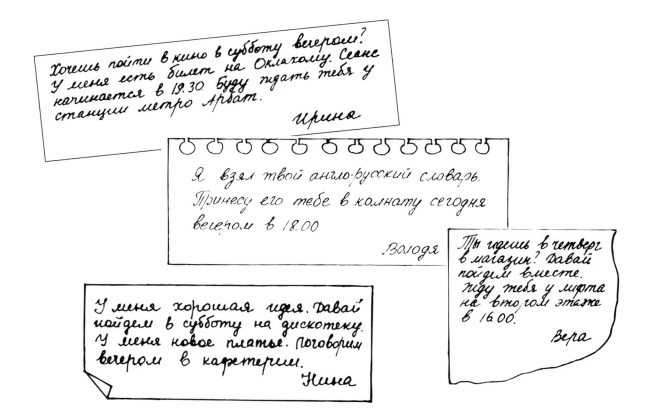

Давайте послушаем

Звуково́е письмо́. Nikolai sent a letter on cassette to his American friend, Jim. Listen to the recording with the following questions in mind.

1. What are Nikolai's hard days?
2. What are his easy days?
3. What does his schedule look like on a hard day?
4. What does he do on weekends?

Обзорные упражнения

 А. Разгово́р. Что ты де́лаешь в суббо́ту?

Разгова́ривают Ве́ра и Кэ́рол.

1. What days of the week are mentioned in the conversation?
2. What are Vera's plans for the first day mentioned? Arrange them in sequential order.
3. Where are the friends going on the second day mentioned?

 Б. Уче́бный день.

1. Make out a schedule for a typical day in your life during the academic year. Be as detailed as you can. Remember to use what you know, not what you don't know.
2. Exchange schedules with a classmate. Write a paragraph about your classmate's typical day.

 В. Запи́ска.

1. Write a short note inviting a classmate to go somewhere with you. Make sure to mention day and time. See page 162 for models.
2. Answer a classmate's note.

 Г. Автоотве́тчик. You came home and found a message for your Russian roommate on your answering machine (**автоотве́тчик**).

1. Take down as much information as you can (in English or in Russian).
2. When your roommate gets back, relay the content of the message.

Д. Перепи́ска. You received the following letter from your Russian pen pal Kostya. Earlier you had asked him to describe his academic schedule.

1. Before reading the letter, jot down two or three things you expect to find in it.
2. Now scan the letter. Do not expect to understand every word. Just look to see if it contains the things you expected. Did you learn any other information? What?

15.05.96

Здравствуй!

Спасибо за твоё письмо. Я рад, что у тебя всё хорошо в университете. Ты хочешь знать, как идут мои занятия. Сейчас я тебе всё расскажу.

Как ты уже знаешь, я сейчас учусь в Киевском государственном университете. Моя специальность — политология, но я также очень люблю английский язык и литературу. В этом семестре у меня интересные курсы. Понедельник, среда и пятница у меня очень трудные дни. Я встаю в семь часов, одеваюсь и иду завтракать в столовую. Потом у меня три лекции. Первая лекция в девять часов. Это американская история. У нас очень хороший преподаватель. Он читает интересный курс. Потом в одиннадцать часов у меня семинар — экономика. Семинар трудный, но материал интересный.

В час я иду обедать. В два часа у меня английский язык. Это мой любимый курс. На занятиях мы говорим только по-английски. Это хорошая практика. Потом я иду в лингафонный кабинет слушать английские кассеты. В пять часов я ужинаю, а потом занимаюсь в общежитии. Там я читаю, слушаю музыку или просто отдыхаю. Ложусь спать поздно: в двенадцать часов.

В субботу я встаю рано — в восемь часов. Утром я убираю комнату, днём иду в магазин, а вечером в кино, на дискотеку, на стадион или на концерт. В воскресенье утром я встаю поздно — в одиннадцать часов. Днём я иду в библиотеку. Там я занимаюсь. Иногда я хожу в гости.

Вот и вся моя неделя. Я очень хочу знать, как ты живёшь. Жду письма.

Твой Костя

After reading the letter. . .

1. Make a schedule of Kostya's typical day.
2. Look through the letter one more time to find answers to these questions:
   • Which courses does Kostya find to be difficult? interesting? his favorite?
   • How does Kostya spend his days off?
3. Answer Kostya's letter.

Е. Выступле́ние.

1. You are in Moscow. You have been asked to give a talk to a group of Russian students about Americans' weekly schedules. Jot down notes for your presentation in Russian.
2. Give your presentation to the class.

 Ж. Интервью. Listen to the recording of an interview with an American student studying in Russia. Write down the questions that are asked.

Новые слова и выражения

NOUNS

аудито́рия	classroom
банк	bank
бассе́йн	swimming pool
библиоте́ка	library
воскресе́нье	Sunday
вто́рник	Tuesday
да́ча (на)	dacha
душ	shower
д(е)нь (*pl.* дни)	day
за́втрак	breakfast
заня́тие (на)	class
кафе́ (*indeclinable*)	cafe
кино́ (*indeclinable*)	the movies
кинотеа́тр	movie theater
му́зыка	music
но́мер	number
обе́д	lunch
па́ра	class period
понеде́льник	Monday
пя́тница	Friday
рабо́та (на)	work
распоря́док дня	daily routine
среда́ (в сре́ду)	Wednesday (on Wednesday)
стадио́н (на)	stadium
суббо́та	Saturday
телеви́зор	television set
у́жин	supper
уро́к (на)	class, lesson (*practical*)
уро́к ру́сского языка́	Russian class
центр	downtown
цирк	circus
час (2–4 часа́, 5–12 часо́в)	o'clock
четве́рг	Thursday

MODIFIERS

все	everybody, everyone (*used as a pronoun*)
до́лжен (должна́, должны́) + *infinitive*	must
знако́мый	acquaintance (*used as a noun*)
ка́ждый	each, every
ка́ждый день	every day

Новые слова и выражения

са́мый + adjective	the most + adjective
са́мый люби́мый	most favorite
са́мый нелюби́мый	least favorite
свобо́ден (свобо́дна, свобо́дны)	free, not busy

VERBS

быть	to be
встава́ть (встаю́, встаёшь, встаю́т)	to get up
де́лать (де́лаю, де́лаешь, де́лают)	to do
е́хать (е́ду, е́дешь, е́дут)	to go, set out by vehicle
за́втракать	to eat breakfast
(за́втракаю, за́втракаешь, за́втракают)	
занима́ться	to study, do homework
(занима́юсь, занима́ешься, занима́ются)	
идти́ (иду́, идёшь, иду́т)	to go, walk, set out
ложи́ться спать	to go to bed
(ложу́сь, ложи́шься, ложа́тся)	
обе́дать (обе́даю, обе́даешь, обе́дают)	to eat lunch
одева́ться	to get dressed
(одева́юсь, одева́ешься, одева́ются)	
опа́здывать	to be late
(опа́здываю, опа́здываешь, опа́здывают)	
отдыха́ть	to relax
(отдыха́ю, отдыха́ешь, отдыха́ют)	
принима́ть (душ)	to take a shower
(принима́ю, принима́ешь, принима́ют)	
слу́шать (слу́шаю, слу́шаешь, слу́шают)	to listen
смотре́ть (телеви́зор)	to watch (*television*)
(смотрю́, смо́тришь, смо́трят)	
убира́ть (дом, кварти́ру, ко́мнату)	to clean (*house, apartment, room*)
(убира́ю, убира́ешь, убира́ют)	
у́жинать (у́жинаю, у́жинаешь, у́жинают)	to eat dinner
ходи́ть (хожу́, хо́дишь, хо́дят)	to make a round trip

OTHER VERBS

я забы́л(а)	I forgot
могу́	I can
поду́маю	I'll think, let me think
слу́шай(те)	listen (*command form*)

Новые слова и выражения

ADVERBS

ве́чером	in the evening
вме́сте	together
всегда́	always
вчера́	yesterday
днём	in the afternoon
за́втра	tomorrow
ка́ждый день	every day
наконе́ц	finally
никогда́ не	never
но́чью	at night
обы́чно	usually
отли́чно	excellent
по́здно	late
пото́м	later
ра́но	early
ре́дко	rarely
сего́дня	today
снача́ла	to begin with; at first
у́тром	in the morning
ча́сто	frequently

PREPOSITIONS

в + *accusative case of days of week*	on
в + *hour*	at
в + *accusative case for direction*	to
на + *accusative case for direction*	to

QUESTION WORDS

где	where (at)
когда́	when
куда́	where (to)
почему́	why

OTHER WORDS AND PHRASES

алло́	hello (*on telephone*)
весь день	all day
Во ско́лько?	At what time?
Дава́й(те) пойдём...	Let's go... (*on foot; someplace within city*)
Дава́й(те) пое́дем...	Let's go... (*by vehicle; to another city*)
Договори́лись.	Okay. (We've agreed.)
домо́й	(to) home (*answers* куда́)
До свида́ния.	Goodbye.

Новые слова и выражения

Како́й сего́дня день?	What day is it?
Не мо́жет быть!	That's impossible!
Не хо́чешь (хоти́те) пойти́ (пое́хать). . . ?	Would you like to go. . . ?
ничего́	nothing
Сейча́с поду́маю.	Let me think.
Ско́лько сейча́с вре́мени?	What time is it?
С удово́льствием.	With pleasure.

NUMBERS   100–100,000

PASSIVE VOCABULARY

автоотве́тчик	answering machine
брат (*pl.* бра́тья)	brother
Жду письма́.	Write! (I'm awaiting your letter.)
жена́	wife
муж	husband
друг (*pl.* друзья́)	friend (*male*)
подру́га	friend (*female*)
расписа́ние	(*written*) schedule
рестора́н	restaurant
семина́р	seminar
сестра́ (*pl.* сёстры)	sister
цирк	circus

PERSONALIZED VOCABULARY

_____

_____

_____

_____

Дом, квартира, общежитие

Коммуникативные задания

- Talking about homes, rooms, and furnishings
- Making and responding to invitations
- Reading want ads

Грамматика

- Colors
- Verbs of location: **виси́т/вися́т, лежи́т/лежа́т, стои́т/стоя́т**
- **Хоте́ть**
- Genitive case of pronouns, question words, and singular modifiers and nouns
- Uses of the genitive case
- **у кого́ + есть**
- nonexistence: **нет чего́**
- possession and attribution ("of")
- at someone's place: **у кого́**
- **Workbook:** Numbers Review
  Intonation of exclamations (IC-5)

Между прочим

- Adjectives used to name a room
- **Ты и вы**
- Living conditions in Russia
- Russian apartments, dormitories, and dachas

Введение

A. **Дом.** Какие у вас комнаты?

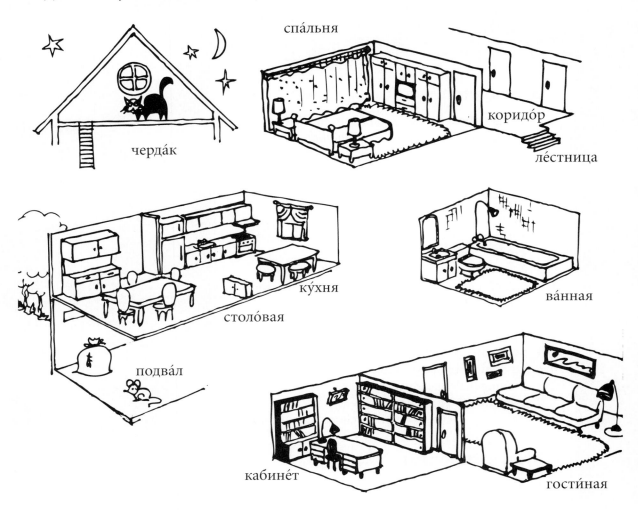

спальня

чердак

коридор

лестница

кухня

столовая

ванная

подвал

кабинет

гостиная

Между прочим

The words **гостиная, столовая,** and **ванная** are feminine adjectives. They modify the word **комната,** which is normally left out of the sentence. Although they are used as nouns, they take adjective endings.

Б.   Мéбель. Что у вас есть дóма?

холодИльник

плитá

стул

пИсьменный стол

лáмпа

дивáн

крéсло

ковёр

кровáть

В. **Цвета́.** List the colors below in order of your most to least favorite.

бе́лый—*white*
чёрный—*black*
кра́сный—*red*
си́ний—*dark blue*
голубо́й—*light blue*
се́рый—*gray*
жёлтый—*yellow*
зелёный—*green*
кори́чневый—*brown*

Remember, the adjective **си́ний**—*dark blue* takes soft endings. Any endings you add should preserve the softness of the stem: си́н**ий**, си́н**яя**, си́н**юю**, си́н**ее**, си́н**ие,** etc.

Г. **Како́го цве́та?**

Образе́ц: —Како́го цве́та ваш пи́сьменный стол? —*Он кори́чневый.*
—Како́го цве́та ва́ша крова́ть? —*Она́ кори́чневая.*

Како́го цве́та ваш холоди́льник?
Како́го цве́та ваш дива́н?
Како́го цве́та ваш ковёр?
Како́го цве́та ваш дом?
Како́го цве́та ва́ше общежи́тие?
Како́го цве́та ва́ша маши́на?
Како́го цве́та ва́ше кре́сло?
Како́го цве́та ваш люби́мый сви́тер?
Како́го цве́та ва́ша люби́мая руба́шка?
Како́го цве́та ва́ши люби́мые ту́фли или боти́нки?
Како́го цве́та ва́ше пальто́?

Д. What are you wearing today? List at least six items and say what color they are.

Образе́ц: Мои́ ту́фли чёрные.

E. Какой у вас дом?

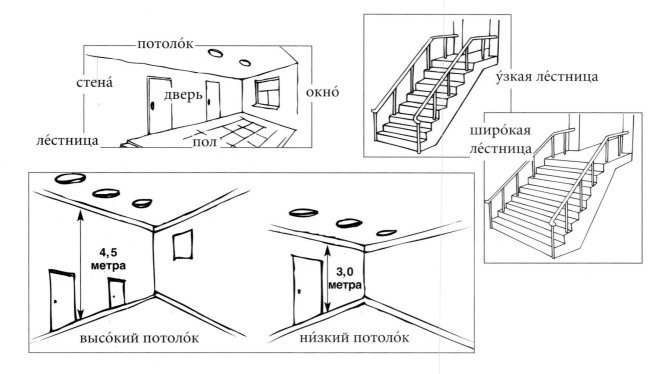

Какого цвета стены на вашей кухне? В вашей гостиной? В вашей спальне?

У вас о́кна больши́е или ма́ленькие?

У вас потоло́к высо́кий или ни́зкий? Како́го он цве́та?

У вас есть ле́стница? Она́ широ́кая и́ли у́зкая?

Како́го цве́та ва́ша дверь?

У вас ковёр лежи́т на полу́? Если да, како́го он цве́та?

 # Разгово́ры для слу́шания

Разгово́р 1. Фотогра́фии до́ма
Разгова́ривают Ма́ша и Кейт.

1. What does Masha want Kate to show her?
2. What does Masha think about the size of Kate's house?
3. How many rooms does Kate first say are on the first floor of her house?
4. How many rooms are there by Masha's count?
5. How many bedrooms are there in Kate's house?
6. Where is the family car kept?

Разгово́р 2. Ко́мната в общежи́тии
       Разгова́ривают Оля и Майкл.

1. Where does Michael live?
2. Does he live alone?
3. How many beds are there in his room?
4. How many desks?
5. Does Michael have his own TV?

Разгово́р 3. Пе́рвый раз в ру́сской кварти́ре
       Разгова́ривают Ро́берт и Ва́ля.

1. What does Robert want to do before the meal?
2. Valya mentions two rooms. Which is hers?
3. Who lives in the second room?
4. What does Valya say about hanging rugs on walls?

Michael calls his closet a **шкаф.** Most Russian apartments, however, don't have built-in closets. The word **шкаф** normally refers to a free-standing wardrobe.

Давайте поговорим

🔘 Диалоги

1. **Фотогра́фия до́ма**

— Марк, у тебя́ есть фотогра́фия твоего́ до́ма?

— Да. Хо́чешь посмотре́ть?

— Коне́чно.

— Вот э́то наш дом. Здесь живу́ я, сестра́ и роди́тели.

— То́лько одна́ семья́ в тако́м большо́м до́ме?! А ско́лько у вас ко́мнат?

— Сейча́с посмо́трим. На пе́рвом этаже́ — гости́ная, столо́вая, ку́хня и туале́т. А на второ́м — три спа́льни и две ва́нные.

— А гара́ж у вас есть?

— Нет, гаража́ нет. Маши́на стои́т на у́лице. Вот она́, си́няя.

— Дом у вас о́чень краси́вый.

Ме́жду про́чим

Ты и вы. As you know, Russians use the **ты** form to address people with whom they are on familiar speech terms, and the **вы** form for those with whom they are on formal terms, or when talking to more than one person. In many dialogs in this lesson, the speakers may seem to alternate between formal and informal address, but in fact they are using the **вы** forms to address more than one person (a whole family, the members of a cultural group).

Ско́лько у вас ко́мнат? Есть is omitted in "have" constructions when the focus is not on the existence of the item, but rather on some additional information about it. Mark's friend already knows that Mark has rooms in his house. His question is, how many?

---

2. Фотогра́фия общежи́тия

— Джа́нет, ты живёшь в общежи́тии?
— Да. Хо́чешь посмотре́ть фотогра́фию?
— Да, хочу́. Ты живёшь одна́?
— Нет. У меня́ есть сосе́дка по ко́мнате. Ви́дишь, на фотогра́фии две крова́ти, два стола́.
— Кака́я краси́вая ме́бель. А э́то что тако́е?
— Это холоди́льник, а ря́дом шкаф.
— А телеви́зор?
— В ко́мнате телеви́зора нет. Телеви́зор у нас есть то́лько на этаже́. Ва́нные и туале́ты то́же на этаже́.

3. Мо́жно посмотре́ть кварти́ру?

— До́брый ве́чер, Са́ша. Я не опозда́ла?
— Нет, нет, Джоа́нна. Проходи́ в большу́ю ко́мнату. Ма́мы и па́пы ещё нет, но обе́д гото́в.
— А мо́жно посмотре́ть кварти́ру?
— Коне́чно. Пра́вда, она́ небольша́я, всего́ 32 ме́тра.
— Но о́чень ую́тная.
— Вот в той ма́ленькой ко́мнате живу́ я. А здесь живу́т роди́тели.
— Каки́е больши́е о́кна! О, я ви́жу, что у вас ико́ны вися́т.
— Да, мы ве́рующие.

4. Ковёр на стене́

— Вале́ра, кака́я краси́вая ко́мната!
— Да, что ты?! Она́ така́я ма́ленькая.
— Но ую́тная. Я ви́жу, что у тебя́ на стене́ виси́т ковёр. Это ру́сская тради́ция?
— Да, а что? У вас тако́й тради́ции нет?
— Нет. До́ма у меня́ тако́й же ковёр, то́лько он лежи́т на полу́.

5. Хоти́те пое́хать на да́чу?

— Хоти́те, в воскресе́нье пое́дем на да́чу?

— На да́чу? У вас есть да́ча?

— Да, в при́городе.

— Она́ больша́я?

— Два этажа́, четы́ре ко́мнаты. Хоти́те посмотре́ть
фотогра́фию?

— Это ва́ша да́ча? Жёлтая?

— Да.

— Кака́я краси́вая! Почему́ вы живёте здесь, в
го́роде, когда́ есть тако́й дом?

— Понима́ете, у нас на да́че нет ни га́за, ни горя́чей
воды́.

— Тогда́ поня́тно.

Жилищные условия в России

Русская квартира. In Soviet times, privately owned housing was virtually unknown. Most Russians lived in communal apartments or small one- or two-bedroom apartments. It was not uncommon for several generations to share the same living space. On the other hand, rent and utilities for most represented a small fraction of household income. After the break-up of the Soviet Union, the Russian government began selling apartments to residents. Privatization of the housing market has spurred new construction, leading to a steady increase in availability—  albeit at much higher prices. Nevertheless, most Russians live in cramped quarters by U.S. standards. So the question **сколько (квадратных) метров** is a part of any discussion of housing. **Тридцать (квадратных) метров** corresponds to an average Russian two-room apartment.

Those still living in communal apartments usually have one room of their own, which serves as a combination bedroom/living room. They share kitchen and bath facilities with others in the apartment.

Жилые комнаты. When describing the number of rooms in a house or apartment, Russians count only those rooms where one sleeps or entertains (**жилые комнаты**). They do not include the kitchen, bathroom, or entrance hall.

Гостиная и столовая. The words **гостиная**—*living room* and **столовая**—*dining room* are usually used to describe Western homes. Most Russian apartments are too small to have a dining room, and Russians usually refer to the room where they entertain (be it a combination bedroom/living room or the equivalent of a small living room) as **большая комната.** If the bedroom is separate from the **большая комната,** it is a **спальня.**

Ванная и туалет. In most Russian apartments the toilet is in one room (**туалет**) and the sink and bathtub are in another (**ванная**).

Да́чи. Да́чи are summer houses located in the countryside surrounding most big cities in Russia. Many Russian families own one. Until recently, these houses were usually not equipped with gas, heat, or running water. Toilets were in outhouses in the backyard. Some newer **да́чи** are built with all the conveniences. During the summer months Russians, especially old people and children, spend a lot of time at their dachas. Besides allowing them to get away from the city, dachas provide a place where people can cultivate vegetables and fruits to preserve for the winter.

Общежи́тие. Only students from another city live in the dormitory. Russian students studying at an institute in their hometown are not given dormitory space. They usually live with their parents.

Упражнения к диалогам

Вопросы к диалогам

Диалог 1

1. Кто ещё живёт в доме Марка?
2. Сколько комнат у них в доме?
3. Какие комнаты на первом этаже? Какие на втором?
4. Где стоит их машина?

Диалог 2

1. Где живёт Джанет?
2. Она живёт одна?
3. Какие вещи мы видим у неё в комнате?
4. У Джанет есть телевизор в комнате?

Диалог 3

1. Кого сейчас нет дома у Саши?
2. Что Джоанна хочет посмотреть?
3. Что говорит Саша о квартире?
4. Что думает Джоанна об этой квартире?
5. Что говорит Джоанна об окнах?
6. Почему у Саши висят иконы в квартире?

Диалог 4

1. У Валеры большая комната?
2. Почему на стене у Валеры висит ковёр?
3. У американского друга Валеры есть ковёр доме?

Диалог 5

1. Когда друзья думают поехать на дачу?
2. Где находится* дача?
3. Сколько комнат в этом доме? Сколько этажей?
4. Какого она цвета?

*находится—is located

Ле́ксика в де́йствии

А. **Где я живу́?** Describe where you live. Use as many descriptive words as you can.

1. Я живу́ в. . . (до́ме, кварти́ре, общежи́тии).
2. Наш дом. . . (большо́й, ма́ленький).
3. Моя́ кварти́ра о́чень. . . (ма́ленькая, краси́вая).
4. В на́шем до́ме. . . (оди́н эта́ж, два этажа́, три этажа́).
5. В мое́й кварти́ре. . . (одна́ ко́мната, две ко́мнаты, три ко́мнаты).
6. В мое́й ко́мнате. . . (больша́я крова́ть. . .).
7. На пе́рвом этаже́. . . (гости́ная. . .).
8. На второ́м этаже́. . . (ма́ленькая спа́льня. . .).
9. У меня́ маши́на стои́т. . . (в гараже́, на у́лице).

Б. **Что у меня́ в ко́мнате?**

Use the verbs **стои́т/стоя́т, виси́т/вися́т,** and **лежи́т/лежа́т** to describe the position of objects.

В ко́мнате **стои́т**
большо́й стол.

О, я ви́жу, что у вас
ико́ны **вися́т.**

До́ма у меня́ ковёр
лежи́т на полу́.

В. Indicate what furniture you have in each room of your house or apartment. Use the verbs **стои́т/стоя́т, виси́т/вися́т,** and **лежи́т/ лежа́т** as in the example.

Образе́ц: В гости́ной стоя́т дива́н, кре́сла и ма́ленький стол. На полу́
лежи́т бе́лый ковёр, а на стене́ вися́т фотогра́фии.

		ла́мпа
		дива́н
		холоди́льник
		фотогра́фии
В гости́ной	стои́т/стоя́т	ковёр
В столо́вой	виси́т/вися́т	кре́сло
В спа́льне	лежи́т/лежа́т	стол
На ку́хне		сту́лья
		плита́
		пи́сьменный стол
		шкаф
		крова́ть
		ико́на

Г. **Подгото́вка к разгово́ру.** Review the dialogs. How would you do the following?

1. Ask if someone has something (a photograph, car, television).
2. State what rooms are on the first and second floors of your house.
3. Find out if someone lives in a house, apartment, or dormitory.
4. Find out if someone has a roommate.
5. State what things you have in your dorm room.
6. State what things you don't have in your dorm room.
7. State that you have two of something (tables, beds, books).
8. State that someone (Mom, Dad, roommate) is not present.
9. Ask if you are late.
10. Ask permission to look at someone's apartment (book, icons).
11. Compliment someone on his/her room (house, car, icons).
12. Respond to a compliment about your room (car, rug).

Д. **Что у кого́ есть?** If you wanted to find out whether someone in your class lives in a large apartment, you could ask **Ты живёшь в большо́й кварти́ре?** or **Твоя́ кварти́ра больша́я и́ли ма́ленькая?** How would you find out the following?

1. If someone lives in a small apartment.
2. If someone has a car.
3. If someone has a radio.

Find answers to the following questions by asking other students and your teacher. Everyone asks and answers questions at the same time. Do not ask one person more than two questions in a row.

Кто живёт в большо́й кварти́ре?
Кто живёт в ма́ленькой кварти́ре?
Кто живёт в общежи́тии?
У кого́ есть большо́й дом?
У кого́ нет телеви́зора?
У кого́ в ко́мнате есть кре́сло?
У кого́ есть но́вая крова́ть?
У кого́ есть хоро́шее ра́дио?

У кого́ есть о́чень большо́й
    пи́сьменный стол?
У кого́ есть бе́лый сви́тер?
У кого́ есть кра́сная маши́на?
У кого́ нет маши́ны?
У кого́ есть компью́тер и при́нтер?
У кого́ нет телефо́на в ко́мнате?
У кого́ есть краси́вый ковёр?
У кого́ есть холоди́льник в ко́мнате?

Е. **Плани́ро́вка до́ма.** Make a detailed floor plan of these houses. Label rooms and furniture.

1. Your home, or your parents' or grandparents' home.
2. Your dream home.

Ж. Какой у тебя дом?

Describe your home. Based on what you say, your partner will draw a detailed floor plan. You will then correct any mistakes your partner makes in it. Throughout this activity you should speak only Russian. The expressions below will help you describe your home.

Слева стоит/лежит/висит. . .	*On the left* there is. . .
Справа стоит/лежит/висит. . .	*On the right* there is. . .
Рядом стоит/лежит/висит. . .	*Nearby* there is. . .
Дальше. . .	*Farther*. . .

Игровые ситуации

1. You have just arrived at a Russian friend's apartment. Ask to see the apartment. Ask as many questions as you can.
2. You have been invited to spend the weekend at a friend's dacha. Accept the invitation. Find out as much as you can about the dacha.
3. Your Russian host family is interested in where you live. Describe your living situation in as much detail as you can. Show a photo if you have one.
4. You've just checked into a hotel in Russia and are not pleased with your room. Complain at the hotel desk. There is no television. The lamp doesn't work. The table is very small, and there is no chair. You want a different room. (**У вас нет другой комнаты?**)
5. You want to rent a furnished apartment in St. Petersburg. Ask the owner five or six questions to find out about the apartment.
6. Working with a partner, prepare and act out a situation of your own that deals with the topics of this unit.

Устный перевод

You have been asked to interpret for a Russian exchange student who is seeking accommodations at your university. He needs to talk to the housing director. Your task is to communicate ideas, not to translate word for word.

ENGLISH SPEAKER'S PART

1. What did you say your last name is?
2. First name?
3. Oh, yes, here it is. You're in a dorm. Do you know where Yates Hall is? You're on the fifth floor.
4. No, you have two roommates.
5. Bathrooms and showers are on the hall.
6. No, there's no refrigerator, but every room has a bed, a desk, and a lamp. There's a refrigerator on each floor.
7. There's a telephone and TV on each floor.
8. You're welcome.

Грамматика

6.1 Хотеть

Learn the conjugation of the verb **хоте́ть** (to want). It is one of only four irregular verbs in Russian and must be memorized.

хоте́ть (to want)
хоч - у́
хо́ч - ешь
хо́ч - ет
хот - и́м
хот - и́те
хот - я́т

Упражнения

А.   Запо́лните про́пуски. Complete the dialog with the appropriate forms of **хоте́ть.**

— Алло́, Ли́за? Слу́шай, вы с Кристи́ной* не _____ пойти́ сего́дня на концéрт?

— Я _____ . А Кристи́на говори́т, что она́ _____ смотре́ть телеви́зор.

— Зна́ешь, у меня́ четы́ре биле́та. Если Кристи́на не _____ , дава́й приглаcи́м Пи́тера и Ама́нду.

— Дава́й. Они́ у меня́ в ко́мнате и говоря́т, что _____ пойти́.

— Прекра́сно.

*вы с Кристи́ной—*you and Christina*

Б.   Соста́вьте предложе́ния. Make sentences by combining words from the columns. The question marks mean that you may use a phrase of your own.

я			смотре́ть телеви́зор
наш преподава́тель	всегда́		писа́ть пи́сьма
мы	никогда́ не		слу́шать ра́дио
вы	сейча́с	хоте́ть	убира́ть ко́мнату
студе́нты	сейча́с не		чита́ть по-ру́сски
ты			у́жинать в кафе́
?			?

B. Составьте предложения. Make sentences using the following model:

Образец: Я хочу́ отдыха́ть, но я до́лжен (должна́) рабо́тать.

Я хочу́...	**но я до́лжен (должна́)...**
смотре́ть телеви́зор	занима́ться
слу́шать ра́дио	убира́ть ко́мнату
писа́ть пи́сьма	писа́ть упражне́ния
у́жинать в кафе́	у́жинать в столо́вой
за́втракать по́здно	за́втракать ра́но

➤ *Complete Oral Drill 4 and Written Exercise 1 in the Workbook.*

6.2 Genitive Case — Forms

The genitive case of pronouns

У **него́** есть кни́га.

У **неё** есть кни́га.

You already know how to express "having" by saying **У меня́ есть...**, **У тебя́ есть...**, and **У вас есть....** The word following the preposition **у** is in the genitive case. The table below gives the genitive case forms for all the pronouns.

NOMINATIVE CASE	У + GENITIVE CASE
кто	у кого́
я	у меня́
ты	у тебя́
он	у него́
она́	у неё
мы	у нас
вы	у вас
они́	у них

Упражнение

Соста́вьте предложе́ния. Make sentences out of these words as in the model.

Образе́ц: У/я/есть/телеви́зор.   У меня́ есть телеви́зор.

1. У/вы/есть/те́хника.
2. У/я/есть/ра́дио и магнитофо́н.
3. Это Анто́н. У/он/есть/маши́на.
4. У/мы/есть/компью́тер.
5. Это мои́ роди́тели. У/они́/есть/компью́тер и при́нтер.
6. Это Ка́тя. У/она́/есть/да́ча.
7. У/ты/есть/но́вое пла́тье?

➤   *Complete Oral Drills 5–6 and Written Exercise 3 in the Workbook.*

The genitive case of nouns

Masculine nouns:

- If there is an ending other than **-й** or **-ь**, add **-а: стола́.**
- If the word ends in **-й** or **-ь,** drop that letter and add **-я: словаря́.**

Neuter nouns:

- If the word ends in **-о**, drop that letter and add **-а: окна́.**
- If the word ends in **-е** or **-ё**, drop that letter and add **-я: пла́тья.**

Feminine nouns:

- If the word ends in **-а**, drop that letter and add **-ы: ла́мпы.**
- Exception: If the letter before the final **-а** is mentioned in the 7-letter spelling rule, add **-и** instead: **кни́ги.**
- If the word ends in **-я** or **-ь,** drop the last letter and add **-и: ку́хни.**

	MASCULINE AND NEUTER	FEMININE
Hard (-∅, **-о, -а**)	стола́*, окна́*	газе́ты
Soft (**-я, -ь, -е**)	словаря́*, пла́тья	ку́хни, крова́ти, ле́кции

*See Note 1 on page 188.

The genitive case of adjectives

Masculine and neuter modifiers:

- The regular ending is **-ого: но́вого.**
- If the letter prior to that ending is mentioned in the 5-letter spelling rule and the ending is unstressed, then the ending is **-его: хоро́шего.**
- The ending for naturally soft adjectives is **-его: си́него.**

Note: The **-ого/-его** endings are pronounced [**ово**]/[**ево**].

Feminine modifiers:

- The regular ending is **-ой: новой.**
- If the letter prior to that ending is mentioned in the 5-letter spelling rule and the ending is unstressed, then the ending is **-ей: хоро́шей.**
- The ending for naturally soft adjectives is **-ей: си́ней.**

	MASCULINE, NEUTER	FEMININE
Hard (**-ый, -ой**)	но́в**ого**, больш**о́го**	нов**ой**, больш**о́й**
Soft (**-ий**)	си́н**его**	си́н**ей**
Spelling rules	хоро́ш**его** (5)	хоро́ш**ей**(5)

(5) indicates the 5-letter spelling rule.

GENITIVE CASE OF ADJECTIVES AND NOUNS—SUMMARY				
Nominative	но́в**ый** дом ∅ си́н**ий** портфе́ль хоро́ш**ий** музе́й	но́в**ое** письмо́ си́н**ее** пла́тье хоро́ш**ее** жильё	но́в**ая** шко́ла си́н**яя** ку́хня хоро́ш**ая** тетра́дь	но́в**ые** шко́лы си́н**ие** пла́тья хоро́ш**ие** тетра́ди
Genitive	э́того. . . но́в**ого** до́м**а** си́н**его** портфе́л**я** хоро́ш**его** музе́**я**	э́того. . . но́в**ого** письм**а́** си́н**его** пла́ть**я** хоро́ш**его** жиль**я́**	э́той. . . но́в**ой** шко́л**ы** си́н**ей** ку́хн**и** хоро́ш**ей** тетра́д**и**	See Unit 7

Notes

1. Some masculine nouns have end stress whenever an ending is added:
   стол ⇒ стола́; гара́ж ⇒ гаража́.
2. Some masculine nouns with **е** or **о** in the semi-final position lose this vowel whenever an ending is added: **оте́ц ⇒ отца́; ковёр ⇒ ковра́.**
3. The words **мать** and **дочь** have a longer stem in every case except the nominative and accusative singular. Their genitive singular forms are **ма́тери** and **до́чери.**
4. Nouns ending in **а** or **я** that refer to men and boys decline like feminine nouns, but they are masculine and take masculine modifiers:
   У ма́ленького Ди́мы есть кни́га.

The genitive case of special modifiers

Special modifiers include possessive pronouns (your, my, etc.), demonstrative pronouns (this/ that), and some numbers "one" and "third." The genitive endings for special modifiers are not irregular, but because they involve accent shifts, soft endings, and application of the 5-letter spelling rule, you may wish simply to memorize them.

Masculine and neuter singular	мо - **его́** тво - **его́** на́ш - **его**	ва́ш - **его** чь - **его́**	э́т - **ого** одн - **ого́** тре́ть - **его**
Feminine singular	мо - **е́й** тво - **е́й** на́ш - **ей**	ва́ш - **ей** чь - **е́й**	э́т - **ой** одн - **о́й** тре́ть - **ей**

The special modifiers **его, её,** and **их** (*his, hers,* and *theirs*) never change.

Упражнение

Put the following words and phrases into the genitive case.

1. студе́нт	8. америка́нка	15. большо́е общежи́тие
2. дом	9. ку́хня	16. его́ брат
3. слова́рь	10. Росси́я	17. твоя́ ко́мната
4. окно́	11. наш оте́ц	18. на́ша семья́
5. пла́тье	12. моя́ мать	19. интере́сный журна́л
6. газе́та	13. э́тот америка́нец	20. хоро́шая кни́га
7. кварти́ра	14. ста́рая сосе́дка	

➤ *Complete Oral Drill 7 and Written Exercises 5–6 in the Workbook.*

6.3 Expressing Ownership, Existence, and Presence: Есть что

Russian expresses ownership by using **у** + genitive case + **есть** + nominative case. The preposition **у** means *by* or *next to*. It is always followed by a noun, noun phrase, or pronoun in the genitive case. Russians don't say, *Ivan has a dacha.* Instead they say, *There is a dacha by Ivan* (**У Ива́на есть да́ча**). This literal translation might help you understand the grammar of the Russian construction. Note that in the sentence *There is a dacha by Ivan,* the word *dacha* (**да́ча**) is the subject of the sentence. That is why it is in the nominative case.

Russians often answer questions about ownership with the short answer **Да, есть.** Note that **есть** has several different English translations depending on context.

— **У них есть** компью́тер?	*Do they have* a computer?
— Да, **есть.**	Yes, they *do.*
— **У твое́й сестры́ есть** пальто́?	*Does your sister have* a coat?
— Да, **есть.**	Yes, she *does.*

Simple presence (There is. . ./There are. . .) is also expressed by using **есть.**

— Здесь **есть** кни́га?	*Is there* a book here?
— Да, **есть.**	Yes, *there is.*

Just as in English, the object or person present is the subject of the sentence, and therefore it is in the nominative case.

Упражнения

А. Составьте предложения. Make five questions and five statements about things people have by combining words from the columns below.

Образец: У твоего отца есть дача?
У меня есть новая машина.

я	дача
мы	компьютер
ваш сосед	большой диван
мой отец	красивая лампа
твоя сестра	японский телевизор
эта американка	маленький стол
её дочь	новая машина

Б. Как по-русски? Translate into Russian.

1. "Do you have a car?" "Yes, I have a new black car."
2. He has a nice apartment.
3. Do they have American magazines?
4. Does your mother have a house?
5. This student has interesting Russian books.
6. My daughter has beautiful furniture.
7. Does your neighbor have a computer?

➤   *Review Oral Drills 5–7 and Written Exercises 5–6 in the Workbook.*

6.4   Expressing Nonexistence and Absence: Нет чего

When the word **есть** is negated, the result is the contraction **нет.** To express nonexistence, the negation of **есть**, Russian uses **нет** *plus the genitive case.* (**Здесь нет книги.** *There's no book here.* **Здесь нет общежития.** *There's no dormitory here.* **Здесь нет студента.** *There's no student here.*) Russian sentences with this contraction have no grammatical subject.

— Где Катя?	— Где Миша?	— Где родители?
— **Её** здесь нет.	— **Его** здесь нет.	— **Их** здесь нет.

Note that the genitive case of **он, она,** and **они** in the example sentences above differ slightly from the forms introduced before: **у него, у неё, у них.** The third person pronouns begin with the letter **н** only when they follow a preposition.

The contraction **нет** + *genitive* is also used to say that someone does *not have* or *own* something:

HAVING	NOT HAVING
у + *gen.* **есть** + *nom.*	**у** + *gen.* **нет** + *gen.*
У меня́ **есть брат.**	У меня́ **нет бра́та.**
У нас **есть кассе́та.**	У нас **нет кассе́ты.**
У неё **есть пла́тье.**	У неё **нет пла́тья.**

In short, **нет** has two meanings as shown in this exchange:

У вас есть маши́на?
Нет, маши́ны **нет.**
or in shortened form: **Нет, нет.**

Упражнения

А. **Отве́тьте на вопро́сы.** Indicate that the following people are not present.

Образе́ц: — Ма́ша здесь? — *Её нет.*

1. Никола́й Константи́нович здесь?
2. Па́па здесь?
3. Ива́н здесь?
4. Анна Серге́евна здесь?
5. Ма́ма здесь?
6. Со́ня здесь?
7. Вади́м и Ка́тя здесь?
8. Ва́ши сосе́ди здесь?
9. Ма́ма и па́па здесь?

Б. Indicate that the following things are not present.

Образе́ц: — Ла́мпа здесь? — *Её нет.*

1. Телеви́зор здесь?
2. Холоди́льник здесь?
3. Ковёр здесь?
4. Кре́сло здесь?
5. Общежи́тие здесь?
6. Ико́на здесь?
7. Крова́ть здесь?
8. Кварти́ра здесь?
9. Кни́ги здесь?
10. Стол и сту́лья здесь?
11. Письмо́ здесь?
12. Кни́га здесь?
13. Слова́рь здесь?

B.   Отве́тьте на вопро́сы. Answer the following questions, following the model.

Образе́ц: — У вас есть но́вый телеви́зор?
            — *Да, у меня́ есть но́вый телеви́зор.*
              или
            — *Нет, у меня́ нет но́вого телеви́зора.*

1. У вас есть брат?
2. У вас есть сестра́?
3. У вас есть да́ча?
4. У вас есть дом?
5. У вас есть кварти́ра?
6. У вас есть но́вая маши́на?
7. У вас есть гара́ж?
8. У вас есть ру́сско-англи́йский слова́рь?
9. У вас есть а́нгло-ру́сский слова́рь?
10. У вас есть кре́сло?
11. У вас есть компью́тер?

➤ *Complete Oral Drills 8–13 and Written Exercises 7–10 in the Workbook.*

6.5   Possession and Attribution (*of*)—Genitive Case of Noun Phrases

To express possession, Russian uses the genitive case where English uses a noun + '*s*.

    Это **кварти́ра Вади́ма.**   This is *Vadim's apartment.*

The genitive case is used to answer the question **чей** when the answer is a noun or noun phrase.

— Чья э́то кварти́ра?	Whose apartment is this?
— Это **кварти́ра Вади́ма.**	This is *Vadim's* apartment.
— Чей э́то ковёр?	Whose rug is this?
— Это **ковёр Ки́ры.**	This is *Kira's* rug.
— Чьё э́то письмо́?	Whose letter is this?
— Это **письмо́ на́шего сосе́да.**	This is *our neighbor's* letter.
— Чьи э́то кни́ги?	Whose books are these?
— Это **кни́ги мое́й сестры́.**	These are *my sister's* books.

In Russian the genitive case is also used where English uses *of*.

    Это **фотогра́фия Ка́ти.**   This is *Katya's* picture
                                    OR
                       This is a photograph *of Katya.*

Note the word order in the Russian sentences. The genitive case word or words indicating possession or *of* come at the end.

Упражнения

А. Отве́тьте на вопро́сы. Express possession using the appropriate forms of the genitive.

1. Чья э́то ко́мната? — Это ко́мната (но́вый студе́нт).
2. Чей э́то пи́сьменный стол? — Это пи́сьменный стол (наш профе́ссор).
3. Чьё э́то пла́тье? — Это пла́тье (моя́ ма́ма).
4. Чьи э́то ту́фли? — Это ту́фли (её сосе́дка).
5. Чья э́то спа́льня? — Это спа́льня (мой оте́ц).
6. Чьи э́то фотогра́фии? — Это фотогра́фии (их семья́).
7. Чьё э́то общежи́тие? — Это общежи́тие (этот университе́т).

Б. Как по ру́сски? Express the following short dialog in Russian. Pay special attention to the words in italics.

— Do you have a picture *of your house?*
— Yes, I do. This is *my family's* house. This is my room, and this is *my sister's* room.
— Is that your car?
— That's *my father's* car. *My mother's* car is on the street.

➤ *Complete Oral Drill 14 and Written Exercises 11–12 in the Workbook.*

6.6 Specifying Quantity

оди́н, одно́, одна́

The Russian word **оди́н** is a modifier. It agrees with the noun it modifies.

оди́н	брат, журна́л, студе́нт, стол
одно́	окно́, пла́тье, общежи́тие
одна́	сестра́, газе́та, студе́нтка, крова́ть
одни́	очки́, часы́

Compound numerals ending in **оди́н** (**одно́, одна́**) follow the same pattern.

два́дцать **оди́н**	журна́л, студе́нт, стол
сто **одно́**	окно́, пла́тье, общежи́тие
пятьдеся́т **одна́**	газе́та, студе́нтка, крова́ть

2, 3, 4 + genitive singular noun

A noun following **два, три,** or **четы́ре** is in the genitive singular:

2 ⎫ бра́та, журна́ла, студе́нта, стола́
3 ⎬ окна́, пла́тья, общежи́тия
4 ⎭ сестры́, газе́ты, студе́нтки, крова́ти

The numeral 2 is spelled and pronounced **два** before masculine and neuter nouns, and **две** before feminine nouns:

два { бра́та, журна́ла, студе́нта, стола́ окна́, пла́тья, общежи́тия   две { сестры́, газе́ты, студе́нтки, крова́ти

Compound numerals ending in **два (две), три,** or **четы́ре** follow the same pattern:

В э́том до́ме два́дцать **три этажа́.**

Other expressions of quantity

The genitive plural is used after all other numbers (5–20, tens, hundreds, thousands, etc., and compound numbers ending in 5, 6, 7, 8, or 9). Until you learn the genitive plural, avoid specifying quantity unless the number ends in **оди́н, два, три,** or **четы́ре,** and avoid using adjectives with numbers other than one.

Упражнение

Запо́лните про́пуски. Supply the needed endings.

1. У Ки́ры есть два компью́тер____.
2. У Ми́ши есть две сестр____.
3. В на́шей кварти́ре четы́ре ко́мнат____.
4. У тебя́ то́лько оди́н брат____?
5. В на́шем го́роде три библиоте́к____.

➤ *Complete Oral Drills 15–16 and Written Exercises 13–14 in the Workbook.*

6.7   At Someone's Place: У кого́

To indicate *at someone's place* in Russian, use **y** + *genitive case.* Context dictates what the "place" is (house, office, city, or country).

Мы живём **у бра́та.**	We live *at my brother's (house).*
Студе́нт сейча́с **у преподава́теля.**	The student is now *at the teacher's (office).*
У нас интере́сно.	It's interesting *in our town.*
У вас нет тако́й тради́ции?	Isn't there a similar tradition *in your country?*

Упражнение

Как по-ру́сски? Pay special attention to the phrases in italics.

1. There's no library *in our town.*
2. Petya is *at Sasha's* today.
3. I'm living *at my sister's place* right now.
4. It's interesting *in our country.*

➤ *Complete Written Exercise 15 in the Workbook.*

6.8 Review of Genitive Case Uses

Read the following sentences. Underline the pronouns, adjectives, and nouns in the genitive case. Indicate (a, b, c, or d) why the genitive case was used.

a. Appears after **у** to indicate *have.*
b. Follows the number **два/две, три,** or **четы́ре.**
c. Used in connection with **нет** to indicate absence or nonexistence.
d. Indicates possession or the notion *of.*
e. Appears after **у** to indicate "at someone's place."

       Образе́ц: <u>c</u>   Здесь нет большо́й ко́мнаты.

1. ____ У моего́ бра́та есть маши́на.
   ____ Это маши́на моего́ бра́та.

2. ____ В университе́те четы́ре общежи́тия.
   ____ Это ко́мната Мари́и.
   ____ Здесь нет цветно́го телеви́зора.
   ____ Но у неё есть кре́сло, стол и шкаф.
   ____ Здесь ещё два сту́ла.

3. ____ У ма́тери зелёный ковёр.

4. ____ —У кого́ есть фотогра́фии?
   ____ —У меня́ есть.
   ____ Вот фотогра́фия мое́й сестры́.
   ____ А э́то её де́ти — две до́чери.

5. ____ В на́шем университе́те четы́ре библиоте́ки.
   ____ У нас хоро́ший спорти́вный зал.
   ____ Но здесь нет бассе́йна.

6. ____ Сего́дня мы у́жинаем у Са́ши.
   ____ Са́ша живёт у сестры́.

Давайте почитаем

А. Продаю.

1. Look for these items in the classified ads on this page. What number(s) would you call to inquire about their prices?
   - dacha   _____
   - bed   _____
   - dining room set   _____
   - refrigerator   _____
   - sleeper sofa   _____
   - television   _____

2. What do the following words mean, given these building blocks?

   двух—*two*   **ту́мба**—*pedestal*
   пи́сьменный—*writing*   **я́рус**—*tier*

   двухту́мбовый пи́сьменный стол
   двухкассе́тный магнитофо́н
   двухкассе́тник
   двухъя́русная крова́ть

3. Given that **на** means *on* and **стена́** means *wall*, what is a **настéнный холоди́льник?**

4. What is the difference between a **крéсло-крова́ть** and a **дива́н-крова́ть?**

ПРОДАЮ

7537-540. Дачу (на участке, 120 км от Москвы). Звонить с 19 до 21 час. по тел. 377-64-32.

7668-360. Телевизор «Рекорд-334». Тел. 286-34-67.

7535-560. Двухкассетник «Шарп-575». Тел. 398-03-51.

7599-660. Старинное пианино «Новик». Тел. 152-64-83.

7446-52. Новый телевизор «Рекорд». ПАЛ/СЕКАМ-автомат. Тел. 461-15-87.

7396-350. Двухъярусную кроватку. Тел. 127-71-28.

7786-507. Тренажер для занятий атлетической гимнастикой. Тел. 452-17-66.

7257-720. Двухтумбовый письменный стол. Тел. 469-17-63.

7588-360. Холодильник «Минск-15». Тел. 532-69-71.

7625-360. Импортный диван-кровать (в хорошем состоянии). Тел. 165-69-34.

7557-360. Двухъярусную кровать. Тел. 464-61-55.

7632-340. Новую кухню. Тел. 997-58-38.

7426-388. Два кресла-кровати (ЧССР). Тел. 332-64-79.

7692-540. Стол и стулья из гарнитура «Севан» (Румыния). Тел. 654-77-94.

7600-532. Дом в деревне (140 км от Москвы). Звонить с 19 до 21 час. по тел. 378-74-85.

7610-543. Импортные CD рок-музыки. Тел. 289-30-24.

7132-67. Двухкассетный магнитофон. Тел. 239-89-36.

7353-721. Настенный холодильник «Сарма». Тел. 237-53-27.

7542-1260. Дом (на участке, в 80 км от Москвы, г. Серпухов, для постоянного проживания). Тел. 268-74-30, звонить с 10 до 18 час., кроме субботы и воскресенья.

Б. Но́вая кварти́ра.

In Soviet times, communal apartments were a way of life for millions of people. Families were allotted a room or two to themselves and shared kitchen and bathrooms with several others. A major housing program begun in the 1960s provided small apartments in cheap pre-fab buildings to many city dwellers, but communal housing survived in some areas through the fall of the Soviet Union.

You are about to read a letter from Volodya to his American friend Gene, in which he describes his move from a downtown communal apartment to new housing on the outskirts of town.

1. **Reading strategies.** This letter contains lots of new words. You need to know *some* of the new words to understand what you are reading, but you don't need to know all of them to get large chunks of the meaning. Part of reading for content is knowing what to expect when you read. When you know what is likely to be said, you can figure out what to do with unfamiliar vocabulary, even if you cannot provide an exact definition.

   Therefore, before you read the letter, try to figure out what it is going to say. Which of the following topics do you expect to see in a letter describing this move? Put the topics in the correct order. Cross out those topics which you do not expect to see.

   ____ Volodya's description of the new apartment
   ____ Volodya's description of the old apartment
   ____ Reasons for the move
   ____ Volodya's description of the family's last vacation
   ____ Volodya's medical problems
   ____ An invitation to come visit the new apartment once things are in order

2. **Words you will need.** You cannot do without some new words. Watch out for these new words, given in order of their appearance in the text.

   коммуна́льная кварти́ра or **коммуна́лка**—What do you think this word means?
   свой—here: *its* (plural): **У на́шей кварти́ры есть свои́ плю́сы.** Another form of the word that you will meet is **своя́: в свое́й ко́мнате**—*in one's own room.*
   са́мый—*most, very.* What then does **Мы живём в са́мом це́нтре го́рода** mean?
   ме́сяц: Это 100 до́лларов в ме́сяц. *Rent is $100 per...* what?
   заче́м = почему́
   на окра́ине го́рода—*on the outskirts of the city.*
   снима́ть—*to rent* (an apartment). Many people rent apartments from people who are taking extended business trips. That explains Volodya's statement: **Мы снима́ем у люде́й, кото́рые уе́хали на пять лет в командиро́вку заграни́цу**—*We're renting from people who have left for five years on a business trip abroad.*
   хозя́ева—landlords. Landlord is **хозя́ин.** Landlady is **хозя́йка.**

3. Now read over these questions. A few of the answers might be predictable. Which ones? Once you have read the questions, read the passage to find the answers.
   - What are the disadvantages of a communal apartment?
   - What advantages does Volodya see in his family's communal apartment?
   - Why do Volodya and his family have to move?
   - Where is the new apartment?
   - Describe the new apartment.
   - How much will Volodya's family have to invest in furniture?
   - What can you say about Volodya's financial situation after the move?
   - What does Volodya invite Gene to do?

Дорогой Джин!

Наконец, мы переезжаем![1] Ты, конечно, помнишь,[2] что мы жили в центре, в коммунальной квартире: я и жена в одной комнате, в соседних комнатах ещё две семьи. Конечно, все наши друзья давно нас уговаривают[3] переехать. Да, у коммунальной квартиры есть свои минусы, но есть и свои плюсы. Во-первых, мы жили в самом центре города. Магазины, театры, рестораны, клубы тут рядом. Во-вторых, дёшево:[4] всего 3 000. Это 100 долларов в месяц.

Так зачем переезжать?[5] Ну, как ты знаешь, мы ждём ребёнка. Лара уже на третьем месяце. В коммуналке ребёнка девать некуда.[6]

Теперь о нашем новом доме. Эту квартиру мы снимаем у людей, которые уехали на пять лет в командировку заграницу. Значит, мы будем жить здесь несколько лет. Дом расположен на окраине города, но мы не очень далеко от метро: одна остановка на автобусе или 10 минут пешком. До центра всего 30~40 минут.

[1]*move* [2]*remember* [3]давно... *have spent a long time talking us into...* [4]*cheap* [5]*So why move?* [6]ребёнка... *there's no place to put a child*

У нас три комнаты(!). Плюс новая кухня (с микроволновкой!) и новый туалет. (Хозяева сделали полный ремонт[1] год назад, так что квартира в прекрасном состоянии.[2])

Квартира наполовину[3] меблирована.[4] Хозяева оставили[5] большую кровать, ещё 2 стола, ковры и занавески[6]. В общем, не пришлось покупать[7] ничего нового. Это хорошо, потому что всё равно, денег нет и не будет:[8] наша новая квартира обходится в 175$ в месяц. Это, конечно, дорого.[9] Зато[10] квартира не только новая и чистая, она ещё на сигнализации,[11] и к сожалению,[12] в эти дни приходится думать о преступности,[13] особенно когда в доме есть маленький ребёнок.

[1]repair [2]в прекрасном… *in great condition* [3]half [4]furnished [5]left behind [6]curtains [7]не пришлось… *wasn't necessary to buy* [8]денег… *There's no money now and there won't be in the future* [9]expensive [10]но [11]alarm system [12]unfortunately [13]one is forced to think about crime

Джин! Мы очень ждём тебя в нашем новом доме. Собираешься ли ты к нам[1] в Москву? Приедешь — не надо будет[2] жить в общежитии, сможешь жить у нас в своей комнате! Напиши, какие у тебя планы. Наш новый адрес:

113226 Москва. ул. Башиловская, 14-47

Тел. (095) 485-41-57

[1]Собираешься… *are you planning to visit us* [2]*it will not be necessary*

4. **Но́вые слова́ из конте́кста.** You can probably figure out the meaning of these words in context:

   плю́сы и ми́нусы: У коммуна́льной кварти́ры есть свои ми́нусы, но есть и свои́ плю́сы.

   во-пе́рвых, … во-вторы́х: Во-пе́рвых, мы жи́ли в са́мом це́нтре го́рода.

   Во-вторы́х, дёшево: всего́ три ты́сячи.

   ме́сяц: Given the situation in this family, what does **Она́ уже́ на тре́тьем ме́сяце** mean?

   располо́жен: Дом располо́жен на окра́ине го́рода. Other examples:

   На́ша библиоте́ка располо́жена на Большо́й у́лице.

   Но́вые магази́ны располо́жены недалеко́ от Центра́льной пло́щади.

   Туристи́ческое аге́нтство располо́жено в це́нтре го́рода.

   What does **располо́жен** mean? What word does it agree with grammatically?

   Микроволно́вка is short for **микроволно́вая печь.** With what room is this item associated? What does it mean?

5. **Как по-ру́сски. . . ?** You can use this text to find out how to say some useful things. (You will have to make some slight adjustments to some of the phrases in the text to come up with the expressions given below.)

We used to live downtown.
Our apartment has its good points and its bad points.
My neighbor is expecting.
I'm renting an apartment. It's $. . . a month.
It's only . . . minutes to get to downtown (to the university, to the park, to our apartment, to our dorm, etc.).
The university isn't far: five minutes by foot or one stop.
You won't have to live in a dorm.
You can live at our place (at my place, at her place, at their place, at Valya's, etc.).

Словарь

всё равно́—*nevertheless*
всего́—*only*
давно́—*since long ago*
де́ньги: де́нег нет—*there's no money*
дёшево—*cheap(ly)*
до́рого—*expensive(ly)*
ждать: жд-у, -ёшь, -ут—*to await; to expect*
заграни́цу—*abroad* (*куда*)
занаве́ски—*curtains*
зато́—*then again*
командиро́вка—*business trip*
ли—*whether or not*
меблиро́ван—*furnished*
ме́сяц—*month*
мо́жно—*it is possible*
на́до—*it is necessary;* на́до бу́дет—*it will be necessary*
наза́д—*ago*
наконе́ц—*at last*
не́сколько лет—*several years*
ну́жно—*it is necessary*
обходи́ться: он обхо́дится—*it comes to* (*a sum of money*)
о́бщем: в о́бщем—*all in all*
окра́ина—*outskirts*

осо́бенно—*especially*
остано́вка—*bus (tram, trolley) stop*
пешко́м—*by foot*
покупа́ть—*to buy*
по́лный—*full, complete*
полови́на—*half:* наполови́ну—*halfway*
по́мнить: по́мн-ю, -ишь, -ят—*remember*
престу́пность (*fem.*)—*crime*
прихо́дится—*it is necessary*
пришло́сь—*it was necessary*
ремо́нт—*repair*
располо́жен—*located*
ря́дом—*right nearby*
сигнализа́ция—*alarm system*
снима́ть: снима́-ю, ешь, ют—*to rent (an apartment, house)*
собира́ться: собира́-юсь, ешься, ются—*to plan:* собира́ться куда—*to plan to go somewhere*
сожале́ние: к сожале́нию—*unfortunately*
состоя́ние—*condition; state*
так что—*and for that reason*
угова́ривать—*to try to convince*
хозя́ева—*owners; landlords*
чи́стый—*clean*

Давайте послушаем

Ищу́ кварти́ру.

1. Listen to the entire conversation. Decide which of the following statements best describes it.
   a. Someone has come to look over an apartment for rent.
   b. Someone has paid a visit to some new neighbors to see how they are doing.
   c. A daughter is helping her mother move into a newly rented apartment.
   d. An apartment resident is selling her furniture.

   Write down an expression or two from the conversation that supports your conclusion.

2. Listen to the conversation again. Number the pictures to indicate the sequence.

_____ А те́хнику… отдаём сы́ну.

_____ Туале́т то́же по́лностью отремонти́рован.

_____ Вот э́то ку́хня.

_____ Я ви́жу, что у вас микроволно́вая печь.

_____ Больши́е ве́щи — шкафы́, дива́н, крова́ть, столы́ — да, оставля́ем.

_____ 150? Дорогова́то, коне́чно.

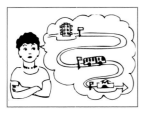

_____ Вы о́чень далеко́ от метро́.

_____ Кварти́ра на сигнализа́ции.

3. Now figure out the meaning of the following new expressions from context.

1. **микроволно́вая печь**
   a. microcomputer
   b. microwave oven
   c. minibike
   d. minicassette recorder

2. **Мы де́лали ремо́нт.**
   a. We had repairs done.
   b. We made a deal.
   c. We threw in the towel.
   d. We took out the garbage.

3. **остано́вки тролле́йбуса**
   a. trolley cars
   b. trolley traffic
   c. trolley repairs
   d. trolley stops

4. **сигнализа́ция**
   a. traffic light
   b. television signal
   c. anti-theft alarm
   d. microwave radiation

4. You now have enough information to answer these questions about renting the apartment.
   a. How many rooms does the apartment have (according to the way Russians count)?
   b. The woman renting the apartment is leaving some furniture behind for the renters to use. Which furniture stays with the house?
   c. What pieces will not be available to the renters?
   d. List at least two good points about this apartment.
   e. List at least two disadvantages.

Обзорные упражнения

 А. **Разгово́ры.** Listen to the conversations with the following questions in mind.

Разгово́р 1. Приглаша́ем на да́чу!
> Разгова́ривают На́дя и Ли́за.

1. Where is Nadya's dacha?
2. How many rooms does it have?
3. Why doesn't Nadya's family live at the dacha all the time?

Разгово́р 2. Ко́мната в общежи́тии.
> Разгова́ривают Ми́тя и Кэ́ти.

1. In what city does Kathy live?
2. What sort of housing does she have?
3. What can you say about her room furnishings?
4. Kathy's Russian friend asks where she got her rug. What does her friend assume? Is this assumption correct?

Б. **Но́вая кварти́ра в Москве́.** Your company has just purchased an unfurnished two-room apartment in Moscow. You have been asked to furnish it.

1. List at least ten items you would like to buy. Use at least one adjective with each item.
2. Read the ads on page 196 to see if they include any of the items on your list. If so, jot down the telephone numbers next to the appropriate items on your list.
3. For one of the advertised items on your list, place a phone call to find out whether it is still available, and whether it is suitable (e.g., if you wanted a red rug, ask if the rug advertised is red or some other color).
4. Assume that you have been able to purchase everything you wanted for the apartment. Write a paragraph of 5–7 sentences describing the apartment to your colleagues.

Новые слова и выражения

NOUNS

ба́бушка	grandmother
брат (*pl.* бра́тья)	brother
ва́нная (*declines like adj.*)	bathroom (bath/shower; no toilet)
ве́рующий (*declines like adj.*)	believer
вода́ (*pl.* во́ды)	water
газ	natural gas
гара́ж (*ending always stressed*)	garage
гости́ная (*declines like adj.*)	living room
да́ча (на)	summer home, dacha
дверь (*fem.*)	door
де́вочка	(little) girl
дива́н	couch
ико́на	religious icon
кабине́т	office
ков(ё)р (*ending always stressed*)	rug
коридо́р	hallway, corridor
кре́сло	armchair
крова́ть (*fem.*)	bed
ку́хня (на)	kitchen
ла́мпа	lamp
ле́стница	stairway
ма́льчик	(little) boy
ме́бель (*fem., always sing.*)	furniture
метр	meter
обе́д	lunch
окно́ (*pl.* о́кна)	window
плита́ (*pl.* пли́ты)	stove
подва́л	basement
пол (на полу́; *ending always stressed*)	floor (as opposed to ceiling)
потол(о́)к	ceiling
при́город	suburb
сестра́	sister
сосе́д(ка) по ко́мнате	roommate
спа́льня	bedroom
стена́ (*pl.* сте́ны)	wall
стол (*ending always stressed*)	table
пи́сьменный стол	desk
столо́вая (*declines like adj.*)	dining room, cafeteria
стул (*pl.* сту́лья)	(hard) chair
тради́ция	tradition
туале́т	bathroom
у́лица (на)	street

Новые слова и выражения

фотогра́фия (на)	photograph
холоди́льник	refrigerator
черда́к (на) (*ending always stressed*)	attic
шкаф (в шкафу́) (*ending always stressed*)	cabinet; wardrobe; free-standing closet
эта́ж (на) (*ending always stressed*)	floor, storey

ADJECTIVES

цвета́	**colors**
бе́лый	white
голубо́й	light blue
жёлтый	yellow
зелёный	green
кори́чневый	brown
кра́сный	red
се́рый	gray
си́ний	dark blue
цветно́й	color
чёрно-бе́лый	black and white
чёрный	black

Other adjectives

высо́кий	high
горя́чий	hot (of things, not weather)
квадра́тный	square
три́дцать квадра́тных ме́тров	30 square meters
ни́зкий	low
оди́н (одна́, одно́, одни́)	one
пи́сьменный	writing
свой (своя́, своё, свои́)	one's own
тако́й	such, so (used with nouns)
тако́й же	the same kind of
тот (то, та, те)	that, those (as opposed to э́тот)
у́зкий	narrow
ую́тный	cozy, comfortable (about room or house)
широ́кий	wide

QUESTION WORDS

почему́	why
ско́лько	how many

VERBS

хоте́ть	to want
(хочу́, хо́чешь, хо́чет, хоти́м, хоти́те, хотя́т)	

Новые слова и выражения

есть (+ *nominative*)	there is
нет (+ *genitive*)	there is not
виси́т, вися́т	hang(s)
лежи́т, лежа́т	lie(s)
посмотреть	to look (passive)
стои́т, стоя́т	stand(s)

ADVERBS

да́льше	farther, next
ря́дом	alongside
тогда́	in that case
сле́ва	on the left
спра́ва	on the right

PHRASES AND OTHER WORDS

Како́го цве́та. . . ?	What color is/are. . . ?
Мо́жно посмотре́ть кварти́ру?	May I look at the apartment?
Ни. . . ни. . .	neither. . . nor. . .
Обе́д гото́в.	Lunch is ready.
Пое́дем. . .	Let's go. . .
Посмо́трим.	Let's see.
Проходи́(те).	Come in.
Ско́лько у вас ко́мнат?	How many rooms do you have?
у + *genitive*	at (somebody's) house
у + *genitive* + есть + *nominative*	(someone) has (something)
у + *genitive* + нет + *genitive*	(someone) doesn't have (something)
Хо́чешь посмотре́ть?	Would you like to see [it, them]?
Я ви́жу. . .	I see. . .
Я не опозда́л(а)?	Am I late?

PASSIVE VOCABULARY

жили́щные усло́вия	living conditions
жильё	housing

PERSONALIZED VOCABULARY

_____

_____

_____

_____

Наша семья

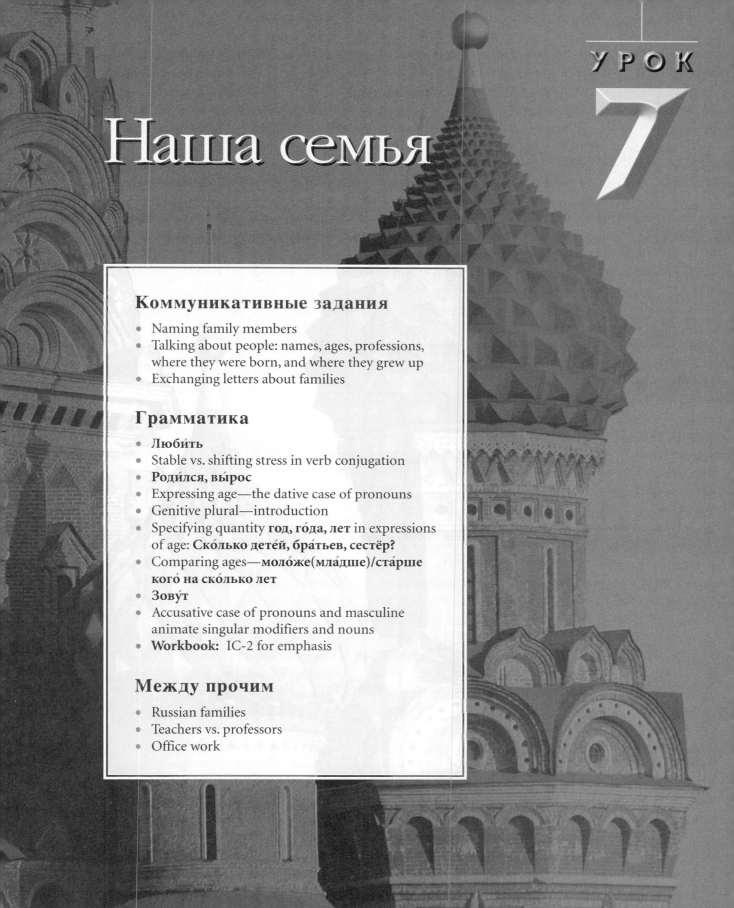

Коммуникативные задания

- Naming family members
- Talking about people: names, ages, professions, where they were born, and where they grew up
- Exchanging letters about families

Грамматика

- **Люби́ть**
- Stable vs. shifting stress in verb conjugation
- **Роди́лся, вы́рос**
- Expressing age—the dative case of pronouns
- Genitive plural—introduction
- Specifying quantity **год, го́да, лет** in expressions of age: **Ско́лько дете́й, бра́тьев, сестёр?**
- Comparing ages—**моло́же(мла́дше)/ста́рше кого́ на ско́лько лет**
- **Зову́т**
- Accusative case of pronouns and masculine animate singular modifiers and nouns
- **Workbook:** IC-2 for emphasis

Между прочим

- Russian families
- Teachers vs. professors
- Office work

Введение

A. Это на́ша семья́.

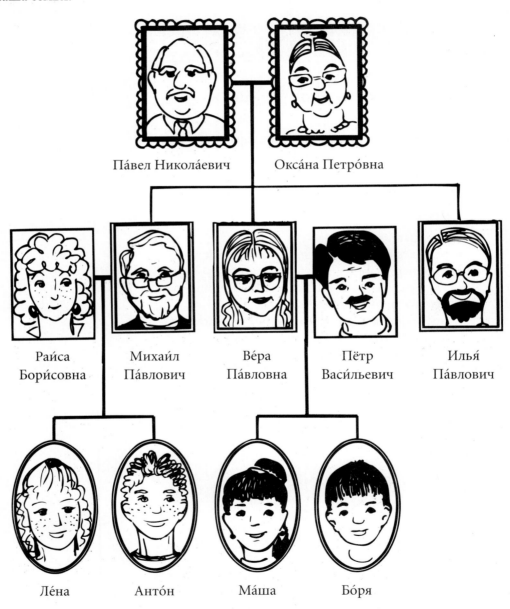

Познако́мьтесь. Это мои́ роди́тели. Вот мать. Её зову́т Раи́са Бори́совна. А вот оте́ц. Его́ зову́т Михаи́л Па́влович. Анто́н мой брат. Я его́ сестра́.

Это мой дя́дя Илья́. У него́ нет жены́. А э́то моя́ тётя Ве́ра и её второ́й муж, Пётр Васи́льевич. Я их племя́нница, а мой брат Анто́н их племя́нник.

Па́вел Никола́евич мой де́душка. Окса́на Петро́вна моя́ ба́бушка. Я их вну́чка, а Анто́н их внук.

Это де́ти тёти Ве́ры. Вот её сын Бо́ря. Он мой двою́родный брат. А вот её дочь Ма́ша. Она́ моя́ двою́родная сестра́.

Чле́ны семьи́

оте́ц	мать	роди́тели
сын	дочь	де́ти
дя́дя	тётя	
де́душка	ба́бушка	
внук	вну́чка	
брат	сестра́	
двою́родный брат	двою́родная сестра́	
племя́нник	племя́нница	
муж	жена́	

Б. **У тебя́ есть. . .?** Find out if your partner has the family members shown on page 208.

> Образе́ц: — У тебя́ есть сестра́?
> — Да, есть.   *или*   — Нет, нет.

В. **Профе́ссии.** Find out what your partner's relatives do for a living. Use the pictures to help you with the names of some typical occupations. Ask your teacher for other professions if you need them.

> Образе́ц: — Кто по профе́ссии твой оте́ц?
> — По профе́ссии мой оте́ц преподава́тель.

врач

учи́тель

учи́тельница

медсестра́/ медбра́т

учёный

секрета́рь

бизнесме́н

музыка́нт

худо́жник

программи́ст

зубно́й врач

архите́ктор

писа́тель

ме́неджер

инжене́р

фе́рмер

библиоте́карь

журнали́ст

продаве́ц/
продавщи́ца

домохозя́йка

бухга́лтер

юри́ст

учи́тель — преподава́тель — профе́ссор

Although these words all describe teachers, they are not interchangeable.

Учи́тель. Учителя́ work in a **шко́ла**, that is, a grade school or high school. Formally, **учи́тель** refers to both male and female teachers, but in conversational Russian, a female teacher is an **учи́тельница.**

Преподава́тель. Преподава́тели work at an **институ́т** or **университе́т.** Their job is most equivalent to the job of a lecturer or instructor in a U.S. college or university. Although the feminine form **преподава́тельница** exists, **преподава́тель** is usually used to identify either a man or a woman in this job.

Профе́ссор. Профессора́ also work at an **институ́т** or **университе́т.** They normally have a **до́кторская сте́пень,** which is considerably more difficult to obtain than a U.S. doctoral degree. The closest equivalent in the U.S. educational system is a full professor.

Г. Места́ рабо́ты. Find out where your partner's relatives work. Review the prepositional case endings for adjectives and nouns in Unit 3 if necessary.

> Образе́ц: — Где рабо́тает твоя́ мать?
> — Она́ рабо́тает в ба́нке.

библиоте́ка

газе́та

комме́рческая фи́рма

теа́тр

лаборато́рия

заво́д (на)

музе́й

фе́рма (на)

телеста́нция (на)

университе́т

шко́ла

о́фис

поликли́ника

магази́н

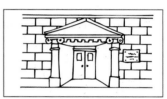

юриди́ческая фи́рма

туристи́ческое бюро́

бюро́ недви́жимости

больни́ца

Ме́жду про́чим

В о́фисе

We often say, "So-and-so works in an office." One can translate this phrase directly (**рабо́тать в о́фисе,** where **о́фис** is any sort of white-collar setting), but by and large Russians describe jobs more specifically: **Ма́ма рабо́тает в бухгалте́рии небольшо́й фи́рмы** *My mother works in the accounting department of a small company.*

🔘 Разговоры для слушания

Разгово́р 1. На́ша семья́.
     Разгова́ривают Мэ́ри и Ната́ша.

1. What does Natasha want to know about Mary's parents?
2. What does Mary's father do for a living?
3. What does Mary's mother do?
4. Does Mary have any siblings?
5. What does Natasha say about the size of Russian families?

Разгово́р 2. До́ма у Оле́га.
     Разгова́ривают Оле́г и Джон.

1. What is Oleg showing John?
2. What do Oleg's parents do for a living?
3. Who else lives with Oleg and his parents?

Widowed grandmothers often live with their married children and take care of the grandchildren. This is the preferred childcare solution for many families.

Разгово́р 3. Немно́го о бра́те.
     Разгова́ривают На́дя и Дже́ннифер.

1. Whom does Nadya want to introduce to Jennifer?
2. What does he do for a living?
3. What kind of person is he?
4. What do we learn about Jennifer's brother?

Давайте поговорим

Диалоги

1. Я родила́сь в Калифо́рнии.

— Дже́ннифер, где ты родила́сь?
— Я родила́сь в Калифо́рнии.
— И там вы́росла?
— Нет, я вы́росла в Нью-Йо́рке.
— А кто по профе́ссии твой оте́ц?
— Оте́ц? Он архите́ктор.
— А мать рабо́тает?
— Коне́чно. Она́ юри́ст.
— А как её зову́т?
— По́ла.
— А как зову́т отца́?
— Эрик.

2. Немно́го о на́шей семье́

— Послу́шай, Марк! Я ничего́ не зна́ю твое́й семье́. Расскажи́ мне, кто твои́ роди́тели.
— Ла́дно. Зна́чит так. Оте́ц у меня́ бизнесме́н. У него́ ма́ленькая фи́рма.
— Пра́вда? А мать?
— Ма́ма — врач. У неё ча́стная пра́ктика.
— Ты еди́нственный ребёнок?
— Нет, у меня́ есть ста́рший брат.
— А на ско́лько лет он ста́рше?
— Ему́ 23, зна́чит, он на три го́да ста́рше меня́.

When adult Russians speak of **моя́ семья́,** they normally speak of a spouse and children. When children or young adults speak about their parents and siblings, they are likely to refer to them as **на́ша семья́.**

3. Кто э́то на фотогра́фии?

— Мэ́ри! Кто э́то на фотогра́фии?
— Брат.
— А э́то?
— Это сестра́. Зову́т её Кэ́рол. Она́ на два го́да мла́дше меня́.
— А бра́та как зову́т?
— Дже́йсон. Он ещё у́чится в шко́ле, в оди́ннадцатом кла́ссе. Очень лю́бит спорт и му́зыку.
— Он, наве́рное, о́чень весёлый?
— Вы зна́ете, не о́чень. Он о́чень серьёзный и симпати́чный.

4. В Аме́рике се́мьи больши́е?

— Фрэнк! Говоря́т, что в Аме́рике больши́е се́мьи. Это пра́вда?
— Да как сказа́ть? Есть больши́е, есть ма́ленькие. У нас, наприме́р, семья́ ма́ленькая: я, оте́ц и мать. Бра́тьев и сестёр у меня́ нет.
— А кто по профе́ссии твой оте́ц?
— Оте́ц? Он преподава́тель междунаро́дных отноше́ний в университе́те.
— А мать?
— Ма́ма по профе́ссии медсестра́. Рабо́тает в больни́це. Очень лю́бит э́ту рабо́ту.

5. Де́душка и ба́бушка

— Ване́сса! Кто э́то на фотогра́фии?
— Это моя́ ба́бушка. А вот э́то — мой де́душка.
— Они́ совсе́м не ста́рые! Ско́лько им лет?
— Ей шестьдеся́т пять. А ему́ се́мьдесят. Ба́бушка и де́душка на пе́нсии. Они́ живу́т во Флори́де. Они́ о́чень здоро́вые и энерги́чные. Лю́бят спорт.
— Интере́сно. А у нас таки́х ба́бушек и де́душек немно́го.

Russian families in large urban centers tend to be small. Couples rarely have more than one child.

Упражне́ния к диало́гам

A. Вопросы к диалогам

Диало́г 1

1. Где родила́сь Дже́ннифер?
2. Где она́ вы́росла?
3. Кто по профе́ссии её роди́тели?
4. Как их зову́т?

Диало́г 2

1. Кто по профе́ссии оте́ц Ма́рка?
2. Где он рабо́тает?
3. Кто по профе́ссии мать?
4. У Ма́рка есть бра́тья и сёстры?
5. Что Марк расска́зывает о бра́те?

Диало́г 3

1. Как зову́т бра́та и сестру́ Мэ́ри?
2. На ско́лько лет Мэ́ри ста́рше сестры́?
3. Где у́чится брат Мэ́ри?
4. Каки́е у него́ хо́бби?
5. Что ещё Мэ́ри говори́т о бра́те?

Диало́г 4

1. Кака́я семья́ у Фрэ́нка, больша́я и́ли ма́ленькая?
2. Ско́лько дете́й в э́той семье́?
3. Кто по профе́ссии оте́ц Фрэ́нка?
4. Где он рабо́тает?
5. Кто по профе́ссии его́ ма́ма?
6. Где ма́ма рабо́тает?

Диало́г 5

1. Кто на фотогра́фии Ване́ссы? Ско́лько им лет?
2. Они́ рабо́тают?
3. Где они́ живу́т?
4. Что ещё Ване́сса расска́зывает о них?
5. А что говори́т её подру́га о ру́сских де́душках и ба́бушках?

Б. Draw your family tree. Write in your relatives' names and their relationship to you. If you need words that are not in the textbook, consult your teacher.

В. In Russian, list ten of your relatives and friends. Indicate their profession and relationship to you.

      Образе́ц: Ли́нда — сестра́ — профе́ссор.

Г. Write three sentences about each of your family members.

Д. **Немно́го о себе́.** As you ask your partner the questions in 1–5, below, make notes of the information you learn so you can verify it in 6.

1. — Ско́лько у тебя́ бра́тьев и сестёр?   *OR*   — У вас есть бра́тья и сёстры?
   — У меня́…   — Да, у меня́…

оди́н	брат
два, три, четы́ре	бра́та
пять	бра́тьев
одна́	сестра́
две, три, четы́ре	сестры́
пять	сестёр

2. Твой брат у́чится и́ли рабо́тает? Где?
   Твоя́ сестра́ у́чится и́ли рабо́тает? Где?

3.

— Как зову́т твоего́ отца́?
— Его́ зову́т Джон.

— Как зову́т твою́ мать?
— Её зову́т Мели́сса.

— Как зову́т твою́ сестру́?
— Её зову́т Кристи́на.

— Как зову́т твоего́ бра́та?
— Его́ зову́т Марк.

4. Use two or three of the following adjectives to describe your parents and siblings.

Образе́ц: Мой брат о́чень серьёзный.
            Мои́ роди́тели энерги́чные.

энерги́чный — неэнерги́чный

серьёзный — несерьёзный

у́мный — *smart*

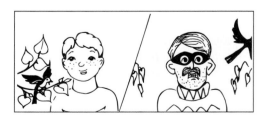

симпати́чный — несимпати́чный
(*not*) *nice*

весёлый — невесёлый
(not) cheerful

обыкновённый — необыкновённый
ordinary — unusual

здоро́вый — нездоро́вый
(un)healthy

5. Где роди́ли́сь твои́ роди́тели? Где роди́лся твой брат? Где родила́сь твоя́ сестра́? Где роди́ли́сь твои бра́тья и сёстры?

6. Verify with your partner that the information you jotted down is correct. Your partner will respond appropriately.

То́чно!	**Нет, э́то не совсе́м так!**	**Нет, совсе́м не так!**
That's right!	*No, that's not completely right!*	*No, that's not it at all!*

Е. Подгото́вка к разгово́ру. Review the dialogs. How would you do the following?

1. Ask where someone was born.
2. State where you were born.
3. Ask where someone grew up.
4. State where you grew up.
5. Ask what someone's father (mother, brother) does for a living.
6. State what you do for a living.
7. Ask what someone's father's (mother's, sister's) name is.
8. Ask if someone is an only child.
9. Ask if someone has brothers and sisters.
10. State you have an older brother or sister.
11. State you have a younger brother or sister.
12. Say your brother or sister is two (one, five) years older (younger) than you.
13. Say your mother (father, brother) really likes her (his) job.
14. Describe the size and composition of your family.

Ж. Фотогра́фия семьи́. Bring a picture of your family to class. Pass it around. Your classmates will ask you questions about various members of your family. Answer in as much detail as you can.

Игровые ситуации

1. Working with a partner, develop a list of questions for interviewing the following people about their families. Then act out one or more of the interviews with your teacher playing the role of the Russian.
   a. A Russian student who has just arrived in the United States.
   b. A new teacher from Russia who will be teaching Russian.
   c. A Russian rock musician who will be performing in your town.
2. You were invited to an informal get-together of Russian students attending St. Petersburg University. They ask you about your family.
3. You are getting to know your new host family in Russia. Tell them about your family at home, and show them your family pictures. Answer their questions about your family.
4. With a partner, prepare and act out a situation of your own that deals with the topics of this unit.

Устный перевод

You have been asked to interpret at a university reception for a group of visiting Russian students.

ENGLISH SPEAKER'S PART

1. Where do your parents live?
2. Where were they born?
3. What does your father do for a living?
4. Does your mother work?
5. What does she do for a living?
6. Do you have any brothers and sisters?
7. What are their names?
8. What a pretty Russian name!
9. That was very interesting.

Грамматика

7.1   Люби́ть

Люби́ть is a second-conjugation verb. It means "to love" or "to like." It can be used with infinitives for activities, or with the accusative case for people or things. In Book Two you will learn another, milder expression for "like."

У меня́ есть ста́рший брат. Я его́ о́чень люблю́.
Ба́бушка и де́душка лю́бят спорт. А па́па его не лю́бит.
Мы лю́бим слу́шать му́зыку.

люби́ть (to like or to love)
любл - **ю́**
лю́б - **ишь**
лю́б - **ит**
лю́б - **им**
лю́б - **ите**
лю́б - **ят**

Notes

1. The letter **б** becomes **бл** in the **я** form of the verb. This kind of change is called consonant mutation and is common in the **я** form of second-conjugation verbs.
2. The stress is on the ending in the infinitive and **я** form, but it is on the stem everywhere else.

Упражнение

Соста́вьте предложе́ния. Make grammatically correct statements and/or questions, using the words and phrases from the columns. Follow the model. You need to conjugate the verb **люби́ть.** The verb that follows it is an infinitive.

Образе́ц: Я люблю́ смотре́ть телеви́зор.

я		говори́ть по-ру́сски
ты		занима́ться в библиоте́ке
вы		учи́ться в университе́те
моя́ сосе́дка по ко́мнате		слу́шать му́зыку
брат	(не) люби́ть	писа́ть пи́сьма
мои́ друзья́		говори́ть о семье́
мы		отдыха́ть до́ма
на́ша семья́		у́жинать в кафе́
студе́нты		убира́ть ко́мнату
		смотре́ть телеви́зор

➤   *Complete Oral Drill 3 and Written Exercise 1 in the Workbook.*

7.2 Stable and Shifting Stress in Verb Conjugations

Russian verb conjugations have three possible stress patterns:

1. Stress always on the ending, as in **говори́ть.**
2. Stress always on the stem, as in **чита́ть.**
3. Stress on the ending in the infinitive and **я** forms, and on the last syllable of the stem in all other forms, as in **люби́ть, писа́ть, смотре́ть,** and **учи́ться.**

Thus, if you know the stress on the infinitive and the **они́** form, you can predict the stress for the entire conjugation.

| **Stable stress** | | | | **Shifting stress** | | | |
| infinitive stress = stress on all forms | | | | end stress on infinitive and **я** form | | | |

говор	и́ть	чита́	ть	пис	а́ть	уч	и́ться
говор	ю́	чита́	ю	пиш	у́	уч	у́сь
говор	и́шь	чита́	ешь	пи́ш	ешь	у́ч	ишься
говор	и́т	чита́	ет	пи́ш	ет	у́ч	ится
говор	и́м	чита́	ем	пи́ш	ем	у́ч	имся
говор	и́те	чита́	ете	пи́ш	ете	у́ч	итесь
говор	я́т	чита́	ют	пи́ш	ут	у́ч	атся

Упражне́ние

Как по-ру́сски? Express the following in Russian. Pay special attention to the stress on the verbs.

— Ты (*like*) ста́рые фи́льмы?
— Да, я их (*like*).
— Где ты (*study*)?
— Я (*study*) в университе́те. Мла́дший брат и сестра́ (*study*) в шко́ле, а ста́рший брат (*study*) в институ́те.
— Что вы (*write*)?
— Я (*am writing*) письмо́, а Ма́ша (*is writing*) сочине́ние.*

*сочине́ние — *composition*

➤ *Complete Written Exercise 2 in the Workbook.*

7.3 Was Born, Grew Up

— Дже́ннифер, где ты **родила́сь?**　　　Jennifer, where *were you born?*
— **Я родила́сь** в Калифо́рнии.　　　　I *was born* in California.
— И там **вы́росла?**　　　　　　　　　And *did you grow up* there?
— Нет, я **вы́росла** в Нью-Йо́рке.　　　No, I *grew up* in New York.

Марк **роди́лся** и **вы́рос** в Мичига́не.　Mark *was born* and *grew up* in Michigan.

На́ши роди́тели **родили́сь** и **вы́росли** во Фло́риде.

Our parents *were born* and *grew up* in Florida.

Learn to say where you and other people *were born* and *grew up*. Note that the masculine past tense form **вы́рос** has no **л,** but that the feminine and plural forms do.

was (were) born		
Singular		**Plural**
он	**роди́лся**	мы
она́	**родила́сь**	вы
		они́ ⎫ **родили́сь**

grew up		
Singular		**Plural**
он	**вы́рос**	мы
она́	**вы́росла**	вы
		они́ ⎫ **вы́росли**

Notes

1. The forms used after **я** and **ты** depend on the gender of the person referred to.
2. Reminder: The forms used after **вы** are always **родили́сь** and **вы́росли,** even when referring to only one person.

Упражнения

А.　Как по-ру́сски? How would you ask the following people where they were born and grew up?

1. your best friend
2. your Russian teacher

Б.　Отве́тьте на вопро́сы.

1. Где вы родили́сь?
2. Где вы вы́росли?
3. Где родили́сь и вы́росли ва́ши роди́тели? Бра́тья, сёстры?

➤　*Complete Oral Drill 4 and Written Exercise 3 in the Workbook.*

7.4   Expressing Age —The Dative Case of Pronouns

Note how to ask someone's age in Russian, and how to tell how old someone is:

— Кто э́то на фотогра́фии?
— Ба́бушка.
— Она́ совсе́м не ста́рая! **Ско́лько ей лет?**
— **Ей шестьдеся́т два го́да.**

— **Ско́лько им лет?**
— **Им пять лет.**

— **Ско́лько ему́ лет?**
— **Ему́ се́мьдесят лет.**
— А **ей?**
— **Ей четы́ре го́да.**

The *dative case* is used to form statements about age. The person is in dative. Learn the dative case forms of the personal pronouns:

Nominative	что	кто	я	ты	он	она́	мы	вы	они́
Dative	чему́	кому́	мне	тебе́	ему́	ей	нам	вам	им

Упражнения

А.   Как по-ру́сски? How would you ask the following people how old they are?

1. a friend
2. a friend's father
3. friends who are twins

Б.   Как по-ру́сски? How would you ask the following questions?

1. How old are you?
2. How old is she?
3. How old is he?
4. How old are they?

➤ *Complete Oral Drill 5 and Written Exercise 4 in the Workbook.*

7.5   Introduction to Genitive Plural

In this lesson you have already seen some genitive plural endings.

Бра́тьев и сестёр у меня́ нет.
Ско́лько ей **лет?**

Nouns. Genitive plural endings for nouns can be as follows:

- "zero" ending for hard feminine and neuter nouns: **книг.**
- "soft zero" ending for feminine nouns ending in consonant + **-я: неде́ль.**
- **-й** for many soft feminine and neuter nouns: **общежи́тий.**
- **-ей** for nouns ending in **-ь** (masculine and feminine), **-ж, -ш, -щ, -ч: гараже́й.**
- **-ов** (also **-ев**) for other masculine nouns: **столо́в, америка́нцев.**

I.   "Zero" ending. Nouns ending in **-a** or **-o** lose that ending in the genitive plural.

NOMINATIVE SINGULAR	GENITIVE PLURAL
кни́га	книг
библиоте́ка	библиоте́к
учи́тельница	учи́тельниц
жена́	жён
ме́сто	мест
о́тчество	о́тчеств

If the resulting genitive plural form has two consonants at the end, often the fill vowel **-o** or **-e** is added. An **-e** is added in order to avoid breaking a spelling rule, or if the last consonant is preceded by **-й** or **-ь.**

NOMINATIVE SINGULAR	GENITIVE PLURAL
окно́	о́кон
сосе́дка	сосе́док
ба́бушка	ба́бушек
вну́чка	вну́чек
письмо́	пи́сем
ма́йка	ма́ек
копе́йка	копе́ек

Sometimes the fill vowel is -ё in order to preserve the stress of the nominative singular form:

NOMINATIVE SINGULAR	GENITIVE PLURAL
сестра́	сестёр

And sometimes there are exceptions that simply need to be memorized:

NOMINATIVE SINGULAR	GENITIVE PLURAL
кре́сло	кре́сел

II. **"Soft zero" ending: -ь.** If a feminine word ends in consonant plus **-я**, drop the **-я** and add **-ь.**

NOMINATIVE SINGULAR	GENITIVE PLURAL
неде́ля	неде́ль
ку́хня	ку́хонь

Упражнения

A. **Ско́лько. . . ?**

Образе́ц: кни́га → *Ско́лько здесь книг?*

1. ка́ссета
2. ла́мпа
3. га́зета
4. ма́шина
5. сестра́
6. ку́хня
7. ме́сто
8. мину́та
9. де́душка
10. па́па
11. письмо́
12. неде́ля

Б. **Запо́лните про́пуски: о - е - ё**

1. мно́го сест____р
2. ма́ло пи́с___м
3. шесть ру́ч____к
4. ско́лько су́м____к
5. не́сколько де́душ____к
6. де́сять руба́ш____к
7. ско́лько ма́____к
8. два́дцать о́к____н
9. ско́лько ба́буш____к
10. пять вну́ч____к

III.   -ий ending. Nouns whose nominative singular forms end in either **-ие** or **-ия** have a genitive plural ending of **-ий.**

NOMINATIVE SINGULAR	GENITIVE PLURAL
общежи́тие	общежи́тий
лаборато́рия	лаборато́рий

Упражне́ние

Ско́лько. . . ?

> Образе́ц: общежи́тие → *Ско́лько здесь общежи́тий?*

1. фотогра́фия
2. заня́тие
3. зда́ние
4. упражне́ние
5. ле́кция

IV.   -ей ending: The genitive plural ending for masculine nouns ending in consonants **-ж, -ш, -щ, -ч,** and all nouns ending in **-ь** is **-ей.**

NOMINATIVE SINGULAR	GENITIVE PLURAL
преподава́тель	преподава́телей
слова́рь	словаре́й
мать	матере́й
тетра́дь	тетра́дей
каранда́ш	карандаше́й
муж	муже́й
этаж	этаже́й
врач	враче́й

Упражне́ние

Здесь нет. . . .

> Образе́ц: анса́мбль → *Здесь нет анса́мблей.*

1. преподава́тель
2. секрета́рь
3. эта́ж
4. слова́рь
5. писа́тель
6. гара́ж
7. врач
8. каранда́ш
9. учи́тель

V.   -ов/ев ending: The genitive plural ending for masculine nouns ending in all other consonants is **-ов.** For now you should keep in mind three exceptions, when the genitive plural ending will be **-ев** instead:

1. If the nominative singular ending is **-й: музе́й → музе́ев.**
2. If the **-ов** ending would break a spelling rule: **америка́нец → америка́нцев.**
3. If the nominative plural is soft: **бра́тья → бра́тьев.**

NOMINATIVE SINGULAR	GENITIVE PLURAL
худо́жник	худо́жников
компью́тер	компью́теров
продаве́ц	продавцо́в
оте́ц	отцо́в
музе́й	музе́ев
стул (pl. сту́лья)	сту́льев

Упражнение

Здесь нет. . . .

      Образе́ц: уче́бник → *Здесь нет уче́бников.*

1. телеви́зор
2. кассе́тник
3. докуме́нт
4. фотоаппара́т
5. магнитофо́н

6. костю́м
7. сви́тер
8. га́лстук
9. не́мец
10. америка́нец

11. брат
12. профе́ссор
13. францу́з
14. музе́й
15. теа́тр

VI. Plural Forms. There are some words you generally see only in the plural. Here are their genitive plural forms:

NOMINATIVE SINGULAR	GENITIVE PLURAL
де́ньги	де́нег
брю́ки	брюк
перча́тки (*sg.* перча́тка)	перча́ток
ту́фли (*sg.* ту́фля)	ту́фель
роди́тели	роди́телей
очки́	очко́в
джи́нсы	джи́нсов
носки́ (*sg.* носо́к)	носко́в

VII. Exceptions. There are some exceptional forms of words you have already seen or might commonly use. You will simply need to memorize their genitive plural forms. ***This chart contains all the family members, even though some are technically not irregular.***

	NOMINATIVE SINGULAR	NOMINATIVE PLURAL	GENITIVE PLURAL
Family, friends, and neighbors	семья́	се́мьи	семе́й
	оте́ц	отцы́	отцо́в
	мать	ма́тери	матере́й
	дочь	до́чери	дочере́й
	сын	сыновья́	сынове́й
	брат	бра́тья	бра́тьев
	сестра́	сёстры	сестёр
	ребёнок	де́ти	дете́й
	челове́к	лю́ди	люде́й
	дя́дя	дя́ди	дя́дей
	тётя	тёти	тётей
	сосе́д	сосе́ди	сосе́дей
	друг	друзья́	друзе́й
Things	год	го́ды	лет
	пла́тье	пла́тья	пла́тьев
	пе́сня (*song*)	пе́сни	пе́сен
	спа́льня	спа́льни	спа́лен
	сапо́г	сапоги́	сапо́г

Упражнение

У нас нé было. . . .

Образéц: дéти → *У нас нé было детéй.*

1. сапогú	4. джúнсы	7. тýфли
2. плáтья	5. стýлья	8. дéньги
3. перчáтки	6. носкú	9. очкú

VIII. Adjectives. The genitive plural for adjectives is **-ых/-их.** Use the latter ending for soft adjectives and to avoid breaking a spelling rule. These are the same endings as for adjectives in the prepositional plural.

NOMINATIVE SINGULAR	GENITIVE PLURAL
нóвый/нóвое/новая	нóвых
большóй/большóе/большáя	болш и́х большúх
хорóший/хорóшее/ хорóшая	хорóших
сúний/сúнее/сúняя	сúних

В этом гóроде нéсколько хорóших музéев.
Скóлько рýсских пéсен вы знáете?
В нáшей библиотéке мнóго нóвых книг.
У нас нет послéдних пúсем бáбушки. Онú у мáмы.

IX. Special Modifiers. These forms are similar to adjectives, but have some slight differences. You should therefore memorize them. Like the adjectives, these modifiers have the same form as in the prepositional plural.

мо - **úх**	нáш - **их**	эт - **их**
тво - **úх**	вáш - **их**	одн - **úх**
	чь - **их**	вс - **ех**

Упражнение

Reread the dialogs in this unit and find all the words in the genitive case. In each instance, explain why the genitive case is used and tell whether the word is singular or plural.

➤ *Complete Oral Drills 6–12 and Written Exercises 5–7 in the Workbook.*

7.6 Specifying Quantity

As you learned in Unit Six (see 6.6), quantity in Russian affects case:

1. After the numbers 1, 21, 31, etc. (but not 11), the nominative singular is used. The number one agrees in gender and number with the following noun.
2. After the numbers 2, 3, and 4 and their compounds (except those in the teens), the following noun is in the genitive singular. The number two agrees in gender with the following noun. The numbers 3 and 4 do not change according to gender.
3. After the numbers 5–20, 25–30, 35–40, etc., the following noun is in the genitive plural. The genitive plural also follows the words **ско́лько?** and **мно́го.**

In summary:

два́дцать оди́н/одно́/одна́/одни́ + nominative singular
два́дцать два/две + genitive singular
два́дцать пять + genitive plural
двена́дцать + genitive plural

You can now use the genitive plural forms for numbers 5–20, 25–30, 35–40, etc. Here are some new forms:

1 **21, 31, 101**	{	год, рубль
2, 3, 4 **22, 33, 44**	{	го́да, рубля́
5–20, 25–30 **ско́лько** **мно́го**	{	лет бра́тьев сестёр
нет		рубле́й

Сколько тебе лет? — Мне 20 лет.

Ей 21 год, а ему 24 года.

У нас 20 рублей, а у них 21 рубль.

В зале 32 (тридцать две) лампы, 40 столов и 41 (сорок один) стул.

В библиотеке много книг.

Сколько у вас братьев и сестёр?

— У меня нет братьев и сестёр. Я единственный ребёнок.

Упражнения

А. Сколько лет? Express the following people's ages in Russian. Remember the dative case of pronouns.

он — 13   она — 31   они — 3   вы — 22   мы — 19   я — ?

Б. Заполните пропуски. Complete the dialogs by using the correct forms of the words given in parentheses. Answer the question in the last dialog about yourself.

1. — Дима, сколько у тебя (брат) и (сестра)?
   — У меня (2) (сестра) и (1) (брат).
   — Какая большая семья!
2. — Саша, у тебя большая семья?
   — Только я и (1) (сестра).
3. — Сколько у вас (сестра) и (брат)?
   — У меня...

В. Как по-русски? Complete the sentences.

1. There are a few small old stores on this street.
   На нашей улице...
2. There are a lot of good theatres and museums in this city.
   В этом городе...
3. How many American firms are there in Moscow?
   Сколько в Москве...
4 A lot of foreign students go to our university.
   В нашем университете...
5. My friend has five younger sisters and brothers.
   У моего друга...

Де́ти. When talking about the number of children in a family, use the following special forms:

У вас есть де́ти?
Ско́лько у вас дете́й?

оди́н ребёнок

дво́е дете́й

тро́е дете́й

че́тверо дете́й

пять дете́й

нет дете́й

For the time being, use the collective numbers **дво́е, тро́е,** and **че́тверо** only for numbers of children.

Упражнение

Как по-ру́сски?

— Ско́лько у но́вой сосе́дки (*children*)? Па́па говори́т, что у неё (*five kids*)!
— Нет, у неё то́лько (*three kids*). Па́ша и его́ (*two sisters*).
— И в сосе́дней кварти́ре то́же есть (*children*)?
— Нет, там (*there aren't any children*).

➤ *Complete Oral Drills 13–17 and Written Exercises 8–9 in the Workbook.*

7.7 Comparing Ages: ста́рше/моло́же кого́ на ско́лько лет

To say that one person is older than another, use **ста́рше** or **моло́же** (**мла́дше**) plus the genitive case.

Оте́ц **ста́рше ма́тери.**   My father is *older than my mother.*
Сестра́ **моло́же** (**мла́дше**) **бра́та.**   My sister is *younger than my brother.*

To express age difference, use **на** followed by the time expression. Note that the stress shifts to the preposition **на** if you are talking about one year's difference.

Оте́ц ста́рше ма́тери **на пять лет.**   My father is *five years older* than my mother.
Сестра́ моло́же бра́та **на два го́да.**   My sister is *two years younger* than my brother.
Брат мла́дше меня́ **на́ год.**   My brother is *a year younger* than me.

Упражнение

Make truthful and grammatically correct sentences by combining words from the columns below. Do not change word order, but remember to put the nouns after **ста́рше** and **моло́же/мла́дше** into the genitive case. Use the proper form of **год** after the numbers.

па́па		я	1	год
ма́ма		па́па		
сестра́		ма́ма	2	
брат		сестра́	3	го́да
ба́бушка		брат	4	
де́душка	моло́же (мла́дше)	ба́бушка	на	
сосе́д	ста́рше	де́душка	5	
сосе́дка		сосе́д	10	лет
друг		сосе́дка	50	
двою́родный брат		дя́дя		
двою́родная сестра́				

➤   *Complete Oral Drills 18–19 and Written Exercise 10 in the Workbook.*

7.8 The Accusative Case of Pronouns

Remember that Russian uses the accusative case for direct objects. When the direct object is a pronoun, it usually comes before the verb.

Это мой ста́рший брат. Я **его́** о́чень люблю́.
Это на́ши роди́тели. Мы **их** о́чень лю́бим.
Вы **меня́** понима́ете, когда́ я говорю́ по-ру́сски?

Here are the forms of the question words and personal pronouns in the accusative case.

Nominative	что	кто	я	ты	он/оно́	она́	мы	вы	они́
Accusative	что	кого́	меня́	тебя́	его́	её	нас	вас	их

Упражнения

А. Как по-ру́сски?
— (*Whom*) ты зна́ешь в на́шем университе́те?
— Профе́ссора Па́влова. Ты (*him*) зна́ешь? Он чита́ет о́чень интере́сный курс.
— Я зна́ю. Я (*it*) слу́шаю.
— Зна́чит, ты, наве́рное, зна́ешь Са́шу Бело́ву. Она́ то́же слу́шает э́тот курс.
— Да, коне́чно я (*her*) зна́ю.

Б. Как по-ру́сски?
1. "Where is my magazine?"
   "Masha is reading it."
2. "Do you know my sister?"
   "No, I don't know her."
   "Interesting. . . She knows you!"
   "She knows me?"

➤ *Complete Oral Drill 20 in the Workbook.*

7.9   Telling Someone's Name: Зову́т

Note the structure for asking and telling someone's name in Russian:

— Как **вас** зову́т?
— **Меня́** зову́т Кири́лл.
— А как зову́т **ва́шего бра́та** и **ва́шу сестру́?**
— **Их** зову́т Ди́ма и Со́ня.
— А как зову́т **ва́ших роди́телей?**
— **Их** зову́т Влади́мир Алекса́ндрович и Мари́я Петро́вна.

Как вас зову́т? actually means *How do they call you?* **Меня́ зову́т Кири́лл** means *They call me Kirill.* These literal translations should help you to see that the words in boldface in the preceding dialog are direct objects, and therefore are in the accusative case.

In questions with **Как зову́т,** nouns normally come at the end of the question (**Как зову́т** *ва́шу сестру́?*), whereas pronouns normally immediately follow the question word (**Как** *вас* **зову́т?**).

➤ *Complete Oral Drill 21 and Written Exercise 11 in the Workbook.*

7.10   The Accusative Case

The accusative case is used:

- for direct objects
  Меня́ зову́т Ива́н.
  Я чита́ю **ру́сскую газе́ту,** а Ва́ня чита́ет **ру́сский журна́л.**

- after the prepositions **в** or **на** to answer the question **куда́**
  Мы идём **в библиоте́ку.** Пото́м мы идём **в музе́й.**
  Студе́нты иду́т **на ле́кцию.**

- in many expressions of time. So far you have seen:

  в + day of the week for *on a day of the week:*
  Мы отдыха́ем **в суббо́ту.**

  на + number of years for comparing ages (this is most obvious with one year):
  Мой брат ста́рше меня́ **на́ год.**

Review the accusative case endings you learned in Unit 4:

The accusative singular endings for feminine phrases are **-ую** for adjectives (**-юю** for soft adjectives) and **-у** for nouns (**-ю** if the noun stem is soft; **-ь** for feminine words ending in **-ь**). Remember: **-а** to **-у**, **-я** to **-ю**, **-ь** no change: **ру́сскую газе́ту, большу́ю ку́хню, хоро́шую лаборато́рию, си́нюю дверь.**

For all other phrases (masculine singular, neuter singular, all plurals), the accusative endings are the same as the nominative endings if the phrase refers to something *inanimate* (not an animal or person).

The accusative for masculine singular animate phrases is the same as the genitive.

The accusative plural for all animate phrases, masculine and feminine, is the same as the genitive plural.

ACCUSATIVE CASE OF ADJECTIVES AND NOUNS — SUMMARY				
	Masculine Singular	**Neuter Singular**	**Feminine Singular**	**Plural**
Nominative	но́вый чемода́н (большо́й)	но́вое письмо́	но́вая ви́за си́няя дверь	но́вые чемода́ны
Accusative Inanimate	*like nominative*		но́вую ви́зу си́нюю дверь	*like nominative*
Animate	*like genitive:* но́вого студе́нта		но́вую студе́нтку	*like genitive:* но́вых студе́нток

Notes

1. Some masculine nouns have end stress whenever an ending is added: **оте́ц** ⇒ **отца́.**
2. Some masculine nouns with **o** or **e** in the semi-final position lose this vowel whenever an ending is added: **америка́нец** ⇒ **америка́нца, оте́ц** ⇒ **отца́.**
3. The accusative singular of feminine **-ь** nouns looks the same as the nominative case, even for animate beings: **мать** ⇒ **мать, дочь** ⇒ **дочь.**
4. Nouns ending in **а** or **я** that refer to men or boys decline like feminine nouns, but they are masculine and they take masculine modifiers: **Мы зна́ем ва́шего па́пу.**
5. The possessive forms **его́, её,** and **их** never change. Examples: **Вы зна́ете его́ ма́му? Я чита́ю её журна́л. Она́ чита́ет их письмо́.**

Упражнения

А. Составьте предложения. Ask what the following people's names are.

Образец: ваш новый сосед   *Как зовут вашего нового соседа?*

этот американский инженер
эта молодая продавщица
их зубной врач
твоя новая учительница
ваш любимый писатель
твой племянник
эта умная студентка
симпатичный музыкант
наш новый менеджер
старший брат
ваша мать
его бабушка
твой дедушка
твоя племянница
они
твоя сестра

Б. Составьте предложения. Construct meaningful and grammatically correct sentences from the following elements. Do not change word order, but do conjugate the verbs and put direct objects in the accusative case.

∅	я	любить	мой брат и моя сестра
наш	родители	читать	русская литература
мой	преподаватель	писать	этот русский писатель
ваш	сосед(ка) по комнате	знать	американские газеты
твой	друг	слушать	интересная книга
			новый роман*
			интересные письма
			американская музыка

*роман—*novel*

➤   *Complete Oral Drill 22 and Written Exercises 12–16 in the Workbook.*

Давайте почитаем

A. Рекла́ма. Advertisements like these are common in local Russian newspapers.

1. For each ad, indicate
   - who placed it.
   - what kind of help is wanted.
   - any other details you understand.

ООО «АМФАРМ»
приглашает на работу
фармацевтов
со знанием английского языка

Телефон для справок (095) 151-38-44.
Факс (095) 151-11-78

- Редакторы
- дизайнеры
- художники
- журналисты

Вас приглашает редакция нового
журнала в области
рекламы и информации
о программных продуктах
и компьютерной технике.

Телефон для справок: (812) 903-04-57.
Факс: (812) 934-9870

РОССИЙСКАЯ ТОВАРНАЯ БИРЖА
ОБЪЯВЛЯЕТ КОНКУРС

для специалистов высокой квалификации:
бухгалтеров, менеджеров, консультантов,
юристов всех специализаций,
экономистов, финансистов,
специалистов по рекламе,
психологов,
переводчиков,
секретарей,
журналистов, редакторов, художников.

Просим составить резюме на одной странице, описание
биографических данных, этапов карьеры и
профессиональных навыков и вместе с 2 фотографиями
выслать по адресу Москва 125190 а/я 225.

Find the abbreviation for **абонентный ящик**—*post office box.*

2. Find out if any of the resumes match the job descriptions above.

Ф.И.О.: Иванова Ольга Николаевна

413112, г. Энгельс

Семейное положение: не замужем

Дата рождения: 04.12.1975 год

Место рождения: г. Челябинск

Среднее образование: 1983–1993гг. Средняя школа № 2 города Энгельса

Высшее образование

- 1993–1998гг Саратовский Государственный Педагогический институт им. К. А. Федина
  Факультет: иностранные языки
  Квалификация по диплому: учитель французского и английского языков.
- Второе высшее образование (незаконченное) Московский Государственный
  Социальный Университет
  1999 — Факультет: юридический
  Специальность: юриспруденция

Прежнее место работы
- 1999 (февраль–май) ООО «Артромед». должность: менеджер отдела снабжения
- 1999 (май)–2001(август) ООО «Химтекс». Холдинговое управление. должность:
  офис-менеджер

Ф.И.О.: Сидорова Елена Максимовна

Дата и место рождения: 12 октября 1978 года, г. Волгоград.

Семейное положение: замужем.

Образование:
- в 1996 г. закончила среднюю школу.
- 1996–1998 г.г. — обучение в Волгоградской медицинской академии, специальность: фармацевт.
- с 1998 года по настоящее время — обучение в Академии АйТи (г. Волгоград) на сертификат Microsoft.

Опыт работы:
- 02.2002г.–12.2002 г. — работа в аптеке О.О.О. «Валедус» в должности фармацевта.
- 04.1999г.–01.2002 г. — работа в Киевской городской санитарно-эпидемиологической станции в должности лаборанта бактериологической лаборатории.
- 08.1998г.–04.1999 г. — работа в аптечном объединении «Фармация» в должности фармацевта.

Дополнительные сведения: английский язык (читаю со словарём), умею работать в Word, Excel, Internet , а также пользоваться e-mail'ом. Исполнительная, коммуникабельная.

Контактный телефон: 442963, 216933.

3. Meaning from context
   1. The abbreviation **Ф.И.О.** appears not only on resumes, but on nearly every form any Russian would ever fill out. What does it stand for?
   2. A woman who is **за́мужем** has a **муж.** (A man with a **жена́** is **жена́т.**) What then does **семе́йное положе́ние** mean? Does this heading appear on resumes in North America?
   3. **Обуче́ние** is the noun for **учи́ться. До́лжность** has to do with what one does at work. Judging from context, what is the meaning of both words? What word is **до́лжность** related to?
   4. Does **квалифика́ция по дипло́му** indicate the job that a candidate is seeking or what the diploma lists as a qualification?

Б. **Здра́вствуйте далёкие друзья́!** The following letter is similar to many that were written in response to an American organization's request for Russian citizens to become pen pals with Americans. Although there is much in the letter that you will not yet understand, you will be able to get some basic information from it.

1. First look through the letter to find out which paragraphs contain the following information.
   а. the languages known by the writer
   б. where the writer lives
   в. the writer's family
   г. the writer's hobby (**увлече́ние**)
   д. her husband's hobby

2. Now go through the letter again to answer the following questions.
   а. Who wrote the letter?
   б. What foreign languages does she know?
   в. Where does she live?
   г. The author discusses her nationality and that of family members. What nationalities does she mention?
   д. What family members does she mention? What are their names? Where do they work?

3. а. Determine the meaning of the word **жена́т(ы)** from context (paragraph 2). Note: **Он жена́т, они́ жена́ты,** but **она́ за́мужем.**
   б. Find a synonym for the word **увлече́ние** (*hobby*).
   в. What is special about the way Russians write **вы, ваш,** and all their forms in letters to one person?

Здравствуйте, далёкие незнакомые друзья! К сожалению, я не знаю английского языка, в школе учила французский. Пишу Вам из старинного города Переславля-Залесского. Наш город входит в Золотое кольцо России.[1]

Немного о себе. Зовут меня Ольга, мне 46 лет, по профессии я инженер, работаю в проектном институте. Очень люблю свою работу. У меня два взрослых сына: один – профессиональный спортсмен, живёт в Киеве, женат, другой – достиг призывного возраста и служит в армии. Мы с мужем живём сейчас вдвоём.[2] Мой муж Толя тоже инженер. Как опытный специалист, он работает в отделе экспертизы. С ним мы женаты 12 лет. Наша семья интересна в национальном отношении: в моих жилах[3] течёт польская и русская кровь.[4] Мой первый муж и отец моих детей по национальности украинец. Жена старшего сына – наполовину[5] эстонка. У меня есть увлечение, я пишу стихи.[6] Печататься[7] я никогда не пыталась,[8] писала для себя.[9] Муж мой тоже имеет хобби: он поёт в хоре.[10] Голос у него очень хороший, и он поёт с удовольствием.

У нас есть небольшой участок земли[11] на берегу реки Волги в лесу с небольшим домиком. Там мы выращиваем ягоды,[12] некоторые интересные растения и много цветов,[13] особенно любим розы и гвоздики. Вот такая наша жизнь.

Жду письма. Хотелось бы узнать о Вас, о Вашей семье.

С огромным приветом
Ольга Соколова

---

[1]Золото́е кольцо́ "Golden Ring"—an area of historically preserved Russian cities to the northeast of Moscow. [2]the two of us together [3]veins [4]blood [5]half [6]poetry [7]publish [8]try [9]для себя—for (my)self [10]choir [11]уча́сток земли́—real estate property [12]выра́щиваем я́годы—grow berries [13]цветы́ — ро́зы, ли́лии и т.д.

Давайте послушаем

Виктори́на. You are about to listen to the opening of a game show in which one family plays against another. As you tune in, the contestants are being introduced. Listen for the information requested below.

THE BELOVS: Head of the family—Name (and patronymic if given):
Age (if given):
Job:
Hobby (at least one):

Her brother—Name (and patronymic if given):
Age (if given):
Job:
Hobby (at least one):

Her sister—Name (and patronymic if given):
Age (if given):
Job:
Hobby (at least one):

Her aunt's husband—Name (and patronymic if given):
Age (if given):
Job:
Hobby (at least one):

THE NIKITINS: Head of the family—Name (and patronymic if given):
Age (if given):
Job:
Hobby (at least one):

His son—Name (and patronymic if given):
Age (if given):
Job:
Hobby (at least one):

His daughter-in-law—Name (and patronymic if given):
Age (if given):
Job:
Hobby (at least one):

His wife —Name (and patronymic if given):
Age (if given):
Job:

Обзорные упражнения

А. Выступле́ние. Prepare a two-minute oral presentation on your family. Give it without looking at your notes.

 Б. Звуково́е письмо́. You received a letter on cassette from a Russian pen pal with the photo shown below. Listen to the letter. Then prepare a response. Include as much information about your family as you can, while staying within the bounds of the Russian you know.

 В. Семья́ и кварти́ра. Divide up into small groups of 3–6 people. Each group is to be a family.

1. Using Russian only, decide what your names are and how you are related. On large sheets of paper, draw a diagram of the house or apartment where you live. Label the rooms and furniture.
2. Invite another "family" to your house. Introduce yourselves, and show them around your home.
3. One of you in each group is a new exchange student from the U.S. or Canada. Russian families, introduce yourselves, show the new student your apartment, and ask about the new American or Canadian student's home and family.

 Г. Резюме́. Using the resumes from **Дава́йте почита́ем** (p. 240), write a resume for yourself or an acquaintance. Stay as close to the original as possible. Have your teacher help you with any specialized vocabulary.

Новые слова и выражения

NOUNS

ро́дственники и друзья́	**relatives**
ба́бушка	grandmother
брат (*pl.* бра́тья)	brother
двою́родный брат	male cousin
внук	grandson
вну́чка	granddaughter
де́душка	grandfather
де́ти (5 дете́й)	children
дочь (*gen. and prep. sg.* до́чери *nom. pl.* до́чери)	daughter
друг (*pl.* друзья́)	friend
дя́дя	uncle
жена́ (*pl.* жёны)	wife
мать (*gen. and prep. sg.* ма́тери *nom. pl.* ма́тери)	mother
муж (*pl.* мужья́)	husband
от(е́)ц (*all endings stressed*)	father
племя́нник	nephew
племя́нница	niece
ребён(о)к (*pl.* де́ти)	child(ren)
сестра́ (*pl.* сёстры)	sister
двою́родная сестра́	female cousin
сын (*pl.* сыновья́)	son
тётя	aunt
профе́ссии	**professions**
архите́ктор	architect
библиоте́карь	librarian
бизнесме́н	businessperson
бухга́лтер	accountant
врач (*all endings stressed*)	physician
зубно́й врач	dentist
домохозя́йка	housewife
журнали́ст	journalist
инжене́р	engineer
коммерса́нт	businessperson
медбра́т (*pl.* медбра́тья)	nurse (male)
медсестра́ (*pl.* медсёстры)	nurse (female)
ме́неджер	manager
музыка́нт	musician
писа́тель	writer

Новые слова и выражения

программи́ст	computer programmer
продав(е́)ц (*all endings stressed*)	salesperson (man)
продавщи́ца	salesperson (woman)
секрета́рь (*all endings stressed*)	secretary
учёный (*declines like an adjective; masculine only*)	scholar; scientist
учи́тель (*pl.* учителя́)	schoolteacher (man)
учи́тельница	schoolteacher (woman)
худо́жник	artist
юри́ст	lawyer
места́ рабо́ты	**places of work**
больни́ца	hospital
бюро́ (*indecl.*)	bureau, office
бюро́ недви́жимости	real estate agency
туристи́ческое бюро́	travel agency
заво́д (на)	factory
лаборато́рия	laboratory
магази́н	store
музе́й	museum
о́фис	office
поликли́ника	health clinic
теа́тр	theater
телеста́нция (на)	television station
учрежде́ние	office
фе́рма (на)	farm
фи́рма	company, firm
комме́рческая фи́рма	trade office, business office
юриди́ческая фи́рма	law office
други́е слова́	**other words**
год (2–4 го́да, 5–20 лет)	year(s) [old]
класс	grade (*in school: 1st, 2nd, 3rd, etc.*)
копе́йка	kopeck
курс (на)	year (*in college*)
лет (*see* год)	years
пе́нсия	pension
на пе́нсии	retired
пра́вда	truth
пра́ктика	practice
ча́стная пра́ктика	private practice
профе́ссия	profession
рубль (*pl.* рубли́)	ruble
спорт (*always singular*)	sports

Новые слова и выражения

ADJECTIVES

весёлый (не-)	cheerful (melancholy)
еди́нственный	only
здоро́вый (не-)	healthy (un-)
комме́рческий	commercial, trade
мла́дший	younger
молодо́й	young
обыкнове́нный (не-)	ordinary (unusual)
серьёзный (не-)	serious (not)
симпати́чный (не-)	nice (not)
ста́рший	older
ста́рый	old
туристи́ческий	tourist, travel
у́мный	intelligent
ча́стный	private (business, university, etc.)
энерги́чный (не-)	energetic (not)
юриди́ческий	legal, law

VERBS

люби́ть (люблю́, лю́бишь, лю́бят)	to love

only past tense forms of these verbs

вы́расти (вы́рос, вы́росла, вы́росли)	to grow up
роди́ться (роди́лся, родила́сь, родили́сь)	to be born

ADVERBS

ла́дно	okay
наве́рное	probably
совсе́м	completely
совсе́м не	not at all...
то́чно	precisely

PHRASES AND OTHER WORDS

Говоря́т, что…	They say that…; It is said that…
Да как сказа́ть?	How should I put it?
Зна́чит так.	Let's see…
Как зову́т (кого́)	What is…'s name?
Кто по профе́ссии (кто)	What is…'s profession?
люби́ть (э́ту) рабо́ту	to like one's work
мла́дше *or* моло́же (кого́) на (год, …го́да, …лет)	…years younger than…
наприме́р	for example
Послу́шай(те)!	Listen!

Новые слова и выражения

Расскажи(те) (мне)...

Tell (me)... (*request for narrative, not just a piece of factual information*)

Ско́лько (кому́) лет?

How old is...?

(Кому́)... год (го́да, лет).

...is... years old.

ста́рше (кого́) на (год, ... го́да, ... лет)

...years older than...

Я ничего́ не зна́ю.

I don't know anything.

COLLECTIVE NUMBERS

дво́е, тро́е, че́тверо

2, 3, 4 (*apply to children in a family*)

PASSIVE VOCABULARY

друг (*pl.* друзья́)	friend
жена́т	married (*said of a man*)
за́мужем	married (*said of a woman*)
образова́ние	education
вы́сшее образова́ние	higher (*college*) education
обуче́ние	schooling
о́пыт рабо́ты	job experience
пе́сня (*gen. pl.* песен)	song
подру́га	female friend
семе́йное положе́ние	family status (*marriage*)

PERSONALIZED VOCABULARY

_____

_____

_____

_____

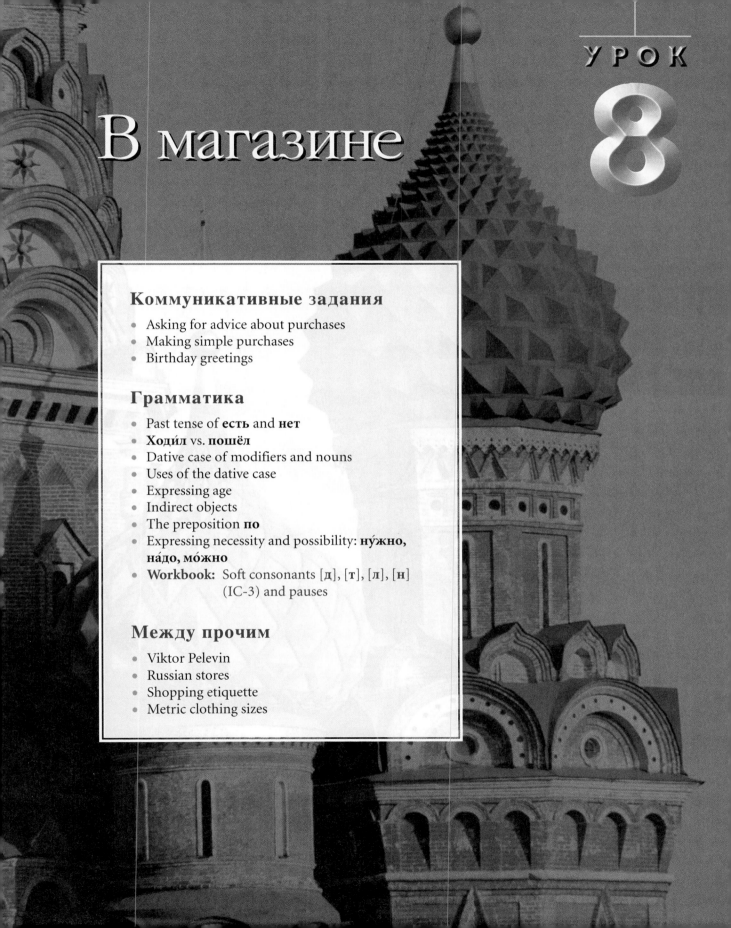

В магазине

Коммуникативные задания

- Asking for advice about purchases
- Making simple purchases
- Birthday greetings

Грамматика

- Past tense of **есть** and **нет**
- **Ходи́л** vs. **пошёл**
- Dative case of modifiers and nouns
- Uses of the dative case
- Expressing age
- Indirect objects
- The preposition **по**
- Expressing necessity and possibility: **ну́жно, на́до, мо́жно**
- **Workbook:** Soft consonants [д], [т], [л], [н] (IC-3) and pauses

Между прочим

- Viktor Pelevin
- Russian stores
- Shopping etiquette
- Metric clothing sizes

Точка отсчёта

Введение

А. Что продают в э́том универма́ге?

ОТДЕЛ	ЭТАЖ	ОТДЕЛ	ЭТАЖ
аудио-видео	1	обувь	1
галантерея	1	пальто, меха	2
головные уборы	2	спорттовары	2
женская одежда	3	сувениры	1
мужская одежда	3		

ремни

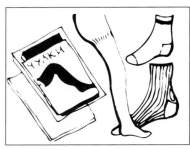

шля́пы

игру́шки

матрёшки

шкату́лки

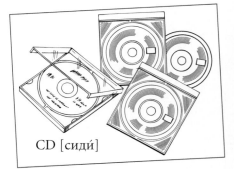

CD [сиди́]

Б. Make a list of gifts you could buy for the following people. Next to each item indicate the department in which you are most likely to find the gifts.

отец   друг/подру́га
мать   ба́бушка/де́душка
брат/сестра́

В. Что продаю́т в э́тих магази́нах?

Где мо́жно купи́ть кни́ги?
Где мо́жно купи́ть брю́ки?
Где мо́жно купи́ть игру́шки?
Где мо́жно купи́ть ту́фли?
Где мо́жно купи́ть матрёшки?

Где мо́жно купи́ть пла́тья?
Где мо́жно купи́ть ка́рту?
Где мо́жно купи́ть блу́зки?
Где мо́жно купи́ть кроссо́вки?

Разговоры для слушания

Разгово́р 1. Джим покупа́ет пода́рок.
        Разгова́ривают Вале́ра и Джим.

1. What does Valera advise Jim to get as a gift for Masha's birthday?
2. Jim says he has already been to the Dom Knigi bookstore. Did he see anything interesting there?
3. Valera suggests that Jim go to the Luzhniki market. Will he accompany him?
4. Listen to the conversation again. Find the Russian equivalents for the following expressions:
   a. birthday
   b. nothing interesting
   c. gift

Разгово́р 2. В Лужника́х.
        Разгова́ривают Джим и продавщи́ца.

1. How does Jim address the salesperson?
2. What kind of book does Jim ask the salesperson for?
3. Are there any such books in stock?
4. How much does one of the books cost? Is that more expensive or cheaper than expected?
5. Jim decides to buy Pelevin's *Yellow Arrow.* How much does it cost?

Разгово́р 3. С днём рожде́ния!
        Разгова́ривают Джим и Ма́ша.

1. What does Jim say to Masha as he gives her the birthday present?
2. Has Masha heard of Pelevin?
3. What does Masha ask Jim?
4. What does Jim tell her?
5. Does Masha like the present?

Ме́жду про́чим

Ви́ктор Пеле́вин

Viktor Pelevin (b. 1962) skyrocketed to literary prominence in the mid-1990s. His surrealistic tales hit some of the hot buttons of youth culture: the cynicism of the post-Soviet period, the growth of the drug culture, Eastern mysticism, and the looming presence of virtual reality's darker sides. Some of Pelevin's best-known works are *Generation P, The Life of Insects, Omon Ra,* and *The Yellow Arrow.*

Давайте поговорим

🔘 Диалоги

1. **Дома: Я хочу́ сде́лать Ма́ше пода́рок.**

— Пе́тя, я хочу́ сде́лать на́шей сосе́дке Ма́ше пода́рок.
  У неё ведь ско́ро день рожде́ния.
— Ой, я совсе́м забы́л об э́том!
— Что ты мне посове́туешь ей купи́ть?
— Мо́жет быть, кни́гу?
— Да, мо́жно подари́ть кни́гу.
— Ты зна́ешь, я неда́вно был на ры́нке. Там бы́ли
  интере́сные ве́щи.
— А, мо́жет быть, пойдём туда́ сего́дня?
— Дава́й.

2. **В магази́не: Покажи́те, пожа́луйста. . .**

— Де́вушка! Покажи́те, пожа́луйста, вот э́тот плато́к.
— Вот э́тот, зелёный?
— Нет, тот, си́ний. Ско́лько он сто́ит?
— Две́сти се́мьдесят.
— А вы принима́ете креди́тные ка́рточки?
— Принима́ем. Плати́те в ка́ссу.

The forms of address **де́вушка** and
молодо́й челове́к may sound rude
to you, but they are in fact neutral.
Use them to attract the attention of
younger service personnel, and do
not be offended if you are addressed
in this way.

3. **Дома: Где мо́жно купи́ть ту́фли?**

— Ми́ла, где у вас мо́жно купи́ть ту́фли?
— В универма́ге и́ли в магази́не «Обувь».
— А мо́жет быть, мы пойдём туда́ вме́сте? Мне на́до купи́ть но́вые ту́фли.
— Разме́р ты зна́ешь?
— Да, зна́ю. А ещё мне на́до купи́ть носки́ и перча́тки.
— Хорошо́. Пойдём в «Гости́ный двор». Там вы́бор неплохо́й. Одну́ мину́точку.
  Я забы́ла, я там была́ вчера́. Отде́л был закры́т. Пойдём лу́чше в «ДЛТ».

Ру́сские магази́ны

Универма́г (an abbreviation for универса́льный магази́н) is usually translated as *department store*. Some универма́ги look like smaller versions of their Western counterparts, while others are little more than lines of stalls in which goods are displayed behind a counter. Светла́на, ДЛТ (Дом Ленингра́дской торго́вли), Пасса́ж, and Гости́ный двор are the names of some St. Petersburg универма́ги. The famous ГУМ (Госуда́рственный универса́льный магази́н) is on Red Square in Moscow. Another major Moscow универма́г is ЦУМ (Центра́льный универса́льный магази́н), near the Bolshoi Theater. Many stores have no name other than that of the product sold there: Обувь—*Shoes,* Оде́жда—*Clothing,* Молоко́—*Milk.*

In many Russian stores, customers look at selections kept behind a sales counter and ask the salesperson Покажи́те, пожа́луйста. . . (кни́гу, перча́тки, кассе́ту, etc.). Having made their selection, they are directed to the ка́сса, a few meters away. There they pay and get a receipt (чек), which they take to the original counter and exchange for the item.

A ры́нок is a farmers' market combined with stalls that sell a bit of everything else. Every city has at least one ры́нок.

Prices for big-ticket items are sometimes quoted in dollars, but payment in rubles is required nearly everywhere. Larger stores and restaurants may accept креди́тные ка́рточки, but the Russian economy is still very much based on cold hard cash (нали́чные).

Разме́ры по-ру́сски

Russian clothing sizes follow the metric system.

0 см	10 см	20 см	30 см	40 см	50 см	60 см	70 см	80 см	90 см	1 метр

0	1 foot	2 feet	3 feet

Here are some sample adult clothing sizes. All measurements are in centimeters.

ITEM	HOW TO MEASURE	SAMPLE SIZES
most clothing (shirts, blouses, dresses, coats)	chest measurement divided by 2	44–56 (even numbers only)
hats	circumference of head at mid-forehead	53–62
shoes	length of foot times 1.5	33–42 (women) 38–47 (men)
gloves	same sizes all over world	6–12

4. Дом кни́ги

— Ко́ля, ты зна́ешь, куда́ я сего́дня ходи́ла?

— Куда́?

— В «Дом кни́ги».

— Мне сказа́ли, что там откры́ли но́вый отде́л. Ты была́?

— Да, и да́же купи́ла вот э́ту но́вую кни́гу по иску́сству.

— Авангарди́сты? Интере́сно. А ско́лько она́ сто́ила?

— Сто шестьдеся́т пять.

— Это совсе́м не до́рого! А импрессиони́сты бы́ли?

— Бы́ли, но тепе́рь их уже́ нет.

5. С днём рожде́ния!

— Ма́ша, с днём рожде́ния! Я купи́л тебе́ ма́ленький пода́рок.

— Ой, Пеле́вин! Я уже́ давно́ хоте́ла его́ почита́ть. Отку́да ты узна́л?

— Ми́ша мне посове́товал купи́ть тебе́ кни́гу.

— Но отку́да ты узна́л, что я люблю́ Пеле́вина?

— Ты же неда́вно сама́ говори́ла о Пеле́вине.

— Како́й ты молоде́ц! Спаси́бо тебе́ огро́мное.

Упражнения к диалогам

Вопросы к диалогам

Диалог 1

1. Что хо́чет де́лать друг Пе́ти? Почему́?
2. Что забы́л Пе́тя?
3. Что Пе́тя сове́тует купи́ть?
4. Где мо́жно купи́ть интере́сные ве́щи?
5. Куда́ они́ иду́т сего́дня?

Диалог 2

1. Кто разгова́ривает в э́том диало́ге?
2. Где они́?
3. Что хо́чет купи́ть покупа́тель*? Како́го цве́та э́та вещь?
4. Ско́лько она́ сто́ит?
5. Как мо́жно плати́ть?
6. Куда́ на́до плати́ть?

* покупа́тель—store customer

Диалог 3

1. Кто разгова́ривает в э́том диало́ге?
2. Что она́ хо́чет знать?
3. Что ей на́до купи́ть?
4. Она́ зна́ет разме́р?
5. Куда́ они́ пойду́т?
6. Куда́ они́ не пойду́т и почему́?

Диалог 4

1. Кто разгова́ривает в э́том диало́ге?
2. Куда́ она́ сего́дня ходи́ла?
3. Что она́ купи́ла?
4. Ско́лько сто́ила кни́га по иску́сству?
5. Ко́ля ду́мает, что э́то до́рого?
6. Чего́ бо́льше нет в магази́не?

Диалог 5

1. Како́й сего́дня у Ма́ши день?
2. Кто купи́л пода́рок и кому́?
3. Что он купи́л?
4. Кто ему́ посове́товал купи́ть Ма́ше кни́гу?
5. Почему́ он купи́л Пеле́вина?
6. Что говори́т Ма́ша?

The word **сам**—*self* is marked for gender and number. When using **вы** to one person say **вы са́ми**. When using **ты**, say **ты сам** to a man, **ты сама́** to a woman.

Лексика в действии

А.   Что здесь продают?

Б.   Ско́лько сто́ит. . .? Ask how much the following items cost.

      Образе́ц: — Ско́лько сто́ит чемода́н?

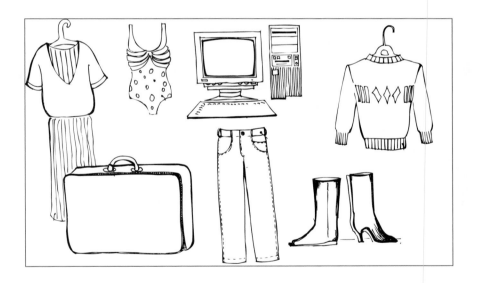

B. **В како́м отде́ле...?** In which department of a store do you think the following items are sold? Verify your answers by asking your teacher where these items can be bought.

отдел	этаж	отдел	этаж
товары для детей	3	мужская одежда	3
парфюмерия	1	игрушки	1
фототовары	4	обувь	3
мебель	2	головные уборы	2
электротовары	4	подарки	1
женская одежда	3	аудио-видео	4

Образе́ц:

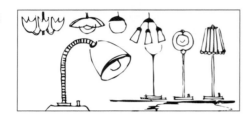

— Где мо́жно купи́ть ла́мпу?

1.

2.

3.

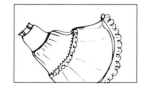

4.

5.

6.

7.

8.

Г.   Где мо́жно купи́ть э́ти ве́щи?

_____ 1. кни́га по му́зыке   а. «Дом о́буви»

_____ 2. ди́ски и кассе́ты   б. «Пода́рки»

_____ 3. пальто́   в. «Ме́бель»

_____ 4. фотоаппара́т   г. «Де́тский мир»

_____ 5. сапоги́   д. «Мело́дия»

_____ 6. игру́шки   е. «Дом кни́ги»

_____ 7. шкаф   ж. Же́нская и мужска́я оде́жда

_____ 8. матрёшки   з. Фототова́ры

Д. **Подготóвка к разговóру.** Review the dialogs. How would you do the following?

1. Say you want to give your friend a present.
2. Ask a friend to help you choose a gift for someone.
3. Suggest that your friend go with you to the market.
4. Get a salesperson's attention.
5. Ask a salesperson to show you a scarf (book, hat).
6. Ask how much the scarf (book, hat) costs.
7. Ask if the store accepts credit cards.
8. Ask a friend where you can buy shoes (gloves, hats, pants).
9. State that you need to buy socks (shoes, gloves).
10. Tell a friend to wait a minute.
11. Wish someone a happy birthday.
12. Ask how someone knew you love Pelevin (Chekhov, Bunin, Akhmatova).
13. Thank someone enthusiastically.

Е. In the third dialog, Mila first proposes going to **Гостúный двор,** then changes her mind and suggests going to **ДЛТ** instead. Review the dialog to find out how she makes the second proposal. Then respond to the following suggestions with counterproposals of your own.

1. Пойдём в Дом кнúги.
2. Пойдём в Макдóналдс.
3. Пойдём на рýнок.
4. Пойдём в парк.
5. Пойдём в кинó.

Ж. **Давáй пойдём вмéсте!**

1. In the first dialog, the speaker invites Petya to go with him to the market. Review the dialog to find out how he issues the invitation.

2. Now look at the following possible responses. Which one(s) would you use to accept an invitation? to make a counterproposal? to turn down an invitation?

   • Хорошó, давáй.
   • Сегóдня не могý. Я дóлжен занимáться.
   • Давáй лýчше пойдём в кинó.

3. How do you signal agreement to plans that you have made with someone?

4. Prepare and act out a dialog in which you invite a partner to do something.

🔊 Игровые ситуации

1. Ask a friend where you can buy a good book on

   a. art
   b. medicine
   c. biology
   d. sociology
   e. literature
   f. your field of interest

   Invite your friend to go with you to make the purchase.

2. You are in a clothing store. Ask the salesperson to let you see

   a. a shirt
   b. a dress
   c. a pair of pants
   d. a swimming suit
   e. a blouse
   f. a pair of shoes

   Specify which item you want to look at and what your size is. Find out how much it costs. Find out if you can pay with a credit card.

3. You want to buy a present for the 7-year-old son of your Russian teacher. Ask the salesperson for advice on what to buy.

4. Help a Russian visitor to your town decide what presents to buy for family members at home. Your friend wants to know what's available and how much it will cost.

5. Working with a partner, prepare and act out a situation of your own that deals with the topics of this unit.

🔊 Устный перевод

You are in Russia. A friend who knows no Russian passes through on a two-week tour and asks you to help buy gifts. Serve as the interpreter in a store.

ENGLISH SPEAKER'S PART

1. Could I take a look at that scarf over there?
2. No, the red one.
3. How much does it cost?
4. That's awfully expensive. How much do those gloves cost?
5. Okay. I'll take the gloves then.

Грамматика

8.1 Past Tense — Был

Russian usually does not use a verb for *to be* in present-tense sentences. In the past tense, however, the verb *to be* is expressed. Its forms are like other past tense forms: **был, была, было, были.** Remember that **кто** behaves like **он** and always takes a masculine past tense form, while **что** takes a neuter past tense form.

PRESENT TENSE		PAST TENSE	
Джон в библиотéке.	John *is* at the library.	Джон **был** в библиотéке.	John *was* at the library.
Кáтя на лéкции.	Katya *is* at class.	Кáтя **была** на лéкции.	Katya *was* at class.
Их родúтели в ресторáне.	Their parents *are* at the restaurant.	Их родúтели **были** в ресторáне.	Their parents *were* at the restaurant.
Кто здесь?	Who *is* here?	Кто здесь **был?**	Who *was* here?
Что здесь?	What *is* here?	Что здесь **было?**	What *was* here?

Упражнения

A.   Отвéтьте на вопрóсы. Ask and answer questions as in the example.

> Образéц: — Мáша сегóдня в библиотéке?
> — Нет, но онá вчерá былá в библиотéке.

1. Анатóлий Петрóвич сегóдня на лéкции?
2. Вéра Пáвловна сегóдня дóма?
3. Эрик сегóдня в пáрке?
4. Егó брáтья сегóдня в кинó?
5. Марúна сегóдня на рабóте?

Б.   Распоря́док дня. Look at Viktor's daily schedule and tell where he was and what he might have done there.

8.00	буфет
9.00	лекция
13.00	ресторан
14.00	банк
17.00	кино
20.00	библиотека
23.00	дома

➤   *Complete Oral Drills 1–2 and Written Exercise 1 in the Workbook.*

8.2   *Had* and *Did Not Have*—The Past Tense of есть and нет

Existence. Russian expresses existence, presence, and "having" by using **есть** (see page 189). To express sentences with **есть** in the past, use **был** (**была́, бы́ло, бы́ли**). The verb agrees with the grammatical subject of the Russian sentence—that is, the thing that exists or that one has, *not* the possessor.

PRESENT TENSE		PAST TENSE	
Здесь **есть** письмо́.	There *is* a letter here.	Здесь **бы́ло** письмо́.	There *was* a letter here.
Здесь **есть** библиоте́ка.	There *is* a library here.	Здесь **была́** библиоте́ка.	There *was* a library here.
Там **есть** кни́ги.	There *are* books here.	Там **бы́ли** кни́ги.	There *were* books here.
У роди́телей **есть** компью́тер.	My parents *have* a computer.	У роди́телей **был** компью́тер.	My parents *had* a computer.
У неё **есть** пла́тье.	She *has* a dress.	У неё **бы́ло** пла́тье.	She *had* a dress.
У Бори́са **есть** маши́на.	Boris *has* a car.	У Бори́са **была́** маши́на.	Boris *had* a car.
У меня́ **есть** де́ньги.	I *have* money.	У меня́ **бы́ли** де́ньги.	I *had* money.
У студе́нтов **есть** диске́тки.	The students *have* diskettes.	У студе́нтов **бы́ли** диске́тки.	The students *had* diskettes.

Упражнение

Your friends told you they forgot to take many things on their trip last week. How would you ask if they had the following items?

Образец: паспорт
У вас был паспорт?

деньги, чемодан, одежда, книги, газета, джинсы, фотоаппарат, компьютер, радио, кроссовки, словарь, роман Пелевина

➤ *Complete Oral Drill 3 in the Workbook.*

Nonexistence. Russian expresses nonexistence, absence, and "not having" by using **нет** plus the genitive case (see page 190). To express these negative conditions with **нет** in the past, use **не было** (note the stress).

PRESENT TENSE		PAST TENSE	
Здесь **нет** письма.	There *is* no letter here.	Здесь **не было** письма.	There *was* no letter here.
Здесь **нет** библиотеки.	There *is* no library here.	Здесь **не было** библиотеки.	There *was* no library here.
У родителей **нет** компьютера.	The parents *do not* have a computer.	У родителей **не было** компьютера.	The parents *did not* have a computer.
У неё **нет** платья.	She *does not* have a dress.	У неё **не было** платья.	She *did not* have a dress.
У Бориса **нет** машины.	Boris *does not* have a car.	У Бориса **не было** машины.	Boris *did not* have a car.
У студентов **нет** дискеток.	The students *do not* have diskettes.	У студентов **не было** дискеток.	The students *did not* have diskettes.

Упражнения

A.   Ответьте на вопросы. Answer these questions in the negative.

Образец: — Здесь был институт?
— Нет, здесь не было института.

1. Здесь был универмаг?
2. Здесь были школы?
3. Здесь было кафе?
4. Здесь был медицинский институт?
5. У Маши были большие чемоданы?
6. У Киры была новая одежда?
7. У Виктора было чёрное пальто?
8. У Юры был роман Пелевина?
9. У родителей есть принтер?
10. У студентов есть деньги?

Б.   Составьте предложе́ния. Create meaningful and grammatically correct sentences by combining words from the columns below. The question marks indicate that you may substitute a word or phrase of your own in this position.

	у меня́	есть	краси́вое пла́тье
	у моего́ бра́та	был	хоро́шая маши́на
	у мое́й сестры́	была́	кни́ги по иску́сству
ра́ньше	у нас	бы́ло	рома́н «Жёлтая стрела́»
сейча́с	у роди́телей	бы́ли	моби́льный телефо́н
здесь	у моего́ дру́га	нет	но́вые ди́ски
		не́ было	ру́сские видеокассе́ты
			большо́й университе́т
	?		?

➤ *Complete Oral Drill 4 and Written Exercises 2–3 in the Workbook.*

8.3   Went—ходи́л vs. пошёл

Russian differentiates between "went" in the sense of "set out" and "went" in the sense of "went and came back" within the confines of one city.

пошёл-пошла́-пошли́ *set out* →	ходи́л-ходи́ла-ходи́ли *went and came back* ⟲
— Где Вади́м? — Он **пошёл** на ле́кцию.	— Где был Вади́м? — Он **ходи́л** на ле́кцию.
— Где Ма́ша и Юра? — Они **пошли́** в кино́.	— Что де́лали Ма́ша и Юра вчера́? — Они **ходи́ли** в кино́.
— Где Алекса́ндра? — Она́ **пошла́** в библиоте́ку.	— Что де́лала Алекса́ндра у́тром? — Она́ **ходи́ла** в библиоте́ку.
Мы вста́ли в 6 часо́в, **пошли́** на рабо́ту в 7 и **пошли́** на обе́д в час.	Мы вчера́ **ходи́ли** на рабо́ту.

For the time being, use a form of **пошёл** (**пошла́, пошли́**) if the people are still gone or if you are specifying the precise time they set out. Use a form of **ходи́л** otherwise— e.g., if the entire trip is over and you are not specifying the precise time of departure.

Упражнение

Select the correct verb.

1. — Где Анна?
   — Она́ (**пошла́ — ходи́ла**) на заня́тия.
2. — Где Ви́тя?
   — Он (**пошёл — ходи́л**) в магази́н.
3. — Где они́ бы́ли вчера́?
   — Они́ (**пошли́ — ходи́ли**) в Дом кни́ги.
4. — Что вы де́лали вчера́?
   — Мы (**пошли́ — ходи́ли**) в центр.
5. У Анто́на был интере́сный день. Он (**пошёл — ходи́л**) в зоопа́рк.
6. Оля была́ о́чень занята́ вчера́. В 9 часо́в она́ (**пошла́ — ходи́ла**) на заня́тия,
   в 2 часа́ она́ (**пошла́ — ходи́ла**) в центр и в 7 часо́в она́ (**пошла́ — ходи́ла**) на
   концéрт.

➤ *Complete Oral Drills 5–7 and Written Exercise 4 in the Workbook.*

8.4   The Dative Case

Мне два́дцать оди́н год.	I am twenty-one.
Мое́й сестре́ два́дцать два го́да.	My sister is twenty-two.
Моему́ бра́ту шестна́дцать лет.	My brother is sixteen.
На́шим роди́телям со́рок семь лет.	Our parents are forty-seven.

In Unit 7, you learned the forms of the personal pronouns in the dative case and the use of the dative case to express age. This unit introduces the forms of nouns and their modifiers in the dative, and some additional uses of the dative case.

The dative case of nouns

Masculine and neuter nouns:

- If the ending is hard (not **-й** or **-ь**) or **-о**, add **-у** (drop the **-о** first): **студе́нту, окну́**.
- If the ending is soft (**-й** or **-ь**, **-е**), drop that letter and add **-ю: словарю́**.

Feminine nouns:

- If the ending is hard (**-а**), drop that letter and add **-е: студе́нтке**.
- If the ending is soft (a consonant plus **-я**), drop the last letter and add **-е: ку́хне**.
- If the word ends in **-ия** or **-ь**, drop the last letter and add **-и: ле́кции, крова́ти**.
- Exception: **мать** and **дочь** become **ма́тери** and **до́чери**.

Plural nouns (all genders):

- If the singular form ends in a hard consonant (i.e., not **-й, -ь**), or **-a,** or **-o,** add **-ам.** Drop the final vowel.
- If the singular form has a soft ending (**-й, -ь, -я,** or **-е**), drop that letter and add **-ям.**

	MASCULINE AND NEUTER	FEMININE	PLURAL
Hard (-∅, **-o, -a**)	столу́	газе́те	стола́м
Soft (**-ь, -e, -я**)	словарю́	ку́хне	словаря́м крова́тям
Feminine **-ь** and **-ия**		крова́ти ле́кции	

The dative case of adjectives

Masculine and neuter modifiers:

- The regular ending is **-ому: но́вому.**
- If the letter prior to that ending is mentioned in the 5-letter spelling rule and the ending is unstressed, then the ending is **-ему: хоро́шему.**
- The ending for naturally soft adjectives is **-ему: си́нему.**

Feminine modifiers:

- The regular ending is **-ой: но́вой.**
- If the letter prior to that ending is mentioned in the 5-letter spelling rule and the ending is unstressed, then the ending is **-ей: хоро́шей.**
- The ending for naturally soft adjectives is **-ей: си́ней.**

Plural adjectives (all genders):

- If the nominative plural ends in **-ые**, drop that ending and add **-ым: но́вым.**
- If the nominative plural ends in **-ие**, drop that letter and add **-им: си́ними, хоро́шим.**

	MASCULINE, NEUTER	FEMININE	PLURAL
Hard (**-ый, -ой**)	но́в**ому**	но́в**ой**	но́в**ым**
Soft (**-ий**)	си́н**ему**	си́н**ей**	си́н**им**
Spelling rules	хоро́ш**ему**[5]	хоро́ш**ей**[5]	хоро́ш**им**[7]

The dative case of special modifiers

Possessive pronouns (nominative masculine: **мой, твой, наш, ваш**) act like soft adjectives, except for possessive pronouns **его́, её,** and **их,** which never change (see below). Demonstrative pronouns (**э́тот, э́то, э́та, э́ти**) act like hard adjectives in the singular and soft adjectives in the plural.

	MASCULINE SINGULAR	NEUTER SINGULAR	FEMININE SINGULAR	PLURAL
Nominative	мой, наш, э́тот	моё, на́ше, э́то	моя́, на́ша, э́та	мои́, на́ши, э́ти
Dative	моему́, на́шему, э́тому	моему́, на́шему, э́тому	мое́й, на́шей, э́той	мои́м, на́шим, э́тим

Dative Case: Summary

	MASCULINE SINGULAR	NEUTER SINGULAR	FEMININE SINGULAR	PLURAL
Nominative	наш но́вый универма́г мой ру́сский плато́к э́тот молодо́й челове́к хоро́ший музе́й	на́ше но́вое письмо́ моё ру́сское пла́тье э́то большо́е общежи́тие хоро́шее иску́сство	на́ша но́вая газе́та моя́ ру́сская ша́пка э́та больша́я ку́хня хоро́шая лаборато́рия	ва́ши новые пи́сьма мои́ ру́сские пла́тья э́ти больши́е ку́хни хоро́шие лаборато́рии
Dative	на́шему но́вому универма́гу моему́ ру́сскому платку́ э́тому молодо́му челове́ку хоро́шему музе́ю	на́шему но́вому письму́ моему́ ру́сскому пла́тью э́тому большо́му общежи́тию хоро́шему иску́сству	на́шей но́вой газе́те мое́й ру́сской ша́пке э́той большо́й ку́хне хоро́шей лаборато́рии	ва́шим но́вым пи́сьмам мои́м ру́сским пла́тьям э́тим больши́м ку́хням хоро́шим лаборато́риям

Notes

1. Some masculine nouns have end stress whenever an ending is added:
   стол ⇒ столу́, стола́м (*pl.*); **гара́ж ⇒ гаражу́, гаража́м** (*pl.*).
2. Some masculine nouns with **o** or **e** in the semi-final position lose this vowel whenever an ending is added: **оте́ц ⇒ отцу́, ⇒ отца́м** (*pl.*).
3. The words **мать** and **дочь** have a longer stem in every case except the nominative and accusative singular. Their dative forms are **мать ⇒ ма́тери** (*sg.*); **матеря́м** (*pl.*) and **дочь ⇒ до́чери** (*sg.*); **дочеря́м** (*pl.*).
4. The possessive modifiers **его́** (*his*), **её** (*her*), and **их** (*their*) never change. Do not confuse *his* (**его́**) with the dative form *him* (**ему́**)!

Мы хоти́м сде́лать **его́ бра́ту** пода́рок.	We want to give a gift to *his brother*.
but	but
Мы хоти́м сде́лать **ему́** пода́рок.	We want to give *him* a gift.

Упражнение

Ско́лько лет? Ask how old these people and things are.

Образе́ц: э́тот но́вый студе́нт
            Ско́лько лет э́тому но́вому студе́нту?

1. ваш сосе́д
2. твой профе́ссор
3. э́тот хоро́ший учи́тель
4. его́ се́рое пальто́
5. э́то ста́рое зда́ние
6. молода́я балери́на
7. на́ша симпати́чная сосе́дка
8. её ку́хня
9. э́та больша́я лаборато́рия
10. твоя́ мать

➤ *Complete Oral Drill 8 and Written Exercises 5–6 in the Workbook.*

8.5   Uses of the Dative Case

Expressing age. The dative case is used to express age:

   Мне два́дцать оди́н год, а **моему́ бра́ту** девятна́дцать лет.

Indirect objects. The dative case is used for *indirect objects*. An indirect object is the person to whom or for whom an action is done.

   Я хочу́ сде́лать **Ма́ше** пода́рок.   I want to give *Masha* a gift.

The gift, the thing being given, is the direct object; it is in the accusative case. Masha, the person for whom the present is intended, is the indirect object; it is in the dative case.

Упражнение

Identify the direct objects and the indirect objects in the following English text.

> Everyone bought a present for Masha. John gave Masha a book. Jenny gave her a sweater. Her mother bought her a new album. She told them "Thank you."

Now fill in the blanks in the equivalent Russian text:

> Все купи́ли пода́рки _____ . Джон подари́л _____ кни́гу. Дже́нни подари́ла _____ сви́тер. Ма́ма купи́ла _____ но́вый альбо́м. Она́ сказа́ла _____ «Спаси́бо».

➤ *Complete Oral Drill 9 and Written Exercises 7–8 in the Workbook.*

The preposition *по.* The dative case is used after the preposition **по.** You have seen several examples of this:

Кто **по национа́льности** ва́ши роди́тели?	What is your parents' nationality?	Use the structure **кни́ги по** + *dative* only for fields of study.
Кто **по профе́ссии** ва́ша сестра́?	What is your sister's profession?	
У вас есть сосе́дка (сосе́д) **по ко́мнате?**	Do you have a roommate?	
У вас есть кни́ги **по иску́сству?**	Do you have any books on art?	

Упражнение

Как по-ру́сски?

1. Do you have any music books?
2. Do you have any philosophy books?
3. Do you have any books on medicine?
4. Do you have any books on [fill in *your* field of special interest]?

➤ *Complete Oral Drill 10 and Written Exercise 9 in the Workbook.*

Expressing necessity and possibility. The dative case is used with the words **на́до** and **ну́жно** to express necessity and with **мо́жно** to express possibility. Often, however, these words are used without a dative complement. If you have specific person in mind, you use the dative case for that person:

> **Э́тому студе́нту** ну́жно (на́до) рабо́тать.   *This student* has to work.

If you have a general rule or situation in mind, you use no dative complement:

Где здесь мо́жно купи́ть сувени́ры?	Where can one buy souvenirs here?
На́до плати́ть в ка́ссу?	Must one pay at the cashier's desk?

The word **мо́жно** is almost always used without a dative complement, unless the dative "subject" would not be understood in context:

Мо́жно пойти́ в кино́?   May I (or we) go to the movies?

Note the structure used for these sentences:

кому́	на́до	
(*person in dative case*)	ну́жно	+ *infinitive*
(or nothing)	мо́жно	

Упражне́ния

А.   Соста́вьте предложе́ния. Create logical and grammatically correct sentences by combining the elements from the columns, or substituting words of your own choice in the columns with the question mark.

Образе́ц: Мне всегда́ на́до занима́ться.

	я			занима́ться
мой	сосе́д(ка) по ко́мнате	сейча́с		рабо́тать
наш	преподава́тель	ча́сто	на́до	покупа́ть пода́рок
твой	роди́тели	иногда́	ну́жно	отдыха́ть
	?	всегда́		смотре́ть но́вости
				?

Б.   In the following paragraph, find the words that are in the dative case and explain why the dative is used in each instance. Then answer the question at the end in Russian.

У нас больша́я семья́ — тро́е дете́й! Ста́ршего сы́на зову́т Кири́лл. Ему́ во́семь лет, он уже́ хо́дит в шко́лу. Мла́дшему сы́ну Макси́му пять лет. А до́чери три го́да. Её зову́т Ната́ша. Ско́ро у Ната́ши бу́дет день рожде́ния. Её бра́тья хотя́т ей сде́лать пода́рок. Когда́ у меня́ был день рожде́ния, они́ мне купи́ли кни́гу. Но Ната́ша ещё не чита́ет. Что вы им посове́туете ей купи́ть?

➤   *Complete Oral Drills 11–12 and Written Exercise 10 in the Workbook.*

8.6   Additional Subjectless Expressions: нельзя́, невозмо́жно, тру́дно, легко́

You now know how to express necessity and possibility with the words на́до, ну́жно, and мо́жно. Sentences with these words do not have a grammatical subject, and they are therefore called *subjectless expressions*. You can also use such expressions to say:

when something is not permitted: **нельзя́**
when something is impossible: **невозмо́жно** (or sometimes **нельзя́**)
when something is easy: **легко́**
or difficult: **тру́дно**

To specify a person for whom something is necessary, impossible, easy, etc., use dative. Otherwise no dative complement is necessary at all. The subjectless expression is followed by an infinitive:

(кому́) + ну́жно   + *infinitive*
                невозмо́жно
                нельзя́
                тру́дно

В «До́ме кни́ги» **мо́жно** купи́ть кни́ги по иску́сству, а в универма́ге **нельзя́** (**невозмо́жно**).	You can buy art books in "Dom Knigi," but not in the department store.
Мне нельзя́ смотре́ть телеви́зор сего́дня. За́втра у меня́ экза́мен.	I can't watch TV today. I have an exam tomorrow.
Сейча́с **невозмо́жно** купи́ть э́ту кни́гу.	It's impossible to buy this book.
Джи́му и Мэ́ри легко́ говори́ть по-англи́йски, а **Ле́не тру́дно.**	It's easy for Jim and Mary to speak English, but difficult for Lena.
На ры́нке **легко́** найти́ ста́рые кни́ги.	It's easy to find old books at the market.
Мне тру́дно найти́ хоро́шие ту́фли.	It's hard for me to find good shoes.

Упражнение

Make logical and grammatically correct sentences by combining elements from the columns below. Be sure to put the person in the dative case. The question mark at the bottom of two of the columns indicates that you may substitute your own words.

мы	легко́	говори́ть по-ру́сски
ма́ма и па́па	на́до	писа́ть по-испа́нски
наш преподава́тель	ну́жно	чита́ть ру́сские газе́ты
твои́ роди́тели	нельзя́	покупа́ть пода́рки
∅	тру́дно	занима́ться в библиоте́ке
?	невозмо́жно	у́жинать в рестора́не
		найти́ кни́ги по иску́сству
		?

➤ *Complete Oral Drills 13–14 and Written Exercises 11–12 in the Workbook.*

Давайте почитаем

A. Магази́ны. Look through the lists of St. Petersburg stores to find answers to these questions.

1. Where would you go to look for the following items?

   - children's clothing
   - men's clothing
   - children's books
   - sporting goods
   - shoes
   - women's clothing
   - books
   - souvenirs
   - cosmetics
   - art

2. If you were planning to be on Nevsky Prospekt, a main thoroughfare in St. Petersburg, what stores would you have a chance to visit?

3. What are the standard abbreviations for

   - проспе́кт (*avenue*)?
   - у́лица (*street*)?
   - пло́щадь (*square*)?

4. What are the Russian expressions for

   - goods for children?
   - goods for men?
   - goods for women?
   - goods for newlyweds?

СПЕЦИАЛИЗИРОВАННЫЕ МАГАЗИНЫ

«Болгарская роза» (косметика). Невский пр., 55

«Ванда» (косметика). Невский пр., 111

Гастроном «Центральный». Невский пр., 56

«Детский книжный мир». Лиговский пр., 105

«ДЛТ» — (товары для детей). Ул. Желябова, 21–23

«Дом книги». Невский пр., 28

«Дом мод» (торговые залы). Каменноостровский пр., 37

«Дом обуви». пл. Красногвардейская, 6

«Изделия художественных промыслов». Невский пр., 51

Магазин-салон «Лавка художников». Невский пр., 8

«Мебель». пр. Загородный, 34

Ленвест. Невский пр., 119

«Нью Форм». (мебель, оборудование для дома и офиса) Морская наб., 9, к.2

Пассаж – товары для женщин. Невский пр., 48

«Подарки». Невский пр., 54

«Рапсодия». ул. Б. Конюшенная, 13

«Рекорд» (телевизоры, радиотовары, компьютеры). пр. Просвещения, 62

Спортивные товары. пр. Шаумяна, 2

«Сувениры». Невский пр., 92

«Тебе, девушка!». Сенная пл., 2

«Товары для новоселов». Якорная ул., 1

«Фарфор». Невский пр., 147

«Цветы Болгарии». Каменноостровский пр., 5

«Элегант» (модные товары). Большой пр., 55

«Юбилей» (товары для мужчин). Московский пр., 60

«Юность» (товары для новобрачных и юбиляров, подарки). Свердловская наб., 60

Б. **Америка́нские мо́ллы.** Лена Никулина — студентка университета. Стажируется[1] в городе Атланте, где живёт с американской семьёй. Её американского «брата» зовут Джеймс. Лена только что написала письмо своей подруге Нине. В нём она рассказывает, что такое «шоппинг-молл». Имейте в виду,[2] что в России крупные[3] магазины находятся[4] в центре города. Моллов ещё очень мало. Для Лены, девушки из небольшого города, это всё новое.

[1]она стажёр   [2]*keep in mind*   [3]большие   [4]*are located*

1.   Прочитайте письмо Лены. Узнайте:

How long has Lena been in Atlanta?

On what day did her family take her to the mall?

With what Russian stores does she contrast the mall?

What specialty stores was she surprised to see?

What does Lena say about the location of shopping malls?

What does James tell her about the location of malls?

According to Lena, what two things can you do at a mall besides shop?

What does Lena say about paying for things?

What disadvantage does Lena see in malls?

2. Язы́к к конте́ксте. Как по-ру́сски. . . ?

First of all. . . , second of all. . .
in the suburbs
much more expensive than. . .
to mail a letter
there's one drawback
one can't get around without a car

Russians don't always use the exact words that you already know. Find new Russian phrases that more or less correspond to these familiar ones.

Мы поехали в шоппинг-молл.
Можно пойти в кино.

Здравствуй, Нина!

Пишу тебе из Атланты (это на юге США). Уже прошло три недели со дня моего приезда.[1] Занятия идут хорошо. О моей американской семье я уже писала. Вчера (в воскресенье) мы с ними съездили в шоппинг-молл.

Молл — это огромная куча магазинов под одной крышей.[2] Чем же отличается[3] типично американский молл от ГУМа или, скажем, Пассажа? Во-первых, масштабом.[4] В молле расположены[5] 100 или даже 200 магазинов, из них два или три больших универмага, остальные[6] специализированные. Тут всё, что только можно придумать:[7] шмотки,[8] обувь, косметика, игрушки, кухонные наборы, электроника. . . ну это само собой разумеется.[9] Но ещё я видела целый[10] магазин, где продаются только антикварные лампы. В другом — бельё,[11] в третьем — одни кухонные ножи.[12]

[1]со дня. . . *from the day of arrival*   [2]огромная. . . *a giant pile of stores under one roof*
[3]чем. . . *how does [something] differ*   [4]*scope, scale*   [5]*are located*   [6]*the rest*   [7]Тут. . .
Here there's everything you could possibly imagine   [8]одежда   [9]*that goes without saying*
[10]*entire*   [11]*linen, underwear*   [12]кухонные ножи — *kitchen knives*

Во-вторых, если у нас крупные магазины расположены в центре города, то американские моллы все находятся подальше в пригороде или прямо в глуши[1]. Сначала я не понимала, почему это так. Но Джеймс мне объяснил: в пригороде живёт большинство[2] покупателей. Центр города – это в основном место работы – государственные учреждения[3] и коммерческие офисы. А живут люди подальше от центра. Кроме того, если арендовать помещение[4] для магазина в центре города, то это стоит очень дорого, намного дороже, чем в пригороде. Поэтому неудивительно,[5] что в воскресенье центр города практически мёртв,[6] а моллы все работают.

[1]прямо... *right in the middle of nowhere*   [2]*majority*   [3]*bureaus*   [4]арендовать — *to rent a building*   [5]*not surprising*   [6]*dead*

Ещё одна разница[1]: американский молл – это не только магазины. В молле можно сходить в кино, отправить письмо на почте,[2] послушать концерт и даже пойти к глазному[3] врачу (и тут же купить очки!).

И наконец, здесь почти никто не платит наличными. Если покупка стоит больше, чем, скажем, 20 долларов, то скорее всего пользуются[4] кредитными карточками.

Всё это, конечно, очень удобно[5]. Но есть один минус: Так как[6] моллы разбросаны[7] далеко от центра, без машины не обойтись.[8]

[1]*difference*   [2]*post office*   [3]*eye (adj.)*   [4]скорее всего... *most likely people use*   [5]*convenient*   [6]потому что   [7]*scattered*   [8]*get around*

🔘 Давайте послушаем

В магазине.

1. Где нахо́дятся каки́е отде́лы? На како́м этаже́ мо́жно найти́ э́ти ве́щи?

де́тская ку́ртка

таре́лки и кастрю́ли

одéжда

буфéт

мýзыка

2. Нýжные словá:

    назва́ние — *name* (of a thing, not a person)
    о́чередь — *line*
    про́бовать — *to try* [something] *out*
    распрода́жа — *sale* (as when a store lowers prices)
    сомнева́ться — *to doubt*
    ски́дка — *discount*
    спи́сок цен — *price list*
    сто́ит — *it costs; it's worth;* **не сто́ит** — *it's not worth* (doing something)
    това́ры — *goods, wares*
    шмо́тки (colloquial) = **одéжда**
    твёрдый — *hard*

3. Слýшайте текст и найди́те нýжную информа́цию.

    What product does Jenny want to look at first?
    What doubts does Lina have?
    What does Jenny suggest looking at on the second floor? Why does Lina not want to do that?
    What does Jenny hope to find on the third floor? What does she discover?
    What does Jenny end up buying? What does she find surprising?

4. Пересмотрите новые слова из части 2. Как они употребляются? Заполните пропуски.

Из объявления:

а. Мы вам предлагаем фантастические _____ на детские _____.
б. Сегодня, и только сегодня, _____ мужских и женских джинсов и джинсовых костюмов.

Из диалога между Дженни и Линой:

а. Может быть, _____ посмотреть косметику?
б. «Le Beste»? Это, видимо, какое-то французское _____.
в. Ну, тогда может быть, не _____ смотреть. Давай лучше посмотрим шмотки.
г. Ой, посмотри, какая большая _____! Нет, я в такую _____ становиться не буду.
д. Я как-то _____, что ты какие-нибудь интересные фильмы найдёшь.
е. Вон там висит _____ цен.
ж. Тут много дисков «Сектора газа» Что это за группа? — Это _____ рок.

Обзорные упражнения

A. Разгово́ры.

Разгово́р 1. Где мо́жно купи́ть шля́пу?
          Разгова́ривают Ди́на и Нэ́нси.

1. Nancy is talking to Dina about a hat. What does she ask?
2. Who gave Nancy the idea to buy a hat?
3. Two stores are mentioned in this conversation. Name one.
4. What is the Russian word for *hat?*

Разгово́р 2. В магази́не «Светла́на».
          Разгова́ривают Ди́на, Нэ́нси и продавщи́ца.

1. Does Nancy want to look at the yellow hat or the red hat?
2. What is Nancy's hat size?
3. How much does the hat cost?

Разгово́р 3. Джеф пла́тит за това́р.
          Разгова́ривают Джеф и продавщи́ца.

Remember that in many Russian stores customers pay for goods at a separate cashier's booth. When paying, they must name the **отде́л** from which they are making their purchase.

1. Does Jeff want to see the red gloves or the black leather ones?
2. How much does the scarf cost?
3. What happens when Jeff goes to pay?

Б. Посове́туй мне. A Russian friend wants your advice on what gifts to buy for three family members. Listen to the descriptions and select the most appropriate gift for each person.

1.	папа:	джи́нсы	ша́пка	телеви́зор	кни́га по иску́сству
2.	сестра:	телеви́зор	телефо́н	ди́ски	ра́дио
3.	сын:	игру́шка	кни́га	телеви́зор	магнитофо́н

В.   Сувениры. Imagine that you are going to Russia next week.

1. In Russian, list five family members and/or friends. Next to each name indicate what present you would like to buy for that person.

2. Ask a Russian friend in St. Petersburg where you can buy the presents on your list.

3. On the lists of stores on page 274, circle the location of the store(s) suggested.

4. Act out the scene in which you make one or more of your intended purchases.

5. After your shopping spree, tell a Russian friend what you bought for whom.

Г.   Записка друзьям. Tomorrow is your last shopping day in Moscow. You would like to buy gifts for a relative, but don't know what to get. You won't see your Russian friends today, but you know if you leave them a note, they'll call you later with suggestions. Write a note asking for advice.

Новые слова и выражения

NOUNS

авангарди́ст	avant-garde artist
альбо́м	album
вещь (*fem.*)	thing
вы́бор	selection
галантере́я	men's/women's accessories (*store or department*)
головно́й убо́р	hats
да́же	even
де́вушка	(young) woman
д(е)нь рожде́ния	birthday (*lit.* day of birth)
де́ньги (*always plural*)	money
диск	short for компакт-ди́ск (CD)
до́ллар (5–20 до́лларов)	dollar
игру́шки	toys
импрессиони́ст	impressionist
иску́сство	art
ка́рта	map
ка́рточка	card
креди́тная ка́рточка	credit card
ка́сса	cash register
копе́йка (5–20 копе́ек)	kopeck
матрёшка	Russian nested doll
метр	meter
молодо́й челове́к	young man
о́бувь (*fem.*)	footwear
отде́л	department
парфюме́рия	cosmetics (*store or department*)
перча́тки	gloves
плат(о́)к (*endings always stressed*)	(hand)kerchief
разме́р	size
рома́н	novel
рем(е́)нь (*endings always stressed*)	belt (man's)
рубль (2–4 рубля́, 5–20 рубле́й) (*endings always stressed*)	ruble
ры́н(о)к (на)	market
сантиме́тр	centimeter
сувени́р	souvenir
това́р	goods
универма́г	department store
цент (5–20 це́нтов)	cent
чек	check; receipt
челове́к (*pl.* лю́ди)	person

Новые слова и выражения

ша́пка	cap, fur hat, knit hat
шкату́лка	painted or carved wooden box (souvenir)
шля́па	hat (e.g., business hat)

ADJECTIVES

дешёвый	cheap
дорого́й	expensive
же́нский	women's
закры́т (-а,-о,-ы)	closed
кни́жный	book(ish)
креди́тный	credit
кредитная ка́рточка	credit card
мужско́й	men's
неплохо́й	pretty good
огро́мный	huge

VERBS

плати́ть (плачу́, пла́тишь, пла́тят)	to pay
покупа́ть (покупа́ю, покупа́ешь, покупа́ют)	to buy
продава́ть (продаю́, продаёшь, продаю́т)	to sell

For now, use the following verbs only in the forms given

<u>Infinitives and Past Tense:</u>

быть (был, была́, бы́ли)	to be
забы́ть (забы́л, забы́ла, забы́ли)	to forget
закры́ть (закры́л, закры́ла, закры́ли)	to close
купи́ть (купи́л, купи́ла, купи́ли)	to buy
найти́ (нашёл, нашла́, нашли́)	to find
откры́ть (откры́л, откры́ла, откры́ли)	to open
подари́ть (подари́л, подари́ла, подари́ли)	to give a present
посове́товать (посове́товал, посове́товала, посове́товали)	to advise
сказа́ть (сказа́л, сказа́ла, сказа́ли)	to say
узна́ть (узна́л, узна́ла, узна́ли)	to find out
ходи́ть (ходи́л, ходи́ла, ходи́ли)	to go (and come back) on foot

<u>Third-person forms:</u>

сто́ить (сто́ит, сто́ят) (сто́ил, сто́ила, сто́ило, сто́или)	to cost

ADVERBS

давно́	for a long time
да́же	even
легко́	easy
наприме́р	for instance
неда́вно	recently
ра́ньше	previously
ско́ро	soon
совсе́м	completely
тепе́рь	now (*as opposed to some other time*)
тру́дно	difficult
туда́	there (*answers* куда́)

SUBJECTLESS CONSTRUCTIONS

мо́жно + *infinitive*	it is possible
на́до + *infinitive*	it is necessary
ну́жно + *infinitive*	it is necessary
нельзя + *infinitive*	it is forbidden
невозмо́жно + *infinitive*	it is impossible
легко́ + *infinitive*	it is easy
тру́дно + *infinitive*	it is difficult

QUESTION WORD

Ско́лько...?	How much?

PHRASES AND OTHER WORDS

ведь	you know, after all (*filler word, never stressed*)
Дава́й(те)	Let's
Де́вушка!	Excuse me, miss!
Мне сказа́ли, что...	I was told that...
Молодо́й челове́к!	Excuse me, sir!
Огро́мное спаси́бо!	Thank you very much!
Одну́ мину́точку!	Just a moment!
Плати́те в ка́ссу.	Pay the cashier.
Пойдём!	Let's go!
Пойдём лу́чше...	Let's go to... instead.
Покажи́(те)!	Show!
сам (сама́, са́ми)	-self
С днём рожде́ния!	Happy birthday!
Ско́лько сто́ит...?	How much does... cost?
Ско́лько сто́ят...?	How much do... cost?
Что вы посове́туете нам взять?	What do you advise us to take?

Новые слова и выражения

Это (совсе́м не) до́рого!   That's (not at all) expensive!
Я хочу́ сде́лать *кому́* пода́рок.   I want to give *someone* a present.

PASSIVE VOCABULARY

де́тский	children's
же́нщина	woman
из (*чего*)	from (out of) + *genitive*
кастрю́ля	pot
косме́тика	cosmetics
мужчи́на	man
мех (*pl.* меха́)	fur(s)
мо́да	fashion
мо́дный	fashionable
нали́чные (де́ньги)	cash
нахо́дится, нахо́дятся	is (are) located
предлага́ть	to offer
обору́дование	equipment
объявле́ние	announcement
покупа́тель	customer
ски́дка	discount
специализи́рованный	specialized
стрела́	arrow
таре́лка	plate
торго́вля	trade
торго́вый	trading
чулки́ (*pl.*)	stockings

PERSONALIZED VOCABULARY

_____

_____

_____

_____

Что мы будем есть?

Коммуникативные задания

- Reading menus
- Making plans to go to a restaurant
- Ordering meals in a restaurant
- Making plans to cook dinner
- Interviews about food stores

Грамматика

- Conjugation of the verbs **есть** and **пить**
- Instrumental case with **с**
- The future tense
- Introduction to verbal aspect
- **Workbook:** Prices: Review of numbers
  Vowel reduction: **о, а, ы**

Между прочим

- Russian food stores
- The metric system
- Russian restaurants, cafes, and cafeterias
- What people eat

Введение

Which of the following foods would you eat for breakfast, lunch, or dinner?

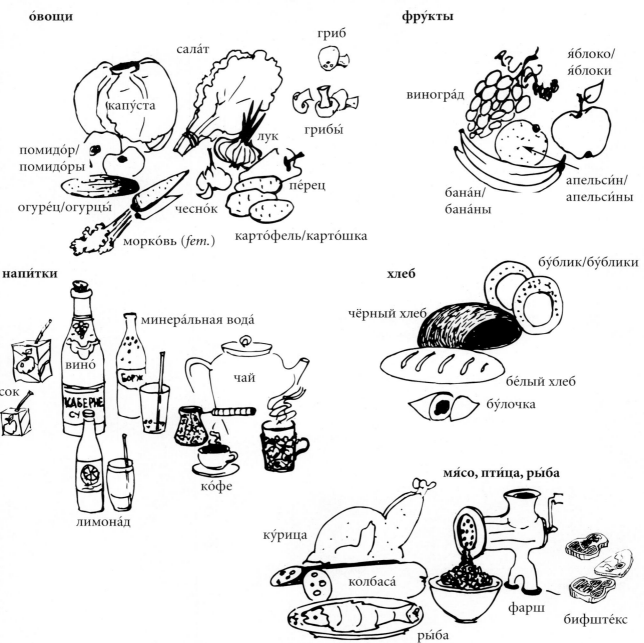

о́вощи

гриб

сала́т

капу́ста

грибы́

лук

помидо́р/
помидо́ры

пе́рец

огуре́ц/огурцы́

чесно́к

морко́вь (*fem.*)

карто́фель/карто́шка

фру́кты

я́блоко/
я́блоки

виногра́д

апельси́н/
апельси́ны

бана́н/
бана́ны

напи́тки

вино́

минера́льная вода́

Борж

чай

сок

КАБЕРНЕ
СУ

ко́фе

лимона́д

хлеб

бу́блик/бу́блики

чёрный хлеб

бе́лый хлеб

бу́лочка

мя́со, пти́ца, ры́ба

ку́рица

колбаса́

фарш

ры́ба

бифште́кс

горя́чие блю́да

ланге́т

га́мбургер

котле́та/котле́ты
по-ки́евски

пи́цца

супы́

щи

бульо́н

борщ

рассо́льник

**моло́чные
проду́кты**

молоко́

яйцо́/я́йца

ма́сло   сыр

сла́дкое

моро́женое

торт

конфе́ты

заку́ски

мясно́й сала́т

икра́

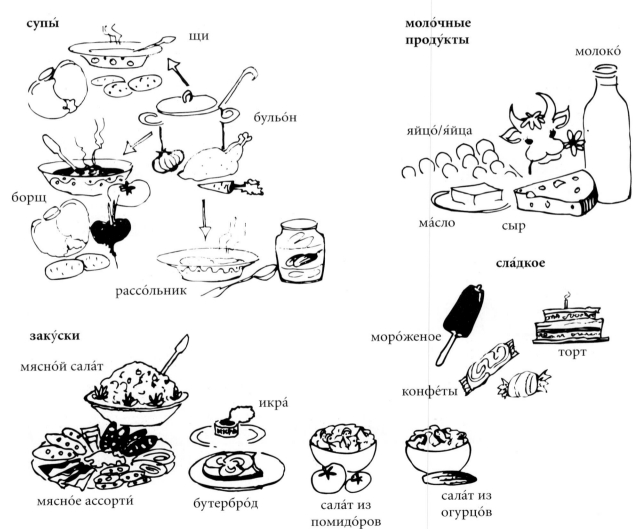

мясно́е ассорти́

бутербро́д

сала́т из
помидо́ров

сала́т из
огурцо́в

A. List your most and least favorite foods.

Б. List the ingredients you would need for **пи́цца, сала́т,** and **га́мбургер.**

В. Identify the foods being sold in each of these stores.

Ме́жду про́чим

Магазины

Food stores in Russia tend to specialize in one or two types of items. **Гастроно́м** usually specializes in **колбаса́** and **сыр. Бу́лочные** sell fresh bread, pastries, and baking goods. A **кулина́рия** sells ready-to-bake items, such as pre-made dough, ground beef, and other prepared food items. **Моло́чные магази́ны** offer dairy products. **Продово́льственные магази́ны** are generic grocery stores. **Универса́мы** and **суперма́ркеты** are self-service grocery stores.

Metric System: Weight and Volume

Many Russians shop in farmers' markets (**рынок**), where food is not pre-packaged. When you buy an item you need to specify how much you want. When you buy drinks by the bottle, they are measured in **литры.** When you order individual servings, in a restaurant, they are measured in **граммы.** The following conversion information should help you with the metric system.

стаканчик мороженого: 100 г.

3 помидора: 500 г. (полкило)

бутылка шампанского: 0,75 л.
небольшой стакан воды: 200 г. (0,2 л.)

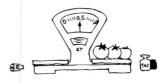

Он родился сегодня! 3,5 кг.

Автомобиль берёт 40 л. бензина.

18-летняя девушка (1,6 м.): 52 кг.
баскетболист (2 м.): 80 кг.

🔵 Разгово́ры для слу́шания

Разгово́р 1. Ты уже́ обе́дала?
        Разгова́ривают Вади́м и Кэ́рен.

1. Where do Vadim and Karen decide to go?
2. What street is it located on?
3. What time of day is it easiest to get in?

Разгово́р 2. В кафе́.
        Разгова́ривают Вади́м, Кэ́рен и официа́нтка.

1. What kind of soup does the waiter recommend?
2. What does Vadim order to drink?
3. Does Karen get dessert?

Разгово́р 3. В кафе́.
        Разгова́ривают Вади́м и официа́нтка.

How much does the meal cost?

Ме́жду про́чим

Рестора́ны

The English *restaurant* applies to almost any eatery. The Russian **рестора́н** usually refers to full-service restaurant featuring a three-course meal, live entertainment, and dancing. A bit less formal is a **кафе́,** which can range from a few tables in a small room to something quite elaborate. A **кафете́рий** is a first-class self-service establishment, while a **столо́вая** is a cafeteria, often at school or work.

In many restaurants a menu is provided only after you have asked for one (**Принеси́те меню́, пожа́луйста**), and often only one menu is provided for a table. Not everything listed on the menu may be available, however. Prices are customarily written in only for the available items. It is thus not unusual for a customer to ask the waiter what is available (**Что у вас есть сего́дня?**) or to ask for a recommendation (**Что вы посове́туете взять?**).

Tips (**чаевы́е**) in Russian restaurants are normally about five percent.

Давайте поговорим

🔊 Диалоги

1. **Мо́жет быть, пойдём в кафе́?**

— Кэ́рен, ты уже́ обе́дала?
— Нет, но уже́ стра́шно хочу́ есть.
— Мы с А́нной ду́мали пойти́ в кафе́ «Мину́тка». Не хо́чешь пойти́ с на́ми?
— В «Мину́тку»? Но я слы́шала, что попа́сть туда́ про́сто невозмо́жно.
— Ве́чером попа́сть тру́дно, а днём мо́жно. Я ду́маю, что сейча́с мы то́чно попадём.
— Хорошо́, пошли́.

Ме́жду про́чим

Что едят

While **за́втрак** is indisputably *breakfast,* one can argue about **обе́д** and **у́жин.** Traditionally **обе́д** is the largest meal of the day (*dinner*), whereas **у́жин** is the evening meal (*supper*). In the past, the largest meal was taken at midday. Now **обе́д** is usually lunch, regardless of size. However, you may hear any large meal taken in the afternoon or early evening referred to as **обе́д.**

Обе́д usually consists of two, three, or even four courses. **Заку́ски** are appetizers. The first course (**пе́рвое**) is **борщ, бульо́н, щи,** or some other kind of **суп.** The main course (**второ́е**) follows, and the meal is rounded off by **сла́дкое** (dessert and/or coffee or tea).

---

2. Что вы бу́дете зака́зывать?

— Что вы бу́дете зака́зывать?
— А что вы нам посове́туете взять?
— На пе́рвое я вам посове́тую взять борщ украи́нский. Или суп с ры́бой.
— Хорошо́ суп с ры́бой — две по́рции.
— А на второ́е? Есть ланге́т. Есть цыпля́та табака́.
— Принеси́те два ланге́та.
— А пить что вы бу́дете? Есть лимона́д, минера́льная вода́.
— Два лимона́да, пожа́луйста.
— Моро́женое бу́дете?
— Да.
— А я возьму́ ко́фе с молоко́м.

3. Рассчита́йте нас!

— Де́вушка! Бу́дьте добры́, рассчита́йте нас!
— Зна́чит так: суп с ры́бой, ланге́т с пюре́—
— Мину́точку! С каки́м пюре́? Никако́го пюре́ не́ было!
— Ой, извини́те. Вы пра́вы. Так. . . да́льше. . .
— А да́льше у нас бы́ли два лимона́да, одно́ моро́женое, оди́н ко́фе с молоко́м.
— Так. С вас 187 (сто во́семьдесят семь) рубле́й.
— Сто во́семьдесят семь? Вот. Получи́те, пожа́луйста.

4. Хо́чешь, я тебе́ пригото́влю пи́ццу?

— Оля, хо́чешь, я тебе́ пригото́влю пи́ццу?
— Да, коне́чно. Что на́до купи́ть?
— Смотря́, с чем де́лать. Мо́жно сде́лать пи́ццу с колбасо́й или с мя́сом или с гриба́ми.
— Ну, колбаса́ у нас уже́ есть.
— Хорошо́. Тогда́ на́до сде́лать тома́тный со́ус.
— Ясно. Зна́чит, мы ку́пим те́сто, сыр, помидо́ры и лук.
— Мне нельзя́ есть лук. У меня́ аллерги́я.
— Тогда́ сде́лаем без лу́ка.
— Зна́чит, так. Те́сто мо́жно купи́ть в гастроно́ме. Сыр и помидо́ры ку́пим на ры́нке.
— Отли́чно!

5. Мы готовим бутерброды.

— Хо́чешь, я тебе́ пригото́влю бутербро́ды?
— Да, коне́чно!
— Мне то́лько на́до купи́ть хлеб.
— Слу́шай, хлеб куплю́ я. Бу́лочная недалеко́.
— Хорошо́, а я пока́ найду́ горчи́цу.
— Что ещё ну́жно? Соль у нас есть?
— Есть. Купи́ то́лько хлеб. Чёрный и бе́лый.

A **бутербро́д** (*open face sandwich*) usually consists of a piece of cheese or meat on a small piece of white or black bread.

Упражнения к диалогам

Вопросы к диалогам

Диало́г 1

1. Кто хо́чет есть?
2. Куда́ они́ хотя́т пойти́?
3. Что слы́шала Кэ́рен о кафе́ «Мину́тка»?
4. Когда́ мо́жно туда́ попа́сть?

Диало́г 2

1. Где Кэ́рен и её друзья́?
2. Что им сове́туют взять на пе́рвое? А на второ́е?
3. Что они́ зака́зывают на пе́рвое? На второ́е?
4. Что они́ хотя́т пить?
5. Они́ зака́зывают сла́дкое?

Диало́г 3

1. Что посети́тели* говоря́т официа́нтке, когда́ хотя́т плати́ть?
2. Что они́ заказа́ли?
3. Чего́ не́ было?
4. Ско́лько они́ должны́?
5. Что говоря́т официа́нтке, когда́ пла́тят?

*посети́тели — customers

Диало́г 4

1. Что де́вушка хо́чет пригото́вить?
2. С чем она́ де́лает пи́ццу?
3. Что на́до купи́ть?
4. Что у них уже́ есть?
5. Что подру́ге Оли нельзя́ есть? Почему́?
6. Где они́ хотя́т купи́ть проду́кты?

Диало́г 5

1. Что они́ сейча́с гото́вят?
2. Что ну́жно купи́ть и́ли найти́?
3. Что у них уже́ есть?
4. Како́й хлеб они́ покупа́ют?

Ле́ксика в де́йствии

А.   Что вы лю́бите есть?

1. Каки́е о́вощи вы лю́бите?
2. Каки́е фру́кты вы лю́бите?
3. Вы пьёте ко́фе? С молоко́м и́ли без молока́? С са́харом и́ли без са́хара?
4. Вы пьёте чай? С лимо́ном и́ли без лимо́на? С са́харом и́ли без са́хара?
5. Вы ча́сто и́ли ре́дко у́жинаете в рестора́не?
6. Что вы лю́бите зака́зывать в рестора́не?
7. Вы лю́бите пи́ццу? С гриба́ми и́ли без грибо́в? С колбасо́й и́ли без колбасы́?

Б.   Подгото́вка к разгово́ру. Review the dialogs. How would you do the following?

1. Ask if someone has had lunch.
2. Say you are (very) hungry.
3. Suggest going out to eat.
4. Say that it is impossible to get into a new restaurant.
5. Ask a waiter for suggestions on what to order.
6. Order a complete meal (soup, main course, dessert, drinks) in a restaurant.
7. Order two (three, four, etc.) servings of fish soup.
8. Tell the waiter to bring you the check.
9. Pay the check.
10. Offer to make someone pizza (sandwiches, dinner).
11. Say you have an allergy.
12. Ask what you need to buy.
13. Tell someone that one can buy dough (cheese, vegetables) in the grocery store.

В.   Как вы ду́маете? A number of assertions reflecting common Russian views of life in the West are listed below. Working in pairs, use your own experience to respond to each assertion. The following expressions will help you organize your responses.

Я ду́маю, что. . .	
Э́то так.	
Э́то не совсе́м так.	
Э́то совсе́м не так.	
Е́сли говори́ть о себе́, то. . .	*If I use myself as an example, then. . .*
С одно́й стороны́. . .	*On the one hand. . .*
А с друго́й стороны́. . .	*On the other hand. . .*
Во-пе́рвых. . .	*First of all. . .*
Во-вторы́х. . .	*Second of all. . .*

1. Я слы́шал(а), что америка́нцы (кана́дцы, англича́не) о́чень лю́бят есть в Макдо́налдсе.
2. Говоря́т, что америка́нская (кана́дская, англи́йская) ку́хня совсе́м не интере́сная.
3. Америка́нцы до́ма не гото́вят. Они́ покупа́ют гото́вые проду́кты в магази́не.

⅔⅘ Игровые ситуации

Imagine that you are in Russia. Act out the following situations.

1. In a cafe, order yourself and a friend a meal. Find out if your friend wants an appetizer or soup. Use the menu on page 308.
2. At a restaurant you ordered soup with fish, chicken Kiev, and coffee, but the waiter brought borsch and some kind of beef, and completely forgot the coffee. Complain.
3. You are in a restaurant. Order a complete meal for yourself and a friend who is a vegetarian.
4. A Russian friend would like to try your favorite food. Offer to make it and explain what ingredients are needed. Decide who will buy what.
5. To celebrate a Russian friend's birthday, invite him or her to a new restaurant that you have heard is really good. Agree on a time.
6. Working with a partner, prepare and act out a situation of your own that deals with the topics of this unit.

⅔⅘ Устный перевод

In Moscow, you are in a restaurant with a friend who doesn't know Russian. Help him order a meal.

ENGLISH SPEAKER'S PART

1. Can we get a menu?
2. I don't understand a thing. Do they have any salads?
3. I'll get the tomatoes, I guess.
4. I don't want any soup.
5. Do they have any chicken dishes?
6. Okay. And I'd like to get a Pepsi.
7. How about coffee? Do they have coffee?
8. I'll take coffee then. . . with milk, please.
9. No, that's it for me.

Грамматика

9.1 Verb Conjugation—есть, пить

The verb **есть** (*to eat*) is one of only four truly irregular verbs in Russian. Use it to talk about eating a specific food. To express *eat breakfast, eat lunch,* and *eat dinner,* use the verbs **за́втракать, обе́дать,** and **у́жинать.**

The verb **пить** (*to drink*) has regular first-conjugation endings. But note the **ь** in the present-tense conjugation.

есть	(to eat)
я	ем
ты	ешь
он/она́	ест
мы	еди́м
вы	еди́те
они́	едя́т
past tense	ел, е́ла, е́ли

пить	(to drink)
я	пью
ты	пьёшь
он/она́	пьёт
мы	пьём
вы	пьёте
они́	пьют
past tense	пил, пила́, пи́ли

Упражнение

Соста́вьте предложе́ния. Make sentences by combining words from the columns below. Use the appropriate present-tense form of **есть** or **пить.**

я			мя́со
ты			ко́фе
мы	всегда́		чай
америка́нцы	никогда́ не	есть	суп
кто	ча́сто	пить	кра́сное вино́
де́ти	ре́дко		бе́лое вино́
ру́сские	ка́ждый день		о́вощи
вы			фру́кты
ма́ма			сала́т

➤ *Complete Oral Drills 1–2 and Written Exercises 2–4 in the Workbook.*

9.2   Instrumental Case

Мы **с Анной** ду́мали пойти́ в кафе́ «Мину́тка». Не хо́чешь пойти́ **с на́ми?**	*Anna and I were thinking of going to the Minutka cafe. Would you like to go with us?*
Дава́йте возьмём суп **с ры́бой.**	*Let's order the soup with fish.*
Я возьму́ ко́фе **с молоко́м.**	*I'll take coffee with milk.*
Мо́жно сде́лать пи́ццу **с колбасо́й** или **с мя́сом.**	*You can make pizza with sausage or with meat.*

The instrumental case is used after the preposition **с**—*together with*.

The English phrase *so and so and I* is almost always **мы с** + instrumental: **мы с Анной, мы с Макси́мом, мы с ва́ми,** etc.

The instrumental case of nouns

Masculine and neuter nouns:

- If the ending is hard (not **-й** or **-ь**) or **-о**, add **-ом** (drop the **-о** first): **студе́нтом, окно́м.**
- Add **-ем** to avoid breaking the 5-letter spelling rule: **америка́нцем.**
- If the ending is soft (**-й** or **-ь, -е**), drop that letter and, if the ending is stressed, add **-ём: словарём.**
  If the ending is unstressed, add **-ем: музе́ем, общежи́тием.**

Feminine nouns:

- If the ending is hard (**-а**), drop that letter and add **-ой: студе́нткой.**
- Add **-ей** to avoid breaking the 5-letter spelling rule: **Са́шей.**
- If the ending is soft (**-я**), drop the last letter and, if the ending is stressed, add **-ёй: семьёй.**
  If the ending is unstressed, add **-ей: ку́хней.**
- If the word ends in **-ь**, keep the **ь** and add **-ю: крова́тью.**
- Exception: **мать** and **дочь** become **ма́терью** and **до́черью.**

Plural nouns (all genders):

- If the singular form ends in a hard consonant (i.e., not **-й, -ь**), **-а**, or **-о**, drop the final vowel and add **-ами: студе́нтами.**
- If the singular form has a soft ending (**-й, -ь, -я,** or **-е**), drop that letter and add **-ями: преподава́телями.**

	MASCULINE AND NEUTER	FEMININE	PLURAL
Hard (**-∅, -о, -а**)	сто**ло́м**	газе́т**ой**	стол**а́ми**
Soft (**-я**)	словар**ём** преподава́тел**ем**	семь**ёй** ку́хн**ей**	словар**я́ми** крова́т**ями**
Feminine **-ь**		крова́т**ью**	

The instrumental case of adjectives

Masculine and neuter modifiers:

- The regular ending is **-ым: но́вым.**
- If the letter prior to that ending is mentioned in the 7-letter spelling rule, add **-им: ру́сским.**
- The ending for naturally soft adjectives is **-им: си́ним.**

Feminine modifiers:

- The regular ending is **-ой: но́вой.**
- If the letter prior to that ending is mentioned in the 5-letter spelling rule and the ending is unstressed, then the ending is **-ей: хоро́шей.**
- The ending for naturally soft adjectives is **-ей: си́ней.**

Plural adjectives (all genders):

- If the nominative plural ends in **-ые,** drop that ending and add **-ыми: но́выми.**
- If the nominative plural ends in **-ие,** drop that letter and add **-ими: си́ними, хоро́шими.**

	MASCULINE, NEUTER	FEMININE	PLURAL
Hard (**-ый, -о́й**)	но́в**ым**	но́в**ой**	но́в**ыми**
Soft (**-ий**)	си́н**им**	си́н**ей**	си́н**ими**
Spelling rules	хоро́ш**им**[7]	хоро́ш**ей**[5]	хоро́ш**ими**[7]

The instrumental case of special modifiers

Possessive pronouns (nominative masculine: **мой, твой, наш, ваш**) act like soft adjectives, except for possessive pronouns **его́, её,** and **их,** which never change (see below). Demonstrative pronouns (**э́тот, э́то, э́та, э́ти**) act like soft adjectives except for the feminine singular form.

Note that the feminine singular form of special modifiers, and of adjectives, is the same in the genitive, prepositional, dative, and instrumental.

	MASCULINE SINGULAR	NEUTER SINGULAR	FEMININE SINGULAR	PLURAL
Nominative	мой, наш, э́тот	моё, на́ше, э́то	моя́, на́ша, э́та	мои́, на́ши, э́ти
Instrumental	мои́м, на́шим, э́тим	мои́м, на́шим, э́тим	мое́й, на́шей, э́той	мои́ми, на́шими, э́тими

Instrumental case: summary

	MASCULINE	NEUTER	FEMININE	PLURAL
Nominative	наш но́вый универса́м э́тот све́жий огуре́ц хоро́ший преподава́тель большо́й кафете́рий	на́ше но́вое окно́ э́то све́жее мя́со твоё большо́е общежи́тие хоро́шее блю́до	на́ша но́вая шко́ла твоя́ све́жая газе́та моя́ ру́сская ша́пка э́та больша́я ку́хня после́дняя ле́кция морко́вь и соль	твои́ преподава́тели на́ши све́жие газе́ты ва́ши ру́сские блю́да э́ти больши́е ку́хни после́дние ле́кции
Instrumental	на́шим но́вым универса́мом э́тим све́жим огруцо́м хоро́шим преподава́телем больши́м кафете́рием	на́шим но́вым окно́м э́тим све́жим мя́сом твои́м больши́м общежи́тием хоро́шим блю́дом	на́шей но́вой шко́лой твое́й све́жей газе́той мое́й ру́сской ша́пкой э́той большо́й ку́хней после́дней ле́кцией морко́вью и со́лью	твои́ми преподава́телями на́шими све́жими газе́тами ва́шими ру́сскими блю́дами э́тими больши́ми ку́хнями после́дними ле́кциями

The instrumental case of personal pronouns

NOMINATIVE CASE	c + INSTRUMENTAL CASE
что	с чем
кто	с кем
я	со мной
ты	с тобо́й
он, оно́	с ним
она́	с ней
мы	с на́ми
вы	с ва́ми
они́	с ни́ми

Note

Do not confuse instrumental case of the personal pronouns with the non-changing possessive modifiers **его́, её,** and **их:**

Мы бы́ли **с ней** = We were *with her.*
Мы бы́ли **с её сестро́й** = We were *with her sister.*

Упражнения

A.   Put the words in parentheses into the instrumental case:

1.   Мы возьмём ко́фе с (горя́чее молоко́).
2.   Я ем бутербро́д с (колбаса́) и (горчи́ца).
3.   Мы гото́вим пи́ццу с (тома́тный со́ус).
4.   Дава́йте сде́лаем сала́т с (капу́ста) и (морко́вь).
5.   Хо́чешь, я тебе́ закажу́ мя́со с (карто́шка).
6.   С (что) вы пьёте чай?
7.   С (кто) вы обе́дали сего́дня?

Б.   Answer the question with the words supplied:

С кем вы идёте в рестора́н?
   твоя́ сосе́дка по ко́мнате, наш ста́рый друг, э́та ру́сская студе́нтка, его́ мла́дший брат, на́ши роди́тели, тётя и дя́дя, её ста́ршая сестра́, мой друзья́

В.   Как по-ру́сски...?

1.   your friend and I
2.   you (**ты**) and I
3.   she and I
4.   he and I
5.   they and I
6.   you (**вы**) and I
7.   Igor (**И́горь**) and I
8.   Maria and I

➤   *Complete Oral Drills 3–5 and Written Exercises 5–7 in the Workbook.*

9.3   Future tense of быть

— Вы бы́ли до́ма вчера́?   "Were you at home yesterday?"
— Нет, но мы **бу́дем** до́ма за́втра.   "No, but we *will be* home tomorrow."

Although Russian does not express the verb *to be* in the present tense, it does so in the past and future tenses. As with many Russian verbs, the stem of the conjugated verb differs from the stem of the infinitive, but the endings are regular, first-conjugation endings.

быть	(to be)
я	бу́ду
ты	бу́дешь
он/она́	бу́дет
мы	бу́дем
вы	бу́дете
они́	бу́дут

Упражнения

А. Anna wrote this postcard during her vacation. Fill in the verb *to be* in the needed tense forms.

> Здравствуй!
> Наша экскурсия очень интересная. Вчера наша группа ⬤ во Владимире. Сегодня мы в Санкт-Петербурге. Завтра мы ⬤ в Москве. Там ⬤ экскурсия по Кремлю и центру города. Я ⬤ дома в субботу.
> Целую. Анна

Б. Ask where the following people will be tomorrow.

> Образец: моя́ сестра́ — шко́ла
> *Ва́ша сестра́ за́втра бу́дет в шко́ле?*

1. наш друг — рестора́н
2. вы — кафете́рий
3. ты — гастроно́м
4. на́ши сосе́ди — ры́нок
5. мы — дом
6. я — ?

➤ *Complete Oral Drill 6 and Written Exercises 8–9 in the Workbook.*

9.4 The Future Tense

— Что вы **бу́дете де́лать** сего́дня?   "What are you *going to do* today?"
— **Я бу́ду занима́ться.**   "I'm *going to study.*"

For nearly all of the verbs you learned in Units 1 through 8, the future tense is formed by combining the conjugated form of **быть** with the infinitive: **бу́ду де́лать, бу́дешь чита́ть, бу́дет говори́ть, бу́дем жить, бу́дете ду́мать, бу́дут писа́ть,** etc.

Упражне́ния

А. Соста́вьте диало́ги. Make two-line dialogs as in the model.

Образе́ц: Со́ня — чита́ть   — Что Со́ня бу́дет де́лать за́втра?
— Она́ бу́дет чита́ть.

1. Григо́рий Ви́кторович — писа́ть пи́сьма
2. мы — смотре́ть телеви́зор
3. на́ши друзья́ — отдыха́ть
4. Анна Никола́евна — рабо́тать
5. студе́нты — занима́ться в библиоте́ке
6. вы — ?
7. ты — ?

Б. Отве́тьте на вопро́сы.

1. Кто бу́дет отдыха́ть за́втра?
2. Кто не бу́дет занима́ться в воскресе́нье?
3. Кто бу́дет у́жинать в рестора́не в пя́тницу?
4. Кто бу́дет убира́ть кварти́ру в суббо́ту?
5. Кто бу́дет смотре́ть телеви́зор сего́дня ве́чером?
6. Кто не бу́дет гото́вить у́жин за́втра?
7. Кто в суббо́ту не бу́дет за́втракать?

➤ *Complete Oral Drills 7–8 and Written Exercise 10 in the Workbook.*

9.5 Verbal Aspect—Introduction

Russian verbs encode both tense and aspect. *Aspect* tells something about *how* an action takes place. Do not confuse it with tense, which indicates *when* an action takes place.

Almost all Russian verbs belong to either the *imperfective* or *perfective* aspect. Usually imperfective and perfective verbs come in pairs. Their meaning is the same or very close, but they differ in *aspect*.

Imperfective verbs are used in other circumstances. For instance, they refer to repetitive actions, or to one-time actions in situations where the focus is not on the result but on the process or duration. Imperfective verbs have present, past, and future tenses.

Perfective verbs are used to refer to complete, one-time actions, normally of short duration or with a result that is being emphasized. Perfective verbs have only two tenses: past and future.

Imperfective/perfective pairs

You have learned primarily verbs in the imperfective aspect. That's because your Russian has largely been limited to the present tense, which is expressed *only in the imperfective*. Now, more and more, you will see verbs listed in their aspectual pairs. The difference between perfective and imperfective is seen everywhere except the present tense: in the infinitive (**гото́вить/пригото́вить**), the future tense (**бу́ду гото́вить/пригото́влю**), the past tense (**гото́вил/пригото́вил**), and the imperative (**гото́вь/пригото́вь**).

Formation of the future tense

The imperfective future is a compound form: **бу́дем гото́вить.** The perfective future is formed by conjugating a perfective verb. When conjugated, perfective verbs have the same conjugation pattern as imperfective verbs. **Прочита́ть** is conjugated exactly like **чита́ть.** But conjugated perfective verbs have *future meaning*.

	PRESENT	FUTURE
Imperfective	чита́ю гото́влю я ем	я бу́ду чита́ть я бу́ду гото́вить я бу́ду есть
Perfective	∅	я прочита́ю я пригото́влю я съем

IMPERFECTIVE ASPECT	PERFECTIVE ASPECT
гото́вить	**пригото́вить**
Мы бу́дем **гото́вить**	Ве́чером мы **пригото́вим**
пи́ццу весь ве́чер.	пи́ццу, а пото́м мы пойдём
We *will make* pizza all evening.	в кино́.
	Tonight we *will make* pizza and then
	we'll go to the movies.
покупа́ть	**купи́ть**
Когда́ я бу́ду в Росси́и,	Я обы́чно не покупа́ю
я бу́ду покупа́ть	газе́ту, но за́втра я
газе́ту ка́ждый день.	её **куплю́.**
When I'm in Russia, I *will buy*	I don't usually buy a newspaper,
a newspaper every day.	but tomorrow I *will buy* one.

Use of aspect

The perfective is used to emphasize the *result* of a *one-time* action:

Мы пригото́вим пи́ццу   *We'll get the pizza made.*

In other instances, the imperfective is used. For example, when the amount of time the action will last is mentioned (*We will make pizza all evening*), the focus is on duration rather than result and the imperfective must be used: **Мы бу́дем гото́вить пи́ццу весь ве́чер.** When the action is repeated (*We will make pizza every day*), the imperfective must also be used: **Мы бу́дем гото́вить пи́ццу ка́ждый день.**

Since perfective verbs emphasize the result of a one-time action, some sentences with perfective verbs do not make sense without a direct object. Just as the English phrase *I will buy* begs for a direct object, so do the Russian phrases **Я куплю́. . . (хлеб), Я прочита́ю. . . (кни́гу), Я пригото́влю. . . (у́жин), Я съем. . . (бутербро́д), я вы́пью. . . (молоко́).**

Formation of imperfective/perfective pairs

There are four patterns for aspectual pairs.

1. Prefixation (creates a perfective verb from an imperfective):

    гото́вить/пригото́вить
    сове́товать/посове́товать
    де́лать/сде́лать
    чита́ть/прочита́ть
    писа́ть/написа́ть

Prefixed verbs are listed in the vocabulary like this: **гото́вить/при- .**

2. Infixation (insertion of a unit inside the verb, such as **-ыва/-ива;** creates an imperfective from a perfective):

зака́зывать/заказа́ть
пока́зывать/показа́ть
расска́зывать/рассказа́ть
опа́здывать/опозда́ть

3. Change in the verb stem or ending:

покупа́ть/купи́ть
реша́ть/реши́ть

4. Separate verbs:

брать (беру́, берёшь, беру́т) / взять (возьму́, возьмёшь, возьму́т)
говори́ть / сказа́ть (скажу́, ска́жешь, ска́жут)

We will return to some of these verbs in Unit Ten.

In the initial stages of your study of Russian, you will have to memorize each pair individually. The glossaries in this textbook list the imperfective verb first. If only one verb rather than a pair is given, its aspect is noted.

Упражнение

A. Which aspect would you use to express the italicized verbs in the following sentences?

1. I *will fix* the pizza tomorrow night. (**бу́ду гото́вить/пригото́влю**)
2. I *will fix* pizza often. After all, I always fix pizza. (**бу́ду гото́вить/пригото́влю**)
3. We *will read* all evening. (**бу́дем чита́ть/прочита́ем**)
4. We *will read* through the paper now. (**бу́дем чита́ть/прочита́ем**)
5. Tomorrow evening I *will eat* and drink. (**бу́ду есть/съем**)
6. I *will eat* a hamburger. I always eat hamburgers. (**бу́ду есть/съем**)
7. We *will buy* milk here every week. (**бу́дем покупа́ть/ку́пим**)
8. We *will buy* the milk here. (**бу́дем покупа́ть/ку́пим**)

Б. **Зако́нчите предложе́ния.** Complete the sentences using the appropriate form of the verb. In some instances both aspects work. Be ready to explain your choice.

1. Я (**бу́ду писа́ть / напишу́**) тест три-четы́ре часа́.
2. Мари́на (**бу́дет покупа́ть / ку́пит**) пода́рки сего́дня ве́чером.
3. Андре́й бы́стро чита́ет. Он (**бу́дет чита́ть / прочита́ет**) э́тот журна́л сего́дня.
4. Мы (**бу́дем гото́вить / пригото́вим**) у́жин весь ве́чер.
5. Студе́нты (**бу́дут смотре́ть / посмо́трят**) ру́сские фи́льмы за́втра.
6. Когда́ ты (**бу́дешь де́лать / сде́лаешь**) э́ту рабо́ту?

➤ *Complete Oral Drills 9–13 and Written Exercises 11–14 in the Workbook.*

9.6 Question Words and Pronouns

Several oral drills and written exercises in this unit give you a chance to practice the personal pronouns and question words in the different cases you already know. This table summarizes the forms of the personal pronouns and question words.

	QUESTION WORDS		PERSONAL PRONOUNS						
Nominative	кто	что	я	ты	он/оно́	она́	мы	вы	они́
Accusative	кого́	что	меня́	тебя́	(н)его́	(н)её	нас	вас	(н)их
Genitive	кого́	чего́	меня́	тебя́	(н)его́	(н)её	нас	вас	(н)их
Prepositional	о ком	о чём	обо мне́	о тебе́	о нём	о ней	о нас	о вас	о них
Dative	кому́	чему́	мне	тебе́	(н)ему́	(н)ей	нам	вам	(н)им
Instrumental	кем	чем	мной	тобо́й	(н)им	(н)ей	на́ми	ва́ми	(н)и́ми

* The forms of **он, оно́, она́,** and **они́** have an initial **н** when they immediately follow a preposition:

У него́ есть кни́га.   *But*   **Его́ нет.**

Note: Do not confuse personal pronouns with possessive modifiers. Compare:

Вчера́ они́ бы́ли у **нас.**   Yesterday they were at *our place.*
Вчера́ они́ бы́ли у **на́шего** дру́га.   Yesterday they were at *our* friend's place.

Мы **с ней** познако́мились.   We met *her.*
Мы познако́мились **с её** роди́телями.   We met *her* parents.

Упражнения

А.   Соста́вьте вопро́сы. Ask questions about the words in boldface.

> Образе́ц: **Моего́ бра́та** зову́т Алёша.
>   Кого́ зову́т Алёша?

Моего́ бра́та зову́т Алёша. Ему́ **16 лет.** Он **хорошо́** у́чится. Он изуча́ет **хи́мию и матема́тику.** Ещё он о́чень лю́бит **теа́тр.** Он говори́т об э́том **ча́сто.** Мы **с ним** ча́сто хо́дим в теа́тр. На день рожде́ния я хочу́ **сде́лать ему́ пода́рок.** Я ду́маю купи́ть ему́ **кни́гу.** Он о́чень лю́бит **Шекспи́ра и Пу́шкина.** У него́ есть **Пу́шкин.** Но у него́ нет **ни одно́й кни́ги Шекспи́ра.**

Б.   Отве́тьте на вопро́сы. Answer yes to the questions. Use complete sentences and replace the nouns with pronouns.

1. Алёша лю́бит Пу́шкина?
2. Брат ку́пит Алёше кни́гу?
3. Вы чита́ли о Пу́шкине?
4. Пу́шкин писа́л о Росси́и?
5. Алёша хо́дит в теа́тр с бра́том?
6. Ру́сские студе́нты чита́ют интере́сные кни́ги?
7. Вы хоти́те чита́ть ру́сскую литерату́ру?

➤ *Complete Oral Drills 14–18 and Written Exercises 15–17 in the Workbook.*

Давайте почитаем

A. Меню́

1. Scan the menu to see whether these dishes are available.

   - Лю́ля-кеба́б
   - Шашлы́к
   - Котле́ты по-ки́евски
   - Ку́рица

2. Look at the menu again to find out whether these drinks are available.

   - Во́дка
   - Пепси-ко́ла
   - Минера́льная вода́
   - Пи́во

3. How much do the following cost?

   - Grilled chicken
   - Black coffee
   - Bottle of Stolichnaya vodka
   - 100 grams of Stolichnaya vodka
   - Bottle of Zhigulevskoe beer

4. What kinds of mineral water are available?

5. What kinds of wine are available?

6. This menu contains a number of words you do not yet know. What strategies would you use to order a meal if you were in this restaurant, alone and hungry, and no one else in the restaurant knew English?

МЕНЮ

ВИНО-ВОДОЧНЫЕ ИЗДЕЛИЯ	100 „.	БУТЫЛКА
Водка «Русская»	4.000	90
Водка «Столичная»	5.000	110
Водка «Смирнов»	10.000	165
Вино «Цинандали»	2.100	60
Рислин„	2.000	55
Минеральная вода «Боржоми»	––	11
Минеральная вода «Эвиан»	––	30
Пиво «Жи„улевское»	––	62
Пиво «Хайнекен»	––	60
«Кока-Кола», «Спрайт»	––	27

ЗАКУСКИ

Блины с икрой	65
Блины с капустой	58
Пирожки с капустой	100
Пирожки с мясом и луком	33
Мясной салат	29
Салат со свежей капустой	24
Сосиска в тесте	24
Бутерброд с сыром	27

ПЕРВЫЕ БЛЮДА

Борщ	42
Бульон	25
Щи	20

ВТОРЫЕ БЛЮДА

Шашлык с рисом	55
Пельмени со сметаной	95
Курица жареная на „риле	100
Плов	48
Котлеты из индейки	60
Сосиски с „арниром	50
Колбаса	55
Осетрина жареная на решетке	110

СЛАДКИЕ БЛЮДА И ГОРЯЧИЕ НАПИТКИ

Кофе черный	120
Кофе со сливками	160
Чай	40
Пломбир с джемом	36
Мороженое фруктовое	30
Пирожок с изюмом	20
Печенье	18

Б.   Но́вые суперма́ркеты. В больших городах новые супермаркеты вытесняют[1] старые гастрономы. В супермаркетах чисто[2], удобно и всё есть. Но цены[3] очень высокие[4]. Старые жители вспоминают[5] гастрономы[6] советской эпохи. В них трудно было найти хорошее мясо, покупатели стояли в длинных очередях, но цены были нормальные.

[1]*squeeze out*   [2]*clean*   [3]*prices*   [4]*high*   [5]*remember*   [6]*food stores*

1.   **Что вы уже́ зна́ете?** Much of understanding what you read is figuring out what is likely to be said. Which of the following statements do you expect to see in the text?
   • Очень многие из старых магазинов превратились в новые супермаркеты.
   • Москвичи встречают открытие каждого нового супермаркета с большим энтузиазмом.
   • Цены в новых магазинах очень невысокие.
   • Типичный покупатель супермаркета ездит на своей машине.
   • Супермаркеты не работают вечером.
   Now read the text to see if you were right.

2.   **Но́вые и ста́рые назва́ния.** This article names quite a few stores. Determine which are the stores from the "good old days" and which are new:

   Бакале́я   Колба́сы   Проду́кты   Гурма́н   Гастроно́м   Nik's   Айриш хаус
   Food Land   Юрс

3.   **Что где нахо́дится?** Place each of the stores mentioned above on the map.

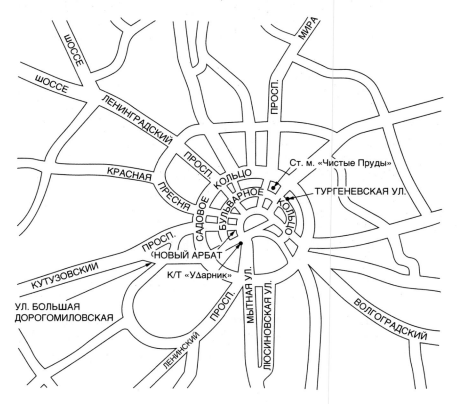

Суперцены в супермаркетах

Перепечатано из «Аргументов и фактов» с сокращениями.

Москвичи обычно не испытывают[1] особого энтузиазма, когда открывается очередной[2] супермаркет. "Это не для нас", — говорят они и вспоминают[3]: "Совсем недавно здесь была неплохая "Бакалея". . ." Магазин "Колбасы" на пересечении[4] Мытной и Люсиновской после ремонта[5] превратился[6] в супермаркет. "Продукты" у станции метро "Чистые пруды" уже "Гурман". "Гастроном" у кинотеатра "Ударник" переехал в подвал.[7] У Велозаводского рынка "Nik's" вытеснил[8] винный магазин. В самом "Nik's"е алкоголь тоже продается, но по каким ценам[9]: **6$** за бутылку "Столичной".

[1]*experience*   [2]*latest*   [3]*remember*   [4]*intersection*   [5]*refurbishing*   [6]*turned into*   [7]переехал. . . *moved into the basement*   [8]*took over*   [9]*prices*

В супермаркетах покупают те, кто[1] делает шопинг на машине. Поэтому и располагаются[2] на самых оживленных трассах[3]: на Кутузовском, Ленинском, Ленинградском проспектах, по Садовому и Бульварному кольцу, на Новом Арбате и Красной Пресне. . . Многие работают без перерывов[4], до 22 часов или даже круглосуточно[5], учитывая ненормированный рабочий день бизнесменов.

Правда, в последнее время[6] в супермаркеты заходят и люди среднего достатка.[7] Но надо располагать лишней сотней[8] и приготовить себя к тому, что ничего существенного[9] на нее все равно не купишь, разве что[10] коробку конфет (**7$**), кусочек деликатесного сыра (**5$**), баночку паштета[11] (**4-6$**), томатный соус (**3$**). . . Даже булка[12] стоит **1$**.

[1]те, кто—*those who*   [2]*are located*   [3]на самых. . . —*on the busiest highways*   [4]*breaks*   [5]*24 hours a day*   [6]*сейчас*   [7]среднего достатка—*middle income*   [8]располагать. . .—*to have a spare 100*   [9]*substantial*   [10]*except maybe*   [11]*pâté*   [12]*loaf*

У многих супермаркетов есть своя "изюминка"[1]. В "Айриш хаус" отличный отдел мясных полуфабрикатов.[2] Сюда можно зайти, чтоб увидеть настоящий мясной фарш.[3] На Кутузовском, 14 — хороший хозяйственный[4] отдел. В "Food Land" на Большой Дорогомиловской выпечка[5] из Италии (до **35$**).

"Гурман" на Тургеневской и еще "Юрс" на Красной Пресне из нового поколения[6] супермаркетов. Они конкурируют[7] со старыми магазинами при помощи цен[8] – они тут не в долларах, а в рублях. И главное,[9] цены не слишком высоки,[10] так что сюда заходят даже пенсионеры из соседних домов.

Инга БЕЛОВА
Фото Сергея Хальзова

[1]своя изюминка—*its own specialty*   [2]*ready-to-cook foods*   [3]чтоб увидеть. . .—*in order to get a look at real ground beef*   [4]*household goods*   [5]*bakery goods*   [6]*generation*   [7]*compete*   [8]*on the basis of price*   [9]*the main thing*   [10]слишком высоки — *too high*

4. **Ско́лько сто́ит. . . ?** Reread the article to find out the cost of each item below. Then find out how to say it in Russian.
   a. bottle of Stolichnaya vodka
   b. box of candy
   c. piece of fine cheese
   d. tin of liver pâté
   e. can of tomato sauce
   f. loaf of bread

5. **Что чего́?** This article has a number of phrases such as *a piece of meat* and *a can of peas*. From the list below, match the amount with the object. Then produce the correct phrase. Each of the words is given in nominative. Your final phrase must consist of nominative + genitive.

amount	food	final phrase
буты́лка	а. паштёт	_____
коро́бка	б. сыр	_____
кусо́к (кусо́чек)	в. «Столи́чная»	_____
ба́нка (ба́ночка)	г. конфёты	_____

Now place each of these foods into a "container," e.g., *bottle of. . . , piece of. . . , box of. . . , jar [or] can of. . .*

   Образе́ц: минера́льная вода́ — *буты́лка минера́льной воды́*

молоко́, чёрная икра́, кра́сное вино, бе́лый хлеб, голла́ндский сыр, ма́сло, «Ко́ка-Ко́ла», вку́сное мя́со, колбаса́, шампа́нское

6. **Имени́тельный паде́ж.** When reading, you are most likely to meet new words in cases other than the nominative. To look a word up in the dictionary, you need to figure out its nominative case. Determine the nominative cases of these words. The stress is supplied to help you.

   Образе́ц:

ENGLISH	IN THE TEXT	NOMINATIVE SINGULAR
Muscovites	москвичи́	*мо скви́ч*
sausages	колба́сы	__ __ __ ´
prices	це́ны, цен, це́нам	__ __ ´
highways	тра́ссах	´
breaks, times out	переры́вов	__ __ __ ´
ready-to-cook meats	мясны́х полуфабрика́тов	__ ´ __ __ __ __ __ ´
new generation	но́вого поколе́ния	__ ´ __ __ __ __ __ __ ´ __
rubles	рубля́х	__ ´
neighboring houses	сосе́дние дома́	__ ´ __ __ ´

7. **Но́вые слова́ из ста́рых.** Find adjectives that correspond to these words.

Образе́ц: мя́со   *мясно́й* фарш (Found in the next-to-last paragraph.)

вино́   _____ магази́н
рабо́та   _____ день
(домо)хозя́йка   _____ отде́л
сосе́д   _____ дом

 Дава́йте послу́шаем

Интервью́. Сейча́с вы услы́шите интервью́ с покупа́телями в но́вом суперма́ркете «За ва́ше здоро́вье» (To Your Health). Вы та́кже услы́шите интервью́ с дире́ктором магази́на.

1. Е́сли вы прочита́ли материа́л в разде́ле «Дава́йте почита́ем», то вы уже́ зна́ете немно́го о ста́рых магази́нах сове́тской эпо́хи и но́вых суперма́ркетах.

    — Как вы ду́маете, что мо́гут сказа́ть покупа́тели?

    а. The new store has empty shelves. Why did they bother opening this store to begin with?
    б. The new store sure has a lot, but the prices are outrageous!
    в. The service in the old stores was much nicer.
    г. There isn't much available in state-run stores, so people end up coming here.
    д. The new stores don't have enough meat.

    — Как вы ду́маете, что мо́жет сказа́ть дире́ктор магази́на?

    а. We have to keep prices low or else we won't be able to compete with smaller stores.
    б. More traditional stores are no competition for us—either in the variety of things available or in terms of customer service.
    в. Other new supermarkets should be closed.

2. **Слова́рь.** Вы услы́шите э́ти слова́ в интервью́. Обрати́те внима́ние на ме́сто ударе́ния. Pay attention to stress.

    магази́ны ста́рой закла́дки — old-style stores
    ассортиме́нт небольшо́й — the assortment is small
    зако́н — law
    он(а́) гото́в(а) плати́ть — he/she is willing to pay
    полкило́ — half a kilo (пол = half)
    ...с полови́ной — and a half: **четы́ре с полови́ной**
    цена́ — price; **высо́кие це́ны** — high prices
    це́рковь — church

3. **Тепéрь прослýшайте интервью́.** Бы́ли ли вы прáвы в вáших прогнóзах? Were your predictions correct?

4. **Прослýшайте интервью́ ещё раз.** Каки́е вéщи назвáли? What foods were mentioned?

апельси́н — orange
виногрáд — grapes
грýша — pear
картóшка — potatoes
колбасá — sausage

лимóн — lemon
сметáна — sour cream
творóг — cottage cheese
я́блоко — apple

5. **В интервью́ мнóго говори́ли о высóких цéнах.** Сýдя по интервью́, скóлько стóят эти вéщи?

наименовáние	коли́чество	цена́
молокó	1 л.	?
колбасá	1 кг.	?
мя́со	1 кг.	?
сметáна	1 кг.	?

6. **Что говори́т мéнеджер?** Which of the following best describes the attitude of the manager? After you make your choice, listen to the interview again. Jot down the Russian words that correspond to the key portions (indicated in bold) of the utterance you chose:

   a. Perhaps I should **apologize for our prices,** but the **law** makes operating expenses very high.
   б. We only charge **high prices** for **meat, potatoes, and milk.** All of our other prices match those of the **state stores.**
   в. We compromise with those who **cannot pay** what we charge **for our produce.** I believe that's the only way **to do business.**
   г. We operate by the natural **law of the market.** If you think **we have high prices, don't buy!**

Обзорные упражнения

 А. Разгово́ры.

Разгово́р 1. Пойдём в рестора́н.

Разгова́ривают Алла, То́ля и Ке́вин.

1. For what occasion do Alla and Tolya invite Kevin to dinner?
2. What is Kevin's reaction?

Разгово́р 2. В рестора́не.

Разгова́ривают Алла, Ке́вин и официа́нт.

1. What do Kevin and his friends order to drink?
2. In the list below, circle the foods that Kevin and his friends order.

заку́ски	пе́рвое	второ́е
мясно́й сала́т	борщ украи́нский	ро́стбиф
икра́	бульо́н	котле́ты по-ки́евски
мясно́е ассорти́	щи	ланге́т
сала́т из огурцо́в	овощно́й суп	ку́рица
сала́т из помидо́ров	рассо́льник	цыпля́та табака́

3. Why are Kevin and his friends dissatisfied with the meal?

Разгово́р 3. Бу́дем гото́вить шашлы́к.

Разгова́ривают Оле́г и Эли́забет.

1. Where does Oleg invite Elizabeth?
2. Oleg asks Elizabeth if she's ever tried shishkebab. What is the Russian word for shishkebab?
3. Name some of the things they must buy.
4. Where will they go to buy these things?
5. When and where will they meet to go to the dacha?

 Б. Запи́ска. Write a note inviting a Russian friend to your place for dinner tomorrow at 7:00 p.m.

В. Письмо́. Your Russian pen pal has asked you about your eating habits: do you like to cook, what foods do you like, where do you usually eat, etc. Write a short letter answering these questions and asking about your pen pal's eating habits. Use the letter below as a guide.

Здравствуй, Маша!
Получил(а) твоё письмо вчера. Ты спрашиваешь, люблю ли я готовить...

Ну, пока всё. Жду твоего письма.
Твой / Твоя

Г. Интервью́. Imagine that you will be interviewing a Russian visitor about Russian cuisine.

1. In preparation for the interview, write ten interesting questions about food. Find out who prepares the meals in the visitor's home, what are the favorite dishes, what ingredients are needed for one of the dishes, and whatever else interests you.

2. Using your prepared questions, conduct a class interview in Russian with a visitor, or with your teacher. Be sure to listen to other students' questions and to all the answers. Take notes so that you can reconstruct the information afterward.

3. Compare your notes with two or three other students. Did you understand the same things? Check with your teacher if you have questions.

4. Work with two or three other students to write one to two paragraphs in Russian about the information you learned during the interview.

Новые слова и выражения

NOUNS

пи́ща	**food**
апельси́н	orange
бана́н	banana
борщ	borsch
бу́блик	bagel
бу́лка	small white loaf of bread; roll
бульо́н	bouillon
бутербро́д	(open-faced) sandwich
виногра́д	grapes
горчи́ца	mustard
гриб	mushroom
заку́ски	appetizers
икра́	caviar
капу́ста	cabbage
карто́фель (карто́шка)	potato(es)
ка́ша	cereal, grain
колбаса́	sausage
котле́ты по-ки́евски	chicken Kiev
ко́фе (*masc., indecl.*)	coffee
ку́рица	chicken
ланге́т	fried steak
лимо́н	lemon
лимона́д	soft drink
лук	onion(s)
ма́сло	butter
минера́льная вода́	mineral water
молоко́	milk
моро́женое (*adj. decl.*)	ice cream
морко́вь (*fem.*)	carrot(s)
мя́со	meat
мясно́е ассорти́	cold cuts assortment
напи́т(о)к	drink
о́вощи	vegetables
огур(е́)ц	cucumber
официа́нт/ка	server
пельме́ни	pelmeni (*Ukrainian dumplings*)
пе́р(е)ц	pepper
пи́цца	pizza
помидо́р	tomato
пюре́	creamy mashed potatoes
рассо́льник	fish (or meat) and cucumber soup

рис — rice
ро́стбиф — roast beef
ры́ба — fish
сала́т — salad; lettuce
   сала́т из огурцо́в — cucumber salad
   сала́т из помидо́ров — tomato salad
са́хар — sugar
сла́дкое (*adj. decl.*) — dessert
соль (*fem.*) — salt
со́ус — sauce
суп — soup
сыр — cheese
те́сто — dough
тома́тный со́ус — tomato sauce
фарш — chopped meat
фру́кты — fruit
хлеб — bread
цыпля́та табака́ — a chicken dish from the Caucasus
чай — tea
шашлы́к — shishkebab
шокола́д — chocolate
щи — cabbage soup
я́блоко — apple
яи́чница — scrambled eggs
яйцо́ (*pl.* я́йца) — egg

магази́ны/рестора́ны — **stores/restaurants**
бакале́я — baking goods store
бу́лочная (*adj. decl.*) — bakery
гастроно́м — grocery store
кафе́ [кафэ́] (*masc.; indecl.*) — cafe
кафете́рий — restaurant-cafeteria
универса́м — self-service grocery store

други́е существи́тельные — **other nouns**
аллерги́я — allergy
блю́до — dish
буты́лка — bottle
второ́е (*adj. decl.*) — main course; entree
за́втрак — breakfast
ку́хня — cuisine, style of cooking
меню́ (*neuter; indecl.*) — menu
обе́д — lunch

Новые слова и выражения

пе́рвое (*adj. decl.*)	first course (*always soup*)
по́рция	portion, order
проду́кты (*pl.*)	groceries
у́жин	supper
чаевы́е (*pl.; adj. decl.*)	tip

ADJECTIVES

вку́сный	good, tasty
гото́вый	prepared
минера́льный	mineral
моло́чный	milk; dairy
мясно́й	meat
овощно́й	vegetable
продово́льственный магази́н	grocery store
све́жий	fresh
тома́тный	tomato

VERBS

быть (бу́ду, бу́дешь, бу́дут)	to be (*future tense conj.*)
брать/взять	to take
(беру́, берёшь, беру́т)	
(возьму́, возьмёшь, возьму́т)	
гото́вить/при-	to prepare
(гото́влю, гото́вишь, гото́вят)	
де́лать/с- (де́лаю, де́лаешь, де́лают)	to do, to make
ду́мать/по- (ду́маю, ду́маешь, ду́мают)	to think
е́хать/по- (е́ду, е́дешь, е́дут)	to go (*by vehicle*)
есть/съ- (-ем, ешь, ест, еди́м, еди́те, едя́т)	to eat
за́втракать/по-	to have breakfast
(за́втракаю, за́втракаешь, за́втракают)	
зака́зывать (*imperf.*)	to order
(зака́зываю, зака́зываешь, зака́зывают)	
идти́/пойти́ (иду́, идёшь, иду́т)	to go (*on foot, or within city*)
(пойду́, пойдёшь, пойду́т)	
найти́ (*perf.*) (найду́, найдёшь, найду́т)	to find
обе́дать/по- (обе́даю, обе́даешь, обе́дают)	to have lunch, dinner
откры́ться (*perf.*)	to open up
(откры́лся, откры́лась, откры́лось, откры́лись) (*past*)	
писа́ть/на- (пишу́, пи́шешь, пи́шут)	to write
пить/вы́пить	to drink
(пью, пьёшь, пьют; пил, пила́, пи́ли)	
(вы́пью, вы́пьешь, вы́пьют)	

покупа́ть/купи́ть	to buy
(покупа́ю, покупа́ешь, покупа́ют)	
(куплю́, ку́пишь, ку́пят)	
попа́сть (*perf.*)	to manage to get in
(попаду́, попадёшь, попаду́т; попа́л, -а, -и)	
слу́шать/про-	to listen
(слу́шаю, слу́шаешь, слу́шают)	
слы́шать/у- (слы́шу, слы́шишь, слы́шат)	to hear
смотре́ть/по-	to watch
(смотрю́, смо́тришь, смо́трят)	
сове́товать/по- (кому́)	to advise
(сове́тую, сове́туешь, сове́туют)	
у́жинать/по-	to have supper
(у́жинаю, у́жинаешь, у́жинают)	

ADVERBS

недалеко́	not far
пока́	meanwhile
про́сто	simply
стра́шно	terribly
то́лько что	just

PREPOSITIONS

без (чего́)	without
с (чем)	with

PHRASES AND OTHER WORDS

Бу́дьте добры́!	Could you please. . . ?
Во-пе́рвых. . . , во-вторы́х. . .	In the first place. . . , in the second place. . .
Если говори́ть о себе́, то. . .	If I use myself as an example, then. . .
Как называ́ется (называ́ются). . . ?	What is (are). . . called? (*said of things, not people*)
ко́фе с молоко́м	coffee with milk
Получи́те!	Take it! (*said when paying*)
Мы то́чно попадём.	We'll get in for sure.
Пошли́!	Let's go!
Принеси́те, пожа́луйста, меню́.	Please bring a menu.
Рассчита́йте (нас, меня́)!	Please give (us, me) the check.
С (кого́). . .	Someone owes. . .
Смотря́. . .	It depends. . .
С одно́й стороны́. . . , с друго́й стороны́. . .	On the one hand. . . , on the other hand. . .
Что ещё ну́жно?	What else is needed?
Что вы (нам, мне) посове́туете взять?	What do you advise (us, me) to order?

Новые слова и выражения

PASSIVE VOCABULARY

коро́бка	box
кусо́к (кусо́чек)	piece
ба́нка (ба́ночка)	jar *or* can

PERSONALIZED VOCABULARY

_____

_____

_____

_____

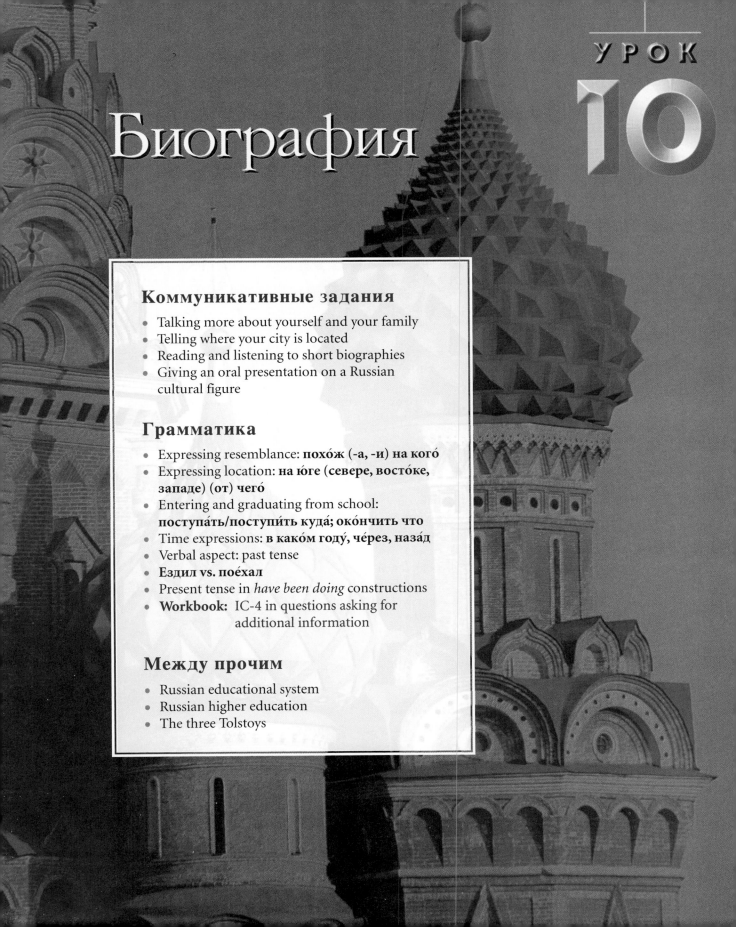

Биография

Коммуникативные задания

- Talking more about yourself and your family
- Telling where your city is located
- Reading and listening to short biographies
- Giving an oral presentation on a Russian cultural figure

Грамматика

- Expressing resemblance: **похо́ж (-а, -и) на кого́**
- Expressing location: **на ю́ге (севере, восто́ке, западе) (от) чего́**
- Entering and graduating from school: **поступа́ть/поступи́ть куда́; око́нчить что**
- Time expressions: **в како́м году́, че́рез, наза́д**
- Verbal aspect: past tense
- **Е́здил vs. пое́хал**
- Present tense in *have been doing* constructions
- **Workbook:** IC-4 in questions asking for additional information

Между прочим

- Russian educational system
- Russian higher education
- The three Tolstoys

Введение

А. На кого́ вы похо́жи?

— Это моя́ сестра́.
— Слу́шай, ты о́чень
похо́ж на сестру́.

— Это мой оте́ц.
— Слу́шай, ты о́чень
похо́жа на отца́.

— Это на́ша мать.
— Слу́шайте, вы о́чень
похо́жи на мать.

Tell a partner who looks like whom in your family by combining elements from the two columns below. Then switch roles.

	ба́бушку
	де́душку
Я похо́ж(а) на. . .	мать
Сестра́ похо́жа на. . .	отца́
Брат похо́ж на. . .	роди́телей
Оте́ц похо́ж на. . .	бра́та, бра́тьев
Мать похо́жа на. . .	сестру́, сестёр
	дя́дю
	тётю

Б. Отку́да вы?

— Са́ра, отку́да вы?
— Я из Ло́ндона.

— Джим, отку́да вы?
— Я из Та́мпы.

— Ребя́та, отку́да вы?
— Мы из Торо́нто.

How would you ask the following people where they are from?

а. преподава́тель
б. большо́й друг
в. мать подру́ги
г. делега́ция Моско́вского университе́та

Разговоры для слушания

Разгово́р 1. У Ча́рльза в гостя́х.
  Разгова́ривают Же́ня, Лю́да и Чарльз.

1. Luda says that she is from Irkutsk. Charles is not sure where Irkutsk is located. What is his guess?
2. According to Luda, in what part of Russia is Irkutsk in fact located?
3. Where was Luda born?
4. Where did she go to college?
5. How long did she work after graduating from college?
6. At what university will she be doing graduate work?

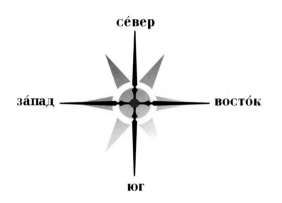

Ме́жду про́чим

Учёные сте́пени

Competition for entrance into Russia's more prestigious institutions of higher learning is intense. One who has graduated (**око́нчил университе́т, институ́т**) receives a **дипло́м.** Admission to graduate school (**аспиранту́ра**) is even more limited. To be eligible for the next degree (**кандида́тская сте́пень**), one must pass exams, write a dissertation, and publish articles on the dissertation topic. The highest degree (**до́кторская сте́пень**) requires years of research experience, published works, and a published dissertation. Law and medical degrees are taken at the undergraduate, not graduate, level.

Разговор 2. По́сле обе́да.
  Разгова́ривают Чарльз и Лю́да.

1. How old is Charles' sister?
2. Where does she go to college?
3. How much older than Charles is his brother?
4. Where does Charles' brother work?

Разговор 3. Америка́нцы ча́сто переезжа́ют.
  Разгова́ривают Чарльз и Лю́да.

1. How old was Charles when his family moved to Denver?
2. In what state did his family live before that?
3. Where did his family move after five years in Denver?
4. Based on this conversation, what do you think the verb **переезжа́ть/перее́хать** means?

Давайте поговорим

Диалоги

1. Я поступа́ла в аспиранту́ру, но не поступи́ла.

— Здра́вствуй, Дэн! Познако́мься, э́то моя́ знако́мая Ка́тя.
— Очень прия́тно, Ка́тя!
— Ка́тя прие́хала из Перми́. Это на восто́ке от Москвы́.
— Как интере́сно! А вы роди́лись в Перми́?
— Нет, я вы́росла в Смоле́нске. Но учи́лась в Перми́. Три го́да наза́д я око́нчила университе́т. Я поступа́ла в аспиранту́ру, но не поступи́ла.
— Да. Я слы́шал, что у вас о́чень тру́дно попа́сть в аспиранту́ру.
— Ну вот. И я пошла́ рабо́тать. Рабо́тала два го́да, а пото́м поступи́ла в Моско́вский университе́т.

2. Дава́й перейдём на «ты»!

— Дэн, я ви́жу, что у тебя́ на столе́ фотогра́фии лежа́т. Это твоя́ семья́?
— Да. Хоти́те, покажу́?
— Дэн, дава́й перейдём на «ты».
— Хорошо́, дава́й! Вот э́то фотогра́фия сестры́.
— Она́ о́чень похо́жа на тебя́. Ско́лько ей лет?
— Два́дцать. Она́ мла́дше меня́ на два го́да.
— Она́ у́чится?
— Да, в Калифорни́йском университе́те. Она́ око́нчит университе́т че́рез год.

3. Кто э́то на фотогра́фии?

— Кто э́то на фотогра́фии?
— Это я три го́да наза́д.
— Не мо́жет быть!
— Пра́вда, пра́вда. Мы тогда́ жи́ли в Теха́се.
— Ты тогда́ учи́лся в шко́ле?
— Да, в деся́том кла́ссе.
— Вы до́лго жи́ли в Теха́се?
— Нет, всего́ два го́да. Мы перее́хали, когда́ я был в оди́ннадцатом кла́ссе.

Образова́ние

Russian universities and institutes have five, not four, years (**ку́рсы**). The students are called **студе́нт/студе́нтка.** Russian schools have eleven grades (**кла́ссы**). The pupils are called **шко́льник/шко́льница** or **учени́к/учени́ца.** Graduate school is **аспиранту́ра.** Graduate students are called **аспира́нт/аспира́нтка.**

4.   Америка́нцы ча́сто переезжа́ют?

— Ребе́кка, а э́то пра́вда, что америка́нцы ча́сто переезжа́ют?
— Да. Мы, наприме́р, переезжа́ли ча́сто. Когда́ мне бы́ло 10 лет, мы перее́хали в Кли́вленд.
— А до э́того?
— До э́того мы жи́ли в Чика́го.
— А пото́м?
— А пото́м через пять лет мы перее́хали из Кли́вленда в Да́ллас.
— А у нас переезжа́ют ре́дко. Вот я роди́лся, вы́рос и учи́лся в Москве́.

5.   Отку́да вы?

— Здра́вствуйте! Дава́йте познако́мимся. Меня́ зову́т Наза́рова Наде́жда Анато́льевна. Пожа́луйста, расскажи́те о себе́. Как вас зову́т? Отку́да вы?
— Меня́ зову́т Мише́ль. Я из Нью-Хэ́мпшира.
— Нью-Хэ́мпшир, ка́жется, на за́паде Аме́рики?
— Нет, на восто́ке.
— А вы живёте у роди́телей?
— Нет, ма́ма и па́па живу́т в друго́м шта́те, во Фло́риде, на ю́ге страны́.

Упражнения к диалогам

Вопросы к диалогам

Диалог 1

1. Кто разговáривает в э́том диалóге?
2. О чём они́ говоря́т?
3. Где вы́росла Кáтя? Где онá учи́лась?
4. Где нахóдится Пермь?
5. Когдá Кáтя окóнчила университéт?
6. Скóлько лет онá рабóтала? В какóм гóроде?
7. Почемý онá сейчáс живёт в Москвé?

находи́ться—to be located

Диалог 2

1. Кто разговáривает в э́том диалóге?
2. Что лежи́т у Дэ́на на столé?
3. У Дэ́на есть брáтья и сёстры?
4. Скóлько лет егó сестрé?
5. Онá рабóтает и́ли ýчится?

Диалог 3

1. Кто на фотогрáфии?
2. Когдá сдéлали фотогрáфию?
3. Где они́ жи́ли, когдá сдéлали фотогрáфию?
4. В какóм клáссе он был?
5. Когдá они́ переéхали?

Диалог 4

1. Ребéкка дýмает, что америкáнцы чáсто переезжáют? А что вы дýмаете?
2. Кудá переéхала семья́ Ребéкки?
3. Скóлько ей бы́ло лет, когдá они переéхали?
4. Где они́ жи́ли до э́того?
5. Когдá они́ переéхали в Дáллас?
6. А рýсские чáсто переезжáют?

Диалог 5

1. Кто разговáривает в э́том диалóге?
2. Откýда Мишéль?
3. Надéжда Анатóльевна знáет, где Нью-Хэ́мпшир?
4. Где Нью-Хэ́мпшир?
5. Где живýт роди́тели Мишéль? А где э́тот штат?

Ле́ксика в де́йствии

A. Немно́го о семье́.

1. In five minutes, find out as much as you can from your classmates about who resembles whom in their families by asking questions such as the following in Russian. Jot down what you learn, and be prepared to report several facts to the entire class.

Remember these accusative animate plurals as you discuss your family:

Он похо́ж на **бра́тьев.**
Она́ похо́жа на **сестёр.**
Кто похо́ж на **дете́й?**
Де́ти похо́жи на **роди́телей.**

Ты похо́ж(а) на ма́му и́ли на па́пу?
Твои́ бра́тья и сёстры похо́жи на роди́телей?
Кто похо́ж на твоего́ де́душку?
Кто похо́ж на тебя́?

2. **О бра́тьях и сёстрах.** Find out from your classmates how old they and their siblings are and what year of school they are in. Be ready to report your findings to the class. Be sure to use **в (-ом) кла́ссе** for grades in grade school and high school, and **на (-ом) ку́рсе** for years in college or university.

3. **Review. Мла́дше и́ли ста́рше?**

Это мой мла́дший брат.	А э́то моя́ мла́дшая сестра́.
Он мла́дше меня́ на́ год.	Она́ мла́дше меня́ на два го́да.
Вот э́то мой ста́рший брат.	И наконе́ц, э́то моя́ ста́ршая сестра́.
Он ста́рше меня́ на три го́да.	Она́ ста́рше меня́ на пять лет.

Compare the ages of people in your family by combining elements from the columns below.

я		меня́		год
брат		его́		два го́да
сестра́	ста́рше	её		три го́да
мать	мла́дше	бра́та	на	четы́ре го́да
оте́ц		сестры́		пять лет
		ма́тери		два́дцать лет
		отца́		два́дцать оди́н год

Б. Родно́й го́род.

Just as most Europeans and Americans would not know the location of **Хи́мки,** a major Moscow suburb familiar to many Russians, Russians may not know the location of your hometown. If you are not from a major city like New York, London, or Montreal, you will need to provide more than the name of your hometown. Here are some ways to do this.

Я из Са́нта-Мо́ники.

Это го́род в шта́те Калифо́рния.
Это го́род на ю́ге Калифо́рнии.
Это при́город Лос-Анджелеса.
Это го́род на за́паде от Лос-Анджелеса.

1. Practice telling in what states the following cities are located.

   Олбани, Литл-Рок, Атланта, Тампа, Сан-Антонио, Балтимор, Анн-Арбор, Сэнт-Луис

2. Say where the following U.S. states are located.

   Образец: Калифорния на западе Америки.

   Орегон, Мэн, Невада, Флорида, Миннесота, Мэриленд, Вермонт, Техас, Висконсин

3. Indicate where the following cities are in relation to Moscow. Consult the map if necessary.

   Образец: — Где Ярославль?   — Он на севере от Москвы.

   Киев, Санкт-Петербург, Калининград, Архангельск, Тбилиси, Рига, Ереван, Иркутск, Смоленск

It is important to provide a context for references to points of the compass. **На западе США (Америки)** = *in the western part of the U.S. (America);* **на западе от Кливленда** = west of Cleveland. If you leave out the context, most Russian listeners will assume you are speaking about the concepts "the West" or "the East" in broad general terms.

4. Working in small groups, tell where you are from.

5. Find out where your classmates are from (by asking **Откуда ты?**) and jot down their answers. Everyone asks and answers at the same time. The first person to be able to tell where everyone is from, wins. Note that the word following **из** is in the genitive case.

В. Подготовка к разговору. Review the dialogs. How would you do the following?

1. Introduce someone.
2. Say where you were born (grew up).
3. Ask where someone was born (grew up, went to college).
4. Say you applied to college.
5. Say you entered college.
6. Say that you graduated from college one (two, four) years ago.
7. Say that you worked (lived) somewhere for two (three, five) years.
8. Suggest switching to **ты** with someone.
9. Say that someone's sister resembles him/her.
10. Say that your sister (brother) is two (five) years younger (older) than you.
11. Say that you will graduate in one (three) years.
12. Say that your family moved somewhere (e.g., New York).
13. Say that you moved somewhere (e.g., Texas) when you were two (thirteen).
14. Say that your family moved often (seldom).
15. Say that you moved from New York to Boston.

Г. О семье. With a partner, have a conversation in Russian in which you find out the following information about each other's families.

1. Names, ages, and birthplaces of family members.
2. Where family members went to college.
3. Whether the family has moved often.
4. Where the family has lived.

Д. О себе. Tell your partner as much as you can about yourself and your family in two minutes. Then, to work on fluency, do it again, but try to say everything in one minute.

Е. Двадцать вопросов. One person in the group thinks of a famous contemporary person. The others ask up to twenty yes-no questions to figure out the person's identity. Here are some good questions to get you started: **Вы мужчина** (*man*)? **Вы женщина** (*woman*)? **Вы родились в России? Вы американец? Вы писатель?**

🔊 Игровые ситуации

1. You are in Russia on an exchange program and your group has been invited to a let's-get-acquainted meeting with Russian students. To get things started, everyone has been asked to say a little bit about themselves.
2. You are at a party in Russia and are anxious to meet new people. Strike up a conversation with someone at the party and make as much small talk as you can.
3. You are new to your host family in Russia, and they would like to know more about your family at home. Tell them about your parents and siblings and where they work or study. Show photographs and explain how much older or younger your siblings are.
4. You were at a Russian friend's house and met someone who spoke English extremely well. Ask your friend about that person's background to find out how he/she learned English so well.
5. At a school in Russia, you have been asked to talk to students about getting into college in your country. Tell about your own experience.
6. Working with a partner, prepare and act out a situation of your own that deals with the topics of this unit.

🔊 Устный перевод

A Russian friend has come to visit your family. Everyone is interested in your friend's background. Serve as the interpreter.

ENGLISH SPEAKER'S PART

1. Sasha, are you from Moscow?
2. Vladivostok is in the north, isn't it?
3. Were you born there?
4. And you're in Moscow now? Where do you go to school?
5. Where did you stay?
6. When will you graduate?
7. So in two years, right?

Грамматика

10.1 Expressing Resemblance: похо́ж на кого́

The word **похо́ж** (**похо́жа, похо́жи**) (*looks like*) is always used with the preposition **на** followed by the accusative case.

Сын похо́ж на отца́.	The son looks like his father.
Дочь похо́жа на ба́бушку.	The daughter looks like her grandmother.
Де́ти похо́жи на мать.	The children look like their mother.

Упражнения

А. Use the correct form of the words in parentheses.

1. — На (кто) похо́ж Анто́н?
   — Он похо́ж на (брат).
2. — На (кто) похо́жа Анна?
   — Она́ похо́жа на (отец).
3. — На (кто) похо́ж Гри́ша?
   — Он похо́ж на (ма́ма).
4. — На (кто) похо́жи твои бра́тья?
   — Они похо́жи на (па́па).

5. — На (кто) похо́жа Со́ня?
   — Она́ похо́жа на (сестра́).
6. — На (кто) похо́ж Ви́тя?
   — Он похо́ж на (сёстры).
7. — На (кто) похо́жа Ла́ра?
   — Она́ похо́жа на (бра́тья).
8. — На (кто) похо́жи де́ти?
   — Они похо́жи на (роди́тели).

Б. Как по ру́сски? (Don't translate the words in brackets.)

1. Vanya looks like [his] brother.
2. Katya and Tanya look like [their] parents. That means Katya looks like Tanya.
3. "Whom do you look like?" "My mother thinks I look like her, but my father thinks I look like him."

➤ *Complete Oral Drills 1–2 and Written Exercise 1 in the Workbook.*

10.2 Expressing Location: на ю́ге/се́вере/восто́ке/за́паде (от) чего́

Да́ча на ю́ге Москвы́.

Да́ча на ю́ге от Москвы́.

The points of the compass are **на** words. To provide a context, use either **от** + the genitive case, or the genitive case alone.

Теха́с **на ю́ге США.**	Texas is *in the south of the U.S.*	Abbreviations that are pronounced as letters, like **США,** are indeclinable.
Ме́ксика **на ю́ге от США.**	Mexico is *south of the U.S.*	

Упражнения

А. Соста́вьте предложе́ния. Make truthful and grammatically accurate sentences by combining words from the columns below. Do not change word order or add extra words, but do put the words in the last column in the genitive case.

Атла́нта			
Владивосто́к		се́вере	Кана́да
Ванку́вер		ю́ге	Росси́я
Монреа́ль	на	за́паде	США
Санкт-Петербу́рг		восто́ке	
Сан-Франци́ско			

Б. Соста́вьте предложе́ния. Make truthful and grammatically accurate sentences by combining words from the columns below. Do not change word order or add extra words, but do put the words following the preposition **от** in the genitive case.

Берли́н				Берли́н
Бонн		се́вере		Бонн
Ло́ндон		ю́ге		Ло́ндон
Мадри́д	на	за́паде	от	Мадри́д
Осло		восто́ке		Осло
Пари́ж				Пари́ж
Хе́льсинки				Санкт-Петербу́рг

➤ *Complete Oral Drill 3 and Written Exercise 2 in the Workbook.*

10.3 Entering and Graduating from School: поступа́ть/поступи́ть (куда́), око́нчить (что)

Ка́тя говори́т: «Три го́да наза́д **я око́нчила университе́т. Я поступа́ла в аспиранту́ру,** но не **поступи́ла**».

Katya says, "Three years ago I *graduated from the university*. I *applied to* graduate school, but didn't *begin* it."

поступа́ть/поступи́ть }
в ко́лледж
в акаде́мию
в институ́т
в университе́т
в аспиранту́ру

Note that when speaking about Russia, **ко́лледж** usually refers to a two-year or three-year trade school, somewhat equivalent to a U.S. community college.

Акаде́мия and **институ́т** are very close in meaning.

око́нчить }
шко́лу
гимна́зию
ко́лледж
акаде́мию
институ́т
университе́т
аспиранту́ру

Гимна́зия is an elite high school.

Упражнения

А.   Запо́лните про́пуски. Fill in the blanks with the preposition **в** where needed.

1. Ма́ша уже́ око́нчила _____ шко́лу.
2. Когда́ она́ посту́пит _____институ́т?
3. Когда́ Са́ша око́нчит _____ университе́т, он посту́пит _____ аспиранту́ру?
4. Вы не зна́ете, когда́ он око́нчит _____ аспиранту́ру?
5. Мои́ друзья́ око́нчили _____ гимна́зию и поступи́ли _____ ко́лледж.

Б.   Как по-ру́сски?

1. Masha graduated from high school and entered the university.
2. When did she finish high school?
3. When will she graduate from college?
4. Will she go to graduate school?

➤   *Complete Oral Drills 4–8 and Written Exercises 3–5.*

10.4 Indicating the Year in Which an Event Takes/Took Place: в како́м году́?

To answer the question **В како́м году́?** (*In what year?*), use **в** followed by the prepositional case of the ordinal number, plus **году́** (which is a special prepositional case form of **год**).

— В како́м году́ вы бы́ли в Евро́пе?
— Мы там бы́ли в две ты́сячи пе́рвом году́.

If the year is a compound number, only the last word in the number will have the prepositional adjective ending (**-ом**). If context makes the century clear, the "18" or "19" may be omitted. For the early part of the twenty-first century, **две ты́сячи** is not omitted.

в	(ты́сяча девятьсо́т)	два́дцать три́дцать со́рок пятьдеся́т шестьдеся́т се́мьдесят во́семьдесят девяно́сто девяно́сто две ты́сячи	пе́рвом второ́м тре́тьем* четвёртом пя́том шесто́м седьмо́м восьмо́м девя́том второ́м	году́

*Remember that the adjective **тре́тий** is soft. The prepositional ending is thus **тре́тьем.**

If the year is not a compound but rather one of the "tens between 50 and 80," it will have a different stress and/or an additional syllable not present in the cardinal number. This is also true of the round year 2000:

в	ты́сяча восемьсо́т ты́сяча девятьсо́т в две ты́сячи	двадца́том тридца́том сороково́м пятидеся́том году́ шестидеся́том семидеся́том восьмидеся́том девяно́стом	году́
	двухты́сячном		

What you need to be able to do:

LISTENING. You should be able to understand the years when they are spoken at normal speed.

WRITING. Only rarely are years written out as words. It is more common to abbreviate as follows: **Мы бы́ли в Евро́пе в 74-ом году́.** Note that the prepositional ending and either the abbreviation **г.** or the word **году́** are often added, even when the year is written as numerals rather than as words. You should be able to do this.

SPEAKING. You should learn to pronounce with confidence the correct answers to the following questions:

В како́м году́ вы родили́сь?
В како́м году́ родили́сь ва́ши роди́тели?
В како́м году́ родили́сь ва́ши бра́тья и сёстры?
В како́м году́ родила́сь ва́ша жена́ (роди́лся ваш муж)?
В како́м году́ родили́сь ва́ши де́ти?

Strategy: If you are asked either **Когда́?** or **В како́м году́?** questions, you will probably find it easier to answer them using **че́рез** or **наза́д** (see 10.5).

Упражнение

Прочита́йте предложе́ния. Read the following sentences aloud.

1. Пе́тя роди́лся в 1989 г.
2. Аля родила́сь в 1972 г.
3. Ира родила́сь в 1990 г.
4. Ва́ня роди́лся в 1980 г.
5. Вади́м поступи́л в университе́т в 2003 г.
6. Окса́на око́нчила университе́т в 2000 г.
7. Де́душка у́мер* в 2001 г.
8. Ба́бушка умерла́ в 1999 г.

*у́мер, умерла́, у́мерли — died (infinitive = **умере́ть**)

➤ *Review **Числи́тельные** in the Workbook; complete Oral Drill 9 and Written Exercise 6 in the Workbook.*

10.5 Time Expressions with через and наза́д

To indicate that something took place (or will take place) after a certain amount of time, use **через** followed by the time expression.

Оля сказа́ла, что она́ пригото́вит обе́д в 6 часо́в. Сейча́с 4 часа́.
Зна́чит, она́ пригото́вит обе́д **через 2 часа́.**

Olya said she would make dinner at 6 o'clock. It's now 4 o'clock. That means she'll make dinner *in two hours.*

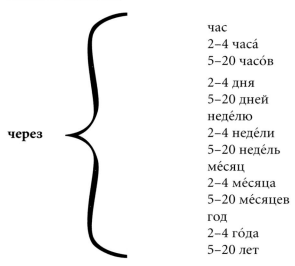

через

час
2–4 часа́
5–20 часо́в

2–4 дня
5–20 дней
неде́лю
2–4 неде́ли
5–20 неде́ль
ме́сяц
2–4 ме́сяца
5–20 ме́сяцев
год
2–4 го́да
5–20 лет

To indicate that something took place a certain amount of time ago, use the time expression followed by **наза́д.**

Сейча́с 6 часо́в. Пе́тя пришёл в 4 часа́. Зна́чит, он пришёл **2 часа́ наза́д.**
It's 6 o'clock. Petya came over at 4 o'clock. That means he arrived *two hours ago.*

час
2–4 часа́
5–20 часо́в
2–4 дня
5–20 дней
неде́лю
2–4 неде́ли
5–20 неде́ль
ме́сяц
2–4 ме́сяца
5–20 ме́сяцев
год
2–4 го́да
5–20 лет

наза́д

оди́н ме́сяц = четы́ре неде́ли
одна́ неде́ля = семь дней

Упражнения

А.   Как по-ру́сски?

Alla graduated from high school a week ago. In three months she'll start university. Her brother graduated from college two years ago. In a year he'll apply to graduate school.

Б.   Отве́тьте на вопро́сы. Answer the following questions truthfully, using time expressions with **через** or **наза́д**. Pay attention to the tense of the verbs.

1. Когда́ вы поступи́ли в университе́т?
2. Когда́ вы око́нчите университе́т?
3. Когда́ вы посту́пите в аспиранту́ру?
4. Когда́ ва́ши бра́тья и сёстры око́нчили шко́лу?
5. Когда́ вы е́дете в Росси́ю?
6. Когда́ вы е́здили в Нью-Йо́рк?
7. Когда́ вы ходи́ли в кино́?

➤   *Complete Oral Drills 10–12 and Written Exercise 7 in the Workbook.*

10.6   Verbal Aspect — Past Tense

The difference in meaning between imperfective and perfective verbs in the future applies to the past tense as well. Perfective verbs refer to complete one-time actions, normally of short duration or with a result that is being emphasized. Imperfective verbs, on the other hand, are used when the action itself, and not its completion or end result, is emphasized. Imperfective verbs are also used to describe actions in progress and actions that are repeated frequently. All verbs, perfective and imperfective, take the usual past tense endings: **-л, -ла, -ло, -ли.**

I.   REPEATED ACTIONS: *imperfective verbs*

If the action described took place more than once, it is expressed with an imperfective verb. Often the repetitive nature of the action is signaled by an adverb such as **всегда́, всё вре́мя, обы́чно, ча́сто, ре́дко, ка́ждый день,** or **ра́ньше.**

Когда́ Ва́ня был в Аме́рике, он ка́ждый день **чита́л газе́ту.**
Когда́ я **учи́лась** в институ́те, я ре́дко **отдыха́ла.** Я всё вре́мя **занима́лась.**

Sometimes English signals repetition by *used to:* used to read, used to rest, etc. Such *used to* expressions are always imperfective in Russian.

Упражнение

Како́й вид глаго́ла? Select the verbs of the needed aspect. Which of these sentences requires an imperfective verb because the action is repeated?

1. Когда́ Же́ня учи́лась в Вашингто́не, она́ ка́ждый день (слу́шала/послу́шала) ра́дио.
2. Мы ра́ньше (покупа́ли/купи́ли) газе́ты на ру́сском языке́.
3. Ма́ма всё вре́мя (говори́ла/сказа́ла) ребёнку, что не на́до опа́здывать.
4. Извини́те, что вы (говори́ли/сказа́ли)? Я вас не расслы́шала.
5. Ва́ня, почему́ ты сего́дня (опа́здывал/опозда́л) на уро́к? Ты ведь ра́ньше не (опа́здывал/опозда́л).

II.   ONE-TIME ACTIONS

Both perfective and imperfective verbs can be used to convey one-time actions. However, as you will see below, perfective verbs are used to emphasize the *result* of an action.

A.   Emphasis on result: *perfective verbs*

The people answering the questions in the captioned pictures below emphasize that they have completed the one-time actions by using perfective verbs. Often the adverb **уже́** indicates a completed action and the need for a perfective verb.

— Мо́жно? Или вы ещё
   пи́шете?
— Нет, уже́ всё **написа́л.**

— Яи́чницу бу́дешь?
— Нет, спаси́бо. Я уже́
   поза́втракала.

— Вы ещё чита́ете газе́ту?
— Я её уже́ **прочита́л.**

B.   Lack of emphasis on result: *imperfective verbs*

Sometimes an action is complete and has a result, but the speaker does not emphasize its completion or result. In such cases, imperfective verbs are used. This is most common with verbs denoting extended activities, such as **чита́ть, слу́шать, смотре́ть,** and **де́лать.**

The question "What did you [or anyone] do?" is always *imperfective.* That question is polite and neutral. To ask the same question in the perfective would have a meaning closer to "What did you get done?", with the expectation that an assignment should have been completed.

— Что ты вчера́ **де́лал?**	"What *did you do* yesterday?"
— **Я отдыха́л, смотре́л** телеви́зор.	"I *relaxed* and *watched* television."

If you ask someone casually whether they have read a book, seen a movie, and so forth, that question is also generally imperfective. The imperfective in such questions is polite and neutral. A perfective question would indicate an expectation that the action should have been completed, for example, if it were an assigned task.

— Ты **чита́ла** «Отцо́в и дете́й»? "Have you *read Fathers and Sons?*"
— Да, **чита́ла** в про́шлом году́. "Yes, I *read* it last year."

The speaker is interested in whether this activity has ever taken place, not whether it was completed.

Упражнение

Are the boldfaced verbs perfective or imperfective? Why?

1. Та́ня, ты хо́чешь есть?
   — Нет, спаси́бо. Я уже́ **пообе́дала.**
2. Серафи́ма Дени́совна, вы уже́ **написа́ли** письмо́ дире́ктору?
3. Ви́тя, где ты был вчера́ ве́чером?
   — Я был в це́нтре. **Обе́дал** в но́вом рестора́не.
4. Что вы **де́лали** вчера́?
   — Мы **занима́лись.**
5. Воло́дя ещё **пока́зывает** сла́йды?
   — Нет, уже́ всё **показа́л.** Мо́жет быть, он тебе́ пока́жет их за́втра.
6. Ты **чита́ла** «Анну Каре́нину»?
   — Да, я её **чита́ла,** когда́ ещё учи́лась в институ́те.
7. В сре́ду Анна **купи́ла** но́вое пла́тье.
8. Мы до́лго **чита́ли** э́тот рома́н. Наконе́ц мы его́ **прочита́ли.**
9. Что вы **де́лали** в суббо́ту?

C.   Duration: *imperfective verbs*

Imperfective verbs are used when the speaker focuses on the length of time an action took place. Often this is conveyed through the use of time expressions such as **весь день, всё у́тро, три часа́.** English allows speakers to focus on process through the use of the past progressive (for example, *was buying, were doing*). Such expressions in the past progressive are always imperfective in Russian.

Мы весь день **гото́вили** у́жин.

Студе́нты **де́лали** зада́ния всю ночь.

Упражнение

Pick the best Russian equivalent for the verbs in the sentences below.

1. Some students were watching videotapes all night (**смотре́ли** видеофи́льмы/**посмотре́ли** видеофи́льмы). Others read their assignments for the next day. (**чита́ли/прочита́ли**)
2. Do you want to get something to eat? Or have you already had lunch? (**обе́дали/пообе́дали**)
3. Some students spent the hour eating lunch. (**обе́дали/пообе́дали**)
4. "Did your parents manage to order the plane tickets yesterday?" (**зака́зывали/заказа́ли**)
5. "Yes, they spent all morning ordering those tickets." (**зака́зывали/заказа́ли**)
6. "Did you manage to write your term paper?" (**писа́ли/написа́ли**) "Yes, but I wrote all night." (**писа́л[а]/написа́л[а]**)
7. We spent four hours fixing dinner. (**гото́вили/пригото́вили**)

III. CONSECUTIVE VS. SIMULTANEOUS EVENTS

Мы **прочита́ли** газе́ту и **поза́втракали.**

We *read* the paper and then *had breakfast.*

Since one action must be finished before the next can begin in a series of events, perfective verbs are usually used to describe a series of complete, one-time actions that took place one after the other.

Мы **чита́ли** газе́ту и **за́втракали.**

We *were reading* the paper while we were *having breakfast.*

Two or more actions occurring simultaneously are normally described with imperfective verbs.

Упражнение

For each sentence, indicate whether the events occurred at the same time or one after the other.

1. Мы поу́жинали, пошли́ в кино́ и посмотре́ли фильм.
2. Когда́ мы поу́жинали, мы пошли́ в кино́.
3. Мы у́жинали и смотре́ли фильм.
4. Когда́ мы у́жинали, мы смотре́ли фильм.

5. Когда́ мы поу́жинали, мы посмотре́ли фильм.
6. Мы купи́ли проду́кты, пошли́ домо́й и пригото́вили обе́д.
7. Когда́ мы купи́ли проду́кты, мы пошли́ домо́й.
8. Когда́ мы покупа́ли проду́кты, мы говори́ли о фи́льме.

IV. DIFFERENT MEANINGS

In some instances, imperfective and perfective Russian verb partners have different English equivalents.

> Анна **поступа́ла** в аспиранту́ру, но не **поступи́ла.**
> Anna *applied* to graduate school, but *did not enroll (get in)*.

> Анна и Вади́м до́лго **реша́ли,** что де́лать, и наконе́ц **реши́ли.**
> Anna and Vadim *considered* what to do for a long time, and finally *decided*.

The oral and written exercises in this unit give you a chance to learn and practice the perfective partners of a number of verbs you already know in the imperfective, as well as of a number of new verbs. Refer to the vocabulary list at the end of the unit.

Упражне́ние

A. Read Masha's description of what she did last night. Then help her complete it by selecting the neutral verb choice for each pair of past tense verbs given. Pay attention to context.

Вчера́ ве́чером я (**смотре́ла/посмотре́ла**) телеви́зор. Я (**смотре́ла/посмотре́ла**) одну́ переда́чу, а пото́м пошла́ в центр. Там я до́лго (**реша́ла/реши́ла**), что де́лать. Наконе́ц я (**реша́ла/реши́ла**) пойти́ в кафе́. Там сиде́ли мои́ друзья́ Со́ня и Ко́стя. Ра́ньше мы ча́сто (**обе́дали/пообе́дали**) вме́сте, а тепе́рь мы ре́дко ви́дим друг дру́га. Мы до́лго (**обе́дали/ пообе́дали**) в кафе́, (**спра́шивали/спроси́ли**) друг дру́га об университе́те и о рабо́те и (**расска́зывали/рассказа́ли**) о се́мьях. Когда́ мы обо всём (**расска́зывали/ рассказа́ли**), мы (**говори́ли/сказа́ли**) «до свида́ния» и пошли́ домо́й. Я о́чень по́здно пришла́ домо́й.

Б. Как по-ру́сски?

Yesterday my friend Viktor and I were having dinner in a restaurant. I ordered meat with potatoes and ice cream. Viktor decided to get chicken with vegetables and coffee. While we were having dinner Viktor was telling me about Moscow and I was asking him about his university. He said that he would graduate from the university in a year. Then we went home.

➤ *Complete Oral Drills 13–18 and Written Exercises 8–11 in the Workbook.*

10.7   Went — е́здил vs. пое́хал

In references to a single trip that went beyond the borders of one city, *went* is normally expressed by **е́здил** or **пое́хал**.

In describing an entire trip that is already over, use a form of **е́здил**:

— Где была́ Ма́ша?
— Она́ **е́здила** в Москву́.

— Куда́ вы **е́здили** в про́шлом году́?
— Мы **е́здили** в Москву́.

Use a form of **пое́хал** when the motion being described is in one direction as in these examples.

- The person has set out for a destination but has not returned:
  — Где Ма́ша?
  — Она **пое́хала** в Москву́.
- The speaker is focusing on the point of departure rather than on the entire trip:
  В суббо́ту мы **пое́хали** в Москву́. Там мы ви́дели мно́го интере́сного.
- The speaker mentions a trip in one direction as an element in a series of one-time actions:
  Мы купи́ли проду́кты и **пое́хали** на да́чу.

Review the similar uses of **ходи́л** and **пошёл,** which are normally used for trips within the confines of one city. See page 265.

Verbs of Going: Review Chart

If you need to say "go," pick the verb from one of these slots. (The forms given are for **я, ты,** and **они́**. Use the correct conjugated form.)

TENSE	FOOT (я, ты, они)	VEHICLE (я, ты, они)
Future	пойду́, пойдёшь, пойду́т	пое́ду, пое́дешь, пое́дут
Present (unidirectional: "they are go<u>ing</u>")	иду́, идёшь, иду́т	е́ду, е́дешь, е́дут
Present (multidirectional: "they go")	хожу́, хо́дишь, хо́дят	е́зжу, е́здишь, е́здят
Past (unidirectional: "they set out")	пошёл, пошла́, пошли́	пое́хал, пое́хала, пое́хали
Past (multidirectional: round trip or many trips)	ходи́л, ходи́ла, ходи́ли	е́здил, е́здила, е́здили

For now, in most situations requiring an infinitive, use **пойти** and **поехать: Я хочу́ пойти́ в университе́т.**

Упражнения

A.   Pick the correct form of the verb based on the context of the sentence.

1.   Где роди́тели?
     — Их нет. Они́ (е́здили-пое́хали) на да́чу. Они́ бу́дут до́ма ве́чером.
2.   А́нна была́ в Сиби́ри?
     — Да, она́ (е́здила-пое́хала) в Сиби́рь ме́сяц наза́д. Хо́чешь, она́ тебе́ всё расска́жет.
3.   Где вы бы́ли год наза́д?
     — Мы (е́здили-пое́хали) на юг отдыха́ть.
4.   — Где вы там отдыха́ли?
     — Из Москвы́ мы (е́здили-пое́хали) в Со́чи. А из Со́чи мы (е́здили-пое́хали) в Новоросси́йск. Пото́м из Новоросси́йска мы (е́здили-пое́хали) в Оде́ссу.

Б.   Как по-ру́сски?

1.   "Where did you go last year?"
     "We went to New York."
2.   "Where is Pavel?"
     "He's gone to St. Petersburg."
3.   "Where was Anya this morning?"
     "She went to a lecture."
4.   "The students had dinner at a restaurant and went home."

➤   *Complete Oral Drill 19 and Written Exercises 12–13 in the Workbook.*

10.8 Have Been Doing—Present Tense

Russian normally uses present tense verbs for actions that began in the past and continue into the present:

Мы давно **живём** в Нью-Йорке.

We *have been living* in New York for a long time.

А мы здесь **живём** только четыре месяца.

We *have been living* here for only four months.

Упражнение

Как по-русски? How would you express the following questions in Russian? How would you answer them?

1. Where do you live?
2. How long (**сколько времени**) have you been living there?
3. How long have you been a student at this university?
4. How long have you been studying Russian?
5. What other foreign languages do you know?
6. How long have you been studying. . . language?

➤   *Complete Oral Drill 20 and Written Exercises 14–15 in the Workbook.*

Давайте почитаем

Наши авторы. Here is a reference listing of well-known Russian authors. Read it to find answers to the following questions:

1. What is the purpose of this article?
2. Supply the information requested for each of the authors: author, birthplace and year, education (if given), current place of residence.
3. How many of the authors listed are women?
4. Which authors have lived abroad? How many still live in Russia? How many are dead?
5. The descriptions mention the forebears of some of the authors. What did you find out?
6. Which authors appear not to have graduated with a literature major? What brings you to this conclusion?
7. Which author do you find the most interesting and why?
8. Name one thing that you learned about the kinds of things each of the authors writes.

НАШИ АВТОРЫ

ВОЙНОВИЧ Владимир. Родился в 1932 г. в Душанбе. Много переезжал, в 1951–55 гг. служил в армии, учился в вечерней школе и полтора года в педагогическом институте. В армии начал писать стихи, потом перешёл на прозу. Его первая повесть «Мы здесь живём» была опубликована в журнале «Новый мир» в 1961 г. В 1962 г. его приняли в Союз писателей. С 1966 г. принимал участие в движении за права человека. В 1969 и 1975 гг. вышел за границей его самый известный роман «Жизнь и необычайные приключения солдата Ивана Чонкина». В 1974 г. он был исключён из СП, и в 1980 г. он эмигрировал. Жил в Германии и в США. Его произведения публиковались за границей и в самиздате. Теперь он живёт в Москве и в Германии. В романах, повестях, рассказах, пьесах и фельетонах он критикует советскую систему. Его произведения «Иванькиада», «Шапка», «Москва 2042» и «Антисоветский Советский Союз» восходят к сатирическим традициям Гоголя, Салтыкова-Щедрина и Булгакова.

МАРИНИНА Александра. Родилась в 1957 г. в Ленинграде. Маринина — псевдоним. Настоящее имя — Марина Алексеева. В 1971 году переехала в Москву. В 1979 г. окончила юридический факультет МГУ и получила распределение в Академию МВД СССР. В 1980 г. получила звание лейтенанта милиции и должность научного сотрудника со специальностью психопатология. В 1986 г. защитила кандидатскую диссертацию. С 1991 г. пишет детективы. Первую свою повесть, «Шестикрылый серафим», она написала с коллегой Александром Горкиным. В 1992–93 г. она написала свой первый детектив без соавтора, «Стечение обстоятельств». Повесть была опубликована в журнале «Милиция» в 1993 г. На сегодняшний день Маринина — один из самых известных писателей популярного жанра русского детектива. Среди её работ — «Игры», «Чужой», «Смерть ради смерти» и другие. Живёт в Москве. В свободное время слушает оперы, играет в карты на компьютере.

ЕРОФЕЕВ Венедикт. Родился в 1938 г. в Карелии. В 1955 г. поступил на филологический факультет МГУ, но был исключён из университета за участие в неофициальном студенческом кружке. В 1959 и 1961 гг. Ерофеев поступил в два педагогических института, но вскоре был исключён из обоих. В 1960–70 гг. жил в ряде городов, работал на строительстве. Первые литературные произведения написаны ещё в студенческие годы, печатались в «самиздате» и за рубежом в 1970–80 гг. Первые произведения в СССР опубликовал в 1990 г. Ерофеев — абсурдист в традициях Гоголя или Кафки. Его романы «Москва — Петушки», «Василий Розанов глазами эксцентрика», пьеса «Вальпургиева ночь или Шаги командора». Ерофеев скончался в 1990 г.

ТОКАРЕВА Виктория. Родилась в 1937 г. в Ленинграде. В 1963 г. окончила Ленинградское музыкальное училище, а в 1969 г. ВГИК. Член СП с 1971 г. Главные темы — рутина семейной жизни, скука, безнадёжность и разочарование жизнью — автор преподносит в лёгкой тональности, которая, по мнению критиков, напоминает Чехова или Зощенко. Токарева — автор ряда рассказов, пьес и киносценариев. Романы «О том, чего не было», «Когда стало немножко теплее», «Летающие качели», «Ничего особенного», «Первая попытка». Живёт в Москве.

ТОЛСТАЯ Татьяна. Родилась в 1951 г. в Ленинграде, прапраплемянница Льва Толстого и внучка А. Н. Толстого. Окончила филологический факультет ЛГУ в 1974 г. Первые рассказы опубликованы в 1983 г. в ленинградском журнале «Аврора». В 1988 г. вышел сборник её рассказов «На золотом крыльце сидели», а в 2000 г. её роман «Кысь». Многие её рассказы переведены на английский. Главные темы автора — негативные аспекты психологического облика людей. В её тематике особое место занимают старики и дети. Последние 10 лет Толстая часто преподаёт в американских вузах и публикует статьи в американских и британских журналах. Сейчас живет и в Москве и в США.

Между прочим

Какой Толстой?

Everyone knows Tolstoy as the author of *War and Peace*. But which Tolstoy? Russia has three famous Tolstoys, two of which are mentioned here. **Лев Николаевич** (1828–1910) was the most famous, author of **Война и мир** and **Анна Каренина. Алексей Константинович** (1817–75) is remembered for his historical trilogy of covering the czars of the sixteenth century. **Алексей Николаевич** (1883–1945) wrote sweeping historical novels, among them **Пётр Первый** and **Иван IV.**

Нужные слова

ВГИК — Всероссийский государственный институт кинематографии
главный — *main*
движение за права человека — *human rights movement*
должность — *position*
за границей — *abroad*
занимать — *to occupy*
защитить — *to defend*
звание — *title*
исключён, исключена (из чего) — *was expelled from*
МВД — **Министерство внутренних дел** — *includes the police,* **милиция**
научный сотрудник — *researcher*

повесть — **маленький роман, новелла**
облик — (psychological) *portrait* [or] *profile*
печататься в «самиздате» — *to be published in samizdat* (underground publishing in Soviet times)
получить распределение = **получить работу**
принимать участие — *to participate*
произведение — *work* (of art or literature)
пьеса — *stage play*
СП — **Союз Писателей** — *Union of Writers.* What then is **член?**
стечение обстоятельств — *coincidence*
строительство — *construction*
участие — *participation*

Вы уже знаете эти слова! The words below are related to English words. What do they mean?

1. **он критикýет совéтскую систéму** — ...?
2. Марúнина — **псевдонúм** Марúны Алексéевой — *Marinina is the... of Marina Alexeeva*
3. **неофициáльный студéнческий** кружóк — ... *club?*
4. **абсурдúст в традúциях** Гóголя или Кáфки — *an... in the... of Gogol and Kafka?*
   Егó произведéния... восхóдят к сатирúческим **традúциям** Гóголя, Салтыкóва-Щедринá и Булгáкова — *His works can be traced back to the... of Gogol, Saltykov-Shchedrin, and Bulgakov.*
5. глáвные **тéмы** — **рутúна** семéйной жúзни — *the main... are the... of family life*
6. áвтор расскáзов и **киносценáриев** — *author of short stories and...*
7. Пéрвые расскáзы **опубликóваны** в 1983 г. — *the first stories were... in 1983*
8. **Глáвные** тéмы áвтора — негатúвные аспéкты **психологúческого óблика** людéй — *The author's... themes are the negative aspects of people's...*

🔘 Давайте послушаем

You are about to hear two short biographies. The first is about Dr. Martin Luther King, and the other is about Andrei Dmitrievich Sakharov.

You probably know that both became famous for their defense of human rights. How much more do you know? Most Russians have heard about King but are unfamiliar with the details of his life. Similarly, many Americans have a vague notion of who Sakharov was but know little more.

You are not expected to understand either of the passages word for word. However, keeping in mind the background knowledge you already possess and listening for key phrases will allow you to get the main ideas.

For both passages you will need these new words:

правá — *rights*
защúта граждáнских прав — *defense of civil rights*
защúта прав человéка — *defense of human rights*
расширéние экономúческих прав — *expansion of economic rights*
вопрóс прав человéка — *problem of human rights*
дéятельность — *activity*
общéственная дéятельность — *public activity*
политúческая дéятельность — *political activity*

А. Ма́ртин Лю́тер Кинг

1. List five things you know about King. Then check to see whether any of them are mentioned in the biography.
2. Listen to the passage again. Pay special attention to the cognates below. Can you identify them? (Note the words in this list are given in the nominative singular. They may appear in other forms in the passage. Do not let the unfamiliar endings throw you off!)

   семина́рия
   бойко́т городско́го тра́нспорта
   бапти́стский па́стор
   ра́совая гармо́ния

3. Listen to the passage once again, paying special attention to the following phrases. Then use context to figure out the meanings of the underlined words.

   филосо́фия **ненаси́льственности** Га́нди
   Но́белевская **пре́мия** ми́ра
   война́ во Вьетна́ме
   «У меня́ есть **мечта́**».

Б. Андре́й Дми́триевич Са́харов

1. Before listening to the passage, read the following new words aloud.
   ми́рное сосуществова́ние — *peaceful coexistence*
   свобо́да — *freedom*
   свобо́да мышле́ния — *freedom of thought*
   он был лишён конта́кта — *he was deprived of contact*
   Съезд наро́дных депута́тов — *Congress of People's Deputies*
   у́мер — *he died* (Note: **он у́мер, она́ умерла́, они́ у́мерли.**)

2. Look up Sakharov in a recent encyclopedia or read the thumbnail sketch below.

   САХАРОВ Андрей Дмитриевич. (1921–89), физик-теоретик, общественный деятель.[1] «Отец» водородной бомбы в СССР (1953). Опубликовал труды[2] по магнитной гидродинамике, физике плазмы, управляемому термоядерному синтезу, астрофизике, гравитации. С конца 60-х до начала 70-х гг. один из лидеров правозащитного движения.[3] После публикации работы «Размышления о прогрессе, мирном сосуществовании и интеллектуальной свободе» (1968) Сахаров отстранён[4] от секретных работ. В январе 1980 г. был сослан[5] в г. Горький. Он возвращён[6] из ссылки в 1986 г. В 1989 г. избран народным депутатом СССР. Нобелевская премия мира (1975).

   [1]общественный деятель — *public figure* [2]*studies* [3]правозащитного движения — *of the human rights movement* [4]*removed from* [5]*exiled* [6]*brought back*

Armed with your background knowledge, listen to the passage about Sakharov with these questions in mind.

- What sort of work did Sakharov do when he was young?
- What sorts of questions did Sakharov become concerned with later?
- What award did Sakharov receive in 1975?
- What was one of the things that Sakharov managed to do during his seven-year exile in Gorky (now called Nizhniy Novgorod)?
- To what governmental body was Sakharov elected in 1989?

3. Use context to figure out the meaning of the boldfaced words.

   Он **защити́л** кандида́тскую диссерта́цию.
   термоя́дерная реа́кция
   конта́кт **с за́падными** корреспонде́нтами

Обзорные упражнения

А. Интервью́. You have been asked to write a feature article for your local newspaper about a visiting Russian musician.

1. In preparation for the interview, write out the questions you plan to ask. The musician knows only Russian.

2. Compare your questions with those of another class member. Help each other determine the appropriateness and accuracy of your questions.

3. Conduct the interview. Your teacher or a visitor will play the role of the musician. Be sure to take notes!

4. On the basis of your interview notes, write the newspaper article in English. This will allow you and your teacher to evaluate how much of the interview you were able to understand.

Б. Выступле́ние. Consult a Russian encyclopedia.

1. Find basic information on a Russian cultural figure (e.g., where he/she was born, grew up, lived, and worked). You may pick someone from the list below, or someone else.

Никола́й Бердя́ев, Юрий Гага́рин, Алекса́ндр Ге́рцен, Фёдор Достое́вский, Ольга Кни́ппер, Алекса́ндра Коллонта́й, Наде́жда Кру́пская, Ве́ра Пано́ва, Ма́йя Плисе́цкая, Серге́й Проко́фьев, Алекса́ндр Пу́шкин, Валенти́на Терешко́ва, Лев Толсто́й, Пётр Чайко́вский, Анто́н Че́хов, Дми́трий Шостако́вич

2. Present your findings to the class. Remember to use what you know, not what you don't.

3. Take notes as your classmates give their presentations.

В. Перепи́ска. Read the following letter to find answers to these questions.

1. To whom is this letter written?
2. In what newspaper did Larisa Ivanovna find out that the organization Carol heads was looking for Russian penpals?
3. What is Larisa Ivanovna's nationality?
4. Where does she live?
5. She mentions two things she loves. What are they?
6. What did she study at the university?
7. What is her daughter studying?
8. In what language does she want to correspond?

Дорогая Кэрол!

Из моей любимой газеты „Известия" я узнала, что члены Вашей организации хотят переписываться с русскими женщинами.

Несколько слов о себе: зовут меня Лариса, я грузинка, живу в Тбилиси, столице Грузии. Очень люблю свою родину – Грузию.

Мне 47 лет, окончила Тбилисский государственный университет, филологический факультет, замужем, дочь – студентка первого курса медицинского института.

К сожалению, я не владею английским языком. Если кто-либо из членов Вашей организации владеет русским, я бы хотела переписываться на русском языке. Если нет, то я найду себе переводчика. Главное, чтобы разборчиво писали.

С уважением,
Лариса Ивановна.

Answer Larisa Ivanovna's letter. Include as much information as you can about yourself and your family, as well as two or three questions about her.

Г.   Семья́ и карье́ра. Boris Gorbunov lives in Smolensk with his wife, Tanya. Boris is a programmer who dreams of moving to Moscow to work for Microsoft. Tanya, a teacher in the local pedagogical institute, is happy in Smolensk, where they have recently managed to get a cozy apartment. Today Boris received an e-mail message from the Moscow division of Microsoft. Scan the message and then listen to the conversation to find out whether the statements given below are true or false.

Многоуважаемый г-н Горбунов!

Позвольте мне от имени "Microsoft" предложить Вам должность "старший программист" в нашем Московском представительстве.

Я прошу Вас внимательно просмотреть условия, предложенные в прилагаемом документе. Если они Вас устраивают, подтвердите Ваше согласие личной подписью и пришлите этот бланк нам. (Вы можете прислать бланк по указанному факсу.)

Как мы договорились по телефону, мы надеемся, что Вы сможете начать работу у нас не позже, чем 01.09 с.г.

Если у Вас будут какие-либо вопросы, прошу обратиться сразу ко мне лично.

Примите мои добрые пожелания! Welcome to Microsoft!

ДА или НЕТ?

1. Бо́ря пригото́вил у́жин для Та́ни.
2. Та́не не нра́вится ланге́т с шампиньо́нами.
3. Бо́ря и Та́ня живу́т с роди́телями Бо́ри.
4. Бо́ря — оди́н из бли́зких знако́мых Би́лла Ге́йтса.
5. Та́ня давно́ хо́чет име́ть ребёнка.
6. Та́ня ра́ньше не зна́ла, что Бо́ря получи́л предложе́ние от большо́й америка́нской фи́рмы.
7. Та́ня хо́чет жить в Смоле́нске, потому́ что у неё там хоро́шая рабо́та.
8. Та́ня <u>не</u> хо́чет переезжа́ть в Москву́, потому́ что у неё там нет знако́мых.
9. Та́ня гото́ва пойти́ на компроми́сс, е́сли это зна́чит, что Бо́ря бу́дет зараба́тывать бо́льше де́нег.
10. Бо́ря не понима́ет, почему́ Та́ня не хо́чет переезжа́ть в Москву́.
11. В конце́ разгово́ра Та́ня понима́ет, что лу́чше жить в Москве́.

Новые слова и выражения

NOUNS

аспиранту́ра	graduate school
восто́к (на)	east
за́пад (на)	west
ка́ждый	every
класс (в)	class, year of study in grade school or high school
курс (на)	class, year of study in institution of higher education
ме́сяц (2–4 ме́сяца, 5 ме́сяцев)	month
неде́ля (2–4 неде́ли, 5 неде́ль)	week
при́город	suburb
се́вер (на)	north
страна́	country, nation
юг (на)	south

ADJECTIVES

друго́й	other, another
знако́мый	acquaintance, friend
похо́ж (-а, -и) на + *accusative*	resemble, look like

VERBS

вы́расти (*perfective*)	to grow up
вы́рос, вы́росла, вы́росли (*past tense*)	
за́втракать/по-	to eat breakfast
(за́втракаю, за́втракаешь, за́втракают)	
зака́зывать/заказа́ть	to order
(зака́зываю, зака́зываешь, зака́зывают)	
(закажу́, зака́жешь, зака́жут)	
име́ть ребёнка	to have a child
обе́дать/по- (обе́даю, обе́даешь, обе́дают)	to have lunch
око́нчить (*perfective*)	to graduate from (*requires direct object*)
(око́нчу, око́нчишь, око́нчат)	
переезжа́ть/перее́хать *куда́*	to move, to take up a new living place
(переезжа́ю, переезжа́ешь, переезжа́ют)	
(перее́ду, перее́дешь, перее́дут)	
писа́ть/на- (пишу́, пи́шешь, пи́шут)	to write
пойти́ рабо́тать *куда́* (*perfective*)	to begin to work, to begin a job
(пойду́, пойдёшь, пойду́т)	
пока́зывать/показа́ть	to show
(пока́зываю, пока́зываешь, пока́зывают)	
(покажу́, пока́жешь, пока́жут)	
поступа́ть/поступи́ть *куда́*	to apply to, to enroll in
(поступа́ю, поступа́ешь, поступа́ют)	
(поступлю́, посту́пишь, посту́пят)	

Новые слова и выражения

приезжа́ть/прие́хать (приезжа́ю, приезжа́ешь, приезжа́ют) (прие́ду, прие́дешь, прие́дут)	to arrive (*by vehicle*)
расска́зывать/рассказа́ть (расска́зываю, расска́зываешь, расска́зывают) (расскажу́, расска́жешь, расска́жут)	to tell, narrate
реша́ть/реши́ть (реша́ю, реша́ешь, реша́ют) (решу́, реши́шь, реша́т)	to decide
слу́шать/про- *кого/что* (слу́шаю, слу́шаешь, слу́шают)	to listen to
смотре́ть/по- (смотрю́, смо́тришь, смо́трят)	to watch
ужинать/по- (у́жинаю, у́жинаешь, у́жинают)	to have dinner
чита́ть/про- (чита́ю, чита́ешь, чита́ют)	to read

ADVERBS

давно́ (+ *present tense verb*)	for a long time
до́лго (+ *past tense verb*)	for a long time
пото́м	then, afterward
ре́дко	rarely
тогда́	then, at that time
ча́сто	frequently

PREPOSITIONS

из *чего́*	from
наза́д	ago
че́рез	in, after

PHRASES AND OTHER WORDS

В про́шлом году́	last year
Дава́й перейдём на ты.	Let's switch to **ты.**
до э́того	before that
ка́жется	it seems
на ю́ге (на се́вере, на восто́ке, на за́паде) страны́	in the south (north, east, west) of the country
Отку́да вы (ты)?	Where are you from?
Ребя́та!	Guys (*conversational term of address*)
у роди́телей	at (one's) parents' (house)

PASSIVE VOCABULARY

война́	war
гла́вный	main
движе́ние за права́ челове́ка	human rights movement

Новые слова и выражения

де́ятельность	activity
обще́ственная де́ятельность	public activity
полити́ческая де́ятельность	political activity
до́лжность	position
за грани́цей	abroad
занима́ть	to occupy
защища́ть/защити́ть	to defend
зва́ние	title
мечта́	dream (aspiration, *not* sleep)
нау́чный сотру́дник	researcher
печа́тать	to publish
по́весть	novella
пра́во	right
защи́та гражда́нских прав	defense of civil rights
защи́та прав челове́ка	defense of human rights
вопро́с прав челове́ка	problem of human rights
произведе́ние	work (*of art or literature*)
пье́са	stage play
свобо́да	freedom
строи́тельство	construction
умере́ть (*perf. past:* у́мер, умерла́, у́мерли)	to die
уча́стие	participation
принима́ть уча́стие	to participate
член	member

PERSONALIZED VOCABULARY

_____

_____

_____

_____

Русско-английский словарь

Bold numbers in brackets indicate the Unit in which a word is first introduced as active vocabulary. Non-bold numbers indicate a first-time use as passive vocabulary. Irregular plural forms are given in this order: nominative, genitive, dative, instrumental, prepositional. Only irregular forms or forms with stress changes are given, e.g., (*pl.* **сёстры, сестёр, сёстрам, -ами, -ах**)

For words denoting cardinal and ordinal numerals, see Appendix D.

А

а [**1**, *see 3.10*] — and (*often used to begin questions or statements*)
авангарди́ст [**8**] — avant-garde artist
авиабиле́т [**2**] — airplane ticket
автоотве́тчик [**5**] — answering machine
Азия [**4**] — Asia
аллерги́я [**9**] — allergy
алло́ [**5**] — hello (*on telephone*)
альбо́м [**8**] — album
Аме́рика [**1**] — America (the U.S.)
америка́нец / америка́нка [**1**] — American (*person*)
америка́нский [**2**, *see 3.7*] — American
англи́йский [**3**, *see 3.6, 3.7*] — English
англича́нин / англича́нка [**1**] (*pl.* **англича́не, англича́н** [**3**, *see 3.6, 3.7*]) — English (*person*)
Англия [**1**] — England
англо-ру́сский [**2**] — English-Russian
анке́та [**1**] — questionnaire
антрополо́гия [**4**] — anthropology
апельси́н [**9**] — orange
ара́б / ара́бка [**3**, *see 3.7*] — Arab (*person*)
ара́бский [**3**, *see 3.6, 3.7*] — Arabic
Арме́ния [**3**] — Armenia
армяни́н (*pl.* **армя́не, армя́н**), **армя́нка** [**3**, *see 3.7*] — Armenian (*person*)
армя́нский [**3**, *see 3.6, 3.7*] — Armenian
архите́ктор [**7**] — architect
архитекту́ра [**4**] — architecture
аспиранту́ра [**4**] — graduate school
ассорти́ (*indecl.*) [**9**] — assortment
 мясно́е ассорти́ — cold cuts assortment
аудито́рия [**2, 5**] — classroom
аэро́бика [**4**] — aerobics

Б

ба́нка (ба́ночка) [**9**] — jar *or* can
ба́бушка [**6**] — grandmother

бакале́я [**9**] — baking goods store
бале́т [**4**] — ballet
бана́н [**9**] — banana
банк [**5**] — bank
бассе́йн [**5**] — swimming pool
без (+ *genitive*) [**9**] — without
бе́лый [**6**] — white
библиоте́ка [**4**] — library
библиоте́карь [**7**] — librarian
бизнесме́н / бизнесме́нка [**1**] — businessperson
биоло́гия [**4**] — biology
бифште́кс [**9**] — steak
блу́зка [**2**] — blouse
блю́до [**9**] — dish (food, *not the physical plate*)
больни́ца [**7**] — hospital
большо́й [**2**] — large
 Большо́е спаси́бо! [**3**] — Thank you very much!
борщ [**9**] — borsch
боти́нки [**2**] — men's shoes
брат (*pl.* **бра́тья, бра́тьев**) [**4, 6**] — brother
брать (**бер-у́, -ёшь, -у́т; брала́, бра́ли**) / **взять** (**возьм-у́, -ёшь, -у́т; взяла́, взя́ли**) [**9**] — to take
 Что вы посове́туете нам взять? [**8**] — What do you advise us to take?
брю́ки (*pl. only: genitive:* **брюк**) [**2**] — pants
бу́блик [**9**] — bagel
Бу́дьте добры́! [**9**, *see also* **быть**] — Could you please . . . ?
бу́лка [**9**] — small white loaf of bread; roll
бу́лочная (*adj. decl.*) [**9**] — bakery
бульо́н [**9**] — bouillon
бутербро́д [**9**] — sandwich (open-faced)
буты́лка [**9**] — bottle
бухга́лтер [**7**] — accountant
бы́стро [**3**] — quickly
быть (*fut.:* **бу́д-у, -ешь, -ут; была́, бы́ли**) [**8**, *see 8.1, 9.3, 9.4, 9.5*] — to be
бюро́ (*indecl.*) [**7**] — bureau
 бюро́ недви́жимости — real estate agency
 туристи́ческое бюро́ — travel agency

В

в — in; on; at; to
 (+ *prepositional case*) [**1**, *see 3.8, 5.5*] — in
 (+ *accusative case for direction*) [**5**, *see 5.5*] — to
 (+ *accusative case of days of week*) [**5**, *see 5.1*] — on
 (+ *hour* [**5**, *see 5.1*]) — at
 во-пе́рвых. . . во-вторы́х. . . в-тре́тьих [**6**] —
  in the first (second, third) place
 Во ско́лько? [**5**] — At what time?
ва́нная (*declines like adj.*) [**6**] — bathroom
 (bath/shower; no toilet)
ва́режки (*pl.*) [**2**] — mittens
ваш (**ва́ше, ва́ша, ва́ши**) [**2**, *see 2.4*] — your
 (*formal or plural*)
введе́ние [**1**] — introduction
ведь [**8**] — you know; after all (*filler word, never
 stressed*)
ве́рсия [**2**] — version
ве́рующий (*declines like adj.*) [**6**] — believer
весёлый [**7**] — cheerful
весь [**5**] — all
 весь день [**5**] — all day
ве́чер [**1**] — evening
 ве́чером [**5**] — in the evening
 До́брый ве́чер! [**1**] — Good evening!
вещь (*fem.*) [**8**] — thing
взять (*perf.* **возьм-у́, -ёшь, -ут; взяла́, взя́ли;** *see*
 брать/взять — to take
 Что вы посове́туете нам взять? [**8**] — What do
  you advise us to take?
ви́деть (**ви́ж-у, ви́д-ишь, ят**) /**у-** [**6**] — to see
видеока́мера [**2**] — video camera
видеокассе́та [**2**] — video cassette
видеомагнитофо́н [**2**] — video cassette recorder
ви́за [**2**] — visa
виногра́д (*singular only*) [**9**] — grapes
висе́ть (**виси́т, вися́т**) [**6**] — to be hanging
вку́сный [**9**] — good; tasty
вме́сте [**5**] — together
внук [**7**] — grandson
вну́чка [**7**] — granddaughter
вода́ (*pl.* **во́ды**) [**6**] — water
война́ [**10**] — war
во-пе́рвых. . . , во-вторы́х. . . [**9**] — In the first
 place . . . , in the second place . . .
воскресе́нье [**5**, *see 5.1*] — Sunday
восто́к (**на**) [**10**, *see 10.2*] — east
вот [**2**] . . . — here is . . .
 Вот как?! [**4**] — Really?!

врач (*all endings stressed*) [**7**] — physician
вре́мя (*neuter*) [**5**] — time
 Ско́лько вре́мени? — What time is it?
всё [**2, 3**] — everything; that's all
все [**5**] — everybody; everyone (*used as a pronoun*)
всегда́ [**3**] — always
встава́ть (**встаю́, -ёшь, -ют**) [**5**] — to get up
второ́е (*adj. decl.*) [**9**] — main course; entree
вто́рник [**5**, *see 5.1*] — Tuesday
второ́й [**4**] — second
вуз (**вы́сшее уче́бное заведе́ние**) [**4**] — institute of
 higher education
вчера́ [**5**] — yesterday
вы [**1**, *see 1.1*] — you (*formal and plural*)
вы́бор [**8**] — selection
вы́пить (**вы́пь-ю, -ешь, -ют;** *perf., see* **пить**)
 [**9**, *see 9.1*] — to drink
вы́расти (*perf. past:* **вы́рос, вы́росла, вы́росли**)
 [**7**, *see 7.3*] — to grow up
высо́кий [**6**] — high
вьетна́мский [**4**, *see 3.6, 3.7*] — Vietnamese

Г

газ [**6**] — natural gas
газе́та [**2**] — newspaper
галантере́я [**8**] — men's/women's accessories
 (*store or department*)
га́лстук [**2**] — tie
гара́ж (*ending always stressed*) [**6**] — garage
гастроно́м [**9**] — grocery store
где [**1**, *see 5.4, 5.5*] — where
Герма́ния [**3**] — Germany
гла́вный [**10**] — main
говори́ть (**говор-ю́, -и́шь, -ят**)/**сказа́ть** (**скаж-у́,**
 ска́ж-ешь, -ут) [**3**] — to speak, to say
 Говори́те ме́дленнее. [**3**] — Speak more slowly.
 Говоря́т, что. . . [**7**] — They say that . . . ;
  It is said that. . .
 Как вы сказа́ли [**1**] — What did you say?
год (**2–4 го́да, 5–20 лет**) [**7**] — year(s) [old]
 Dative + . . . **год** (**го́да, лет**). [*See 7.4*] —
  . . . is . . . years old.
 В како́м году́ [*See 10.4*] — in what year
головно́й убо́р [**8**] — hats
го́лос (*pl.* **голоса́**) [**1**] — voice
голубо́й [**6**] — light blue
го́род (*pl.* **города́**) [**1**] — city
горчи́ца [**9**] — mustard
горя́чий [**6**] — hot (*of things, not weather*)

гости́ная (*declines like adj.*) [6] — living room
госуда́рственный [4] — state
гото́вить (гото́в-лю, -ишь, -ят)/при- [9] — to prepare
гото́вый [9] — prepared
   Short form: **гото́в: Обе́д гото́в** — Lunch is ready
грамма́тика [1] — grammar
грани́ца — border
   за грани́цей (*answers* где) [10] — abroad
гриб [9] — mushroom

Д

да [1] — yes
да (*unstressed particle*) [7] — but
   Да как сказа́ть? — How should I put it?
дава́й(те) [1] — Let's . . .
   Дава́й перейдём на ты. [10] — Let's switch to ты.
   Дава́й(те) пое́дем . . . [5] — Let's go . . . (*by vehicle; to another city*)
   Дава́й(те) пойдём . . . [5] — Let's go . . . (*on foot; someplace within city*)
   Дава́йте поговори́м! [1] — Let's talk!
   Дава́йте познако́мимся! [1] — Let's get acquainted.
   Дава́йте почита́ем! [1] — Let's read!
давно́ (+ *present tense verb*) [8] — for a long time
да́же [8] — even
да́льше [6] — further; next
да́ча (на) [5] — dacha; summer cottage
дверь (*fem.*) [6] — door
движе́ние [10] — movement
   движе́ние за права́ челове́ка — human rights movement
дво́е [7, *see* 7.6] — two (*most often with* **детей: дво́е детей**)
дво́йка [4] — D (a failing grade in Russia)
двою́родная сестра́ (*pl.* сёстры, сестёр, сёстрам, - ами, -ах) [7] — cousin (female)
двою́родный брат [7] (*pl.* бра́тья, бра́тьев) — cousin (male)
де́вочка [6] — (little) girl
де́вушка [8] — (young) woman
   Де́вушка! [8] — Excuse me, miss!
де́душка [7] — grandfather
де́йствие: ле́ксика в де́йствии [1] — vocabulary in action
деклара́ция [2] — customs declaration
де́лать (де́ла-ю, -ешь, -ют)/с- [5] — to do; to make

Я хочу́ сде́лать *кому́* **пода́рок.** [8] — I want to give *someone* a present.
д(е)нь (*masc., pl.* дни) [1] — day
   д(е)нь рожде́ния [8] — birthday (*lit.* day of birth)
   днём — during the day (afternoon)
   весь день [5] — all day
   До́брый день! [1] — Good day!
   Како́й сего́дня день [5]? — What day is it today?
   С днём рожде́ния! [8] — Happy Birthday!
де́ньги (*always plural; gen.* де́нег) [8] — money
де́ти (5 детей) [7, *see* 7.6] — children
де́тский [8] — children's
дешёвый [8] — cheap
де́ятельность [10] — activity
   обще́ственная де́ятельность [10] — public activity
   полити́ческая де́ятельность [10] — political activity
джи́нсы [2] (*pl.*) — jeans
диало́г [1] — dialog
дива́н [6] — couch
дипло́м [4] — college diploma
диск [8] — short for **компа́кт-ди́ск** (CD)
диске́тка [2] — diskette
днём [5, *see* день] — in the afternoon
до (+ *genitive*) — up until; before
   До свида́ния. [3] — Goodbye.
   до э́того [10] — before that
до́брый [1] — *lit.:* kind
   До́брое у́тро! [1] — Good morning!
   До́брый ве́чер! [1] — Good evening!
   До́брый день! [1] — Good afternoon!
дово́льно [3] — quite
Договори́лись. [5] — Okay. (We've agreed.)
докуме́нт [2] — document; identification
до́лго [10] — for a long time
до́лжен (должна́, должны́) (+ *infinitive*) [5, *see* 5.6] — must
до́лжность [10] — position; duty
до́ллар (5–20 до́лларов) [8] — dollar
дом (*pl.* дома́) [2] — home; apartment building
до́ма [3] — at home
домо́й [5] — (to) home (*answers* куда́)
домохозя́йка [7] — housewife
дорого́й [8] — expensive; dear
   Это (совсе́м не) до́рого! [8] — That's (not at all) expensive!
доска́ (*pl.* до́ски) [2] — (black)board
дочь (*gen., dat. prep. sg.* до́чери, *instr.* до́черью;

nom. pl. до́чери, дочере́й, дочеря́м, -я́ми, -я́х) [4, 7] — daughter
друг (*pl.* друзья́) [7] — friend
друго́й [10] — other; another
ду́мать (ду́ма-ю, -ешь, -ют) / по- [4] — to think
душ [5] — shower
дя́дя (*genitive pl.* дя́дей) [7] — uncle

Е

европе́йский [3, *see 3.6, 3.7*] — European
Еги́п(е)т [3] — Egypt
его́ [2, *see 2.4*] — his
едини́ца [4] — F (grade)
еди́нственный [7] — the only
её [2, *see 2.4*] — her
е́здить (е́зж-у, е́зд-ишь, -ят) [10, *see 10.7*] — to go (*by vehicle, round trips*)
Ерева́н [3] — Yerevan (*capital of Armenia*)
е́сли [6, 9] — if
есть (+ *nominative*) [2, 6, *see 2.8, 6.3, 8.2*] — there is
есть (ем, ешь, ест, еди́м, еди́те, едя́т; ел, ела)/съ- [9, *see 9.1*] — to eat
е́хать (е́д-у, -ешь, -ут)/по- [5, *see 5.3, 10.7*] — to go; set out by vehicle
ещё [3] — still; else
    Что ещё ну́жно? [9] — What else is needed?

Ж

ждать (+ *genitive for inanimate*) [5] — to wait
    Жду письма́ . . . — Write! (I'm awaiting your letter.)
жёлтый [6] — yellow
жена́ (*pl.* жёны) [5, 7] — wife
жена́т [7] — married (*said of a man*)
же́нский [8] — women's
же́нщина [8] — woman
жили́щные усло́вия [6] — living conditions
жить (жив-у́, -ёшь, -у́т; жила́, жи́ли) [3] — to live
    Я живу́ . . . Кто живёт . . . [1] — I live . . . Who lives . . .
журна́л [2] — magazine
журнали́ст [7] — journalist
журнали́стика [4] — journalism

З

забы́ть (*perf. past:* забы́ла, забы́ли) [3] — to forget
заво́д (на) [7] — factory
за́втра [5] — tomorrow

за́втрак [5] — breakfast
за́втракать (за́втрака-ю, -ешь, -ют)/по- [5] — to eat breakfast
зада́ние [1] — task; assignment
    коммуникати́вные зада́ния — communicative tasks
зака́зывать (зака́зыва-ю, -ешь, -ют)/заказа́ть (закаж-у́, зака́ж-ешь, -ут) [9] — to order
закры́т (-а,-о,-ы) [8] — closed
закры́ть (*perf. past:* закры́л, закры́ла, закры́ли) [8] — to close
    Закро́йте! [2] — Close.
заку́ски [9] — appetizers
за́мужем [7] — married (*said of a woman*)
занима́ть [10] — to occupy
занима́ться (занима́-юсь, -ешься, -ются) [4, *see 4.3*] — to study, do homework
заня́тие (на) [5] — class
за́пад (на) [10, *see 10.2*] — west
за́пись (*fem.*) [2] — recording
заплати́ть (*perf., see* плати́ть) [8] — to pay
запо́лнить (*perf.*) — to fill in
    Запо́лните про́пуски. [2] — Fill in the blanks.
зачёт [4] — passing grade (pass/fail)
защища́ть/защити́ть [10] — to defend
зва́ние [10] — title
здесь [1] — here
здоро́вый [7] — healthy
Здра́вствуй(те)! [1] — Hello!
зелёный [6] — green
знако́мый [5] — acquaintance; friend (*used as a noun*)
знать (зна́-ю, -ешь, -ют) [3] — to know
зна́чить — to mean
    Зна́чит . . . [1] — So . . .
    Зна́чит так. [7] — Let's see . . .
зову́т — they call
    Меня́ зову́т . . . [1] — My name is . . .
зубно́й врач [7] — dentist

И

и [2, *see 3.10*] — and
игра́ (*pl.* и́гры) [2] — game
игрова́я ситуа́ция [1] — role-play
игру́шки [8] — toys
идти́ (иду́, -ёшь, -у́т)/пойти́ (пойд-у́, -ёшь, -у́т) [5, *see 5.3, 8.3, 10.7*] — to go (*on foot*); to walk; to set out
из (+ *genitive*) [8, 10] — from (out of) + *genitive*

извинить (*perf.*) — to excuse
  Извини́те. [3] — Excuse me.
изуча́ть (изуча́-ю, -ешь, -ют)(+) [3, *see 4.3*] — to study (*requires direct object*)
ико́на [6] — religious icon
икра́ [9] — caviar
и́ли [4] — or
име́ть ребёнка [10] — to have a child
импрессиони́ст [8] — impressionist
и́мя (*neuter*) [1, *see 1.2*] — first name
  и́мя-о́тчество [1] — name and patronymic
инжене́р [7] — engineer
иногда́ [3] — sometimes
иностра́нный [4] — foreign
институ́т [1] — institute (*institution of post-secondary education*)
  Институ́т иностра́нных языко́в [4] — Institute of Foreign Languages
интере́сный [2] — interesting
  Интере́сно . . . — I wonder . . .; It's interesting . . .
Ирку́тск [1] — Irkutsk (*city in Siberia*)
иску́сство [8] — art
испа́н(е)ц / испа́нка [3] — Spaniard (*person*)
Испа́ния [3] — Spain
испа́нский [3, *see 3.6, 3.7*] — Spanish
исто́рия [4] — history
Ита́лия [3] — Italy
италья́н(е)ц / италья́нка [3, *see 3.7*] — Italian (*person*)
италья́нский [3, *see 3.6, 3.7*] — Italian
их [2, *see 2.4*] — their

К

кабине́т [6] — office
ка́ждый [5] — each, every
  ка́ждый день [5] — every day
ка́жется [10] — it seems
как [4] — how
  Как вас (тебя́) зову́т? [1, 7] — What's your name?
  Как ва́ша фами́лия? [1] — What's your last name?
  Как ва́ше о́тчество? [1] — What's your patronymic?
  Как вы сказа́ли? [1] — What did you say? (*formal and plural*)
  Как по-ру́сски . . . ? [3] — How do you say . . . in Russian?
  Как ты сказа́л(а)? [1] — What did you say? (*informal*)

Как ты? [2] — How are you? (*informal*)
  Как называ́ется (называ́ются) . . . ? [9] — What is (are) . . . called? (*said of things, not people*)
како́й [2, *see 2.6*] — what; which
  Како́й сего́дня день? [5] — What day is it?
  Како́го цве́та . . . ? [6] — What color is/are . . . ?
калифорни́йский [4] — Californian
Кана́да [1] — Canada
кана́дец / кана́дка [1, *see 3.7*] — Canadian (*person*)
кана́дский [3, *see 3.6, 3.7*] — Canadian
капу́ста [9] — cabbage
каранда́ш (*pl.* карандаши́) [2] — pencil
ка́рта [8] — map
карто́фель (карто́шка) [9] — potato(es)
ка́рточка [8] — card
  креди́тная ка́рточка [8] — credit card
ка́сса [8] — cash register
кассе́та [2] — cassette
кассе́тник (кассе́тный магнитофо́н) [2] — cassette player
кастрю́ля [8] — pot
кафе́ [*pronounced* кафэ́] (*masc.; indecl.*) [5] — cafe
ка́федра (на) [4] — department
  ка́федра ру́сского языка́ [4] — Russian department
  ка́федра англи́йского языка́ [4] — English department
кафете́рий [9] — restaurant-cafeteria
ка́ша [9] — cereal; grain
квадра́тный [6] — square
кварти́ра [3] — apartment
Квебе́к [1] — Québec
кино́ (*indeclinable*) [5] — the movies
кинотеа́тр [5] — movie theater
кита́ец / китая́нка [3, *see 3.7*] — Chinese (*person*)
Кита́й [3] — China
кита́йский [3, *see 3.6, 3.7*] — Chinese
класс (в) [7] — class; year of study in grade school or high school (*first grade, second grade, etc.*)
кни́га [2] — book
кни́жный [8] — book(ish)
ков(ё)р (*ending always stressed*) [6] — rug
когда́ [3] — when
колбаса́ [9] — sausage
колго́тки (*pl.*) [2] — pantyhose
ко́лледж [4] — in the U.S.: small college; in Russia: equivalent to community college
колумби́йский [4] — Columbia(n)
коммерса́нт [7] — businessperson
комме́рческий [7] — commercial; trade

коммуникати́вные зада́ния [1] — communicative tasks

коммуника́ция [4] — communications

компа́кт-ди́ск [2] — CD

комплиме́нт [3] — compliment

компью́тер [2] — computer

компью́терная те́хника [4] — computer science

коне́чно [4] — of course

копе́йка (5–20 копе́ек) [7] — kopeck

коре́йский [4, see 3.6, 3.7] — Korean

коридо́р [6] — hallway; corridor

кори́чневый [6] — brown

коро́бка [9] — box

косме́тика [8] — cosmetics

костю́м [2] — suit

котле́ты по-ки́евски [9] — chicken Kiev

ко́фе (masc., indecl.) [9] — coffee
  ко́фе с молоко́м — coffee with milk

ко́фта [2] — cardigan

краси́вый [2] — pretty

кра́сный [6] — red

креди́тный [8] — credit
  креди́тная ка́рточка — credit card

кре́сло [6] — armchair

крова́ть (fem.) [6] — bed

кроссо́вки (pl.) [2] — athletic shoes

кто [1] — who
  Кто по профе́ссии . . . [7] — What is . . .'s profession?
  Кто. . . по национа́льности? [3] — What is . . .'s nationality?

куда́ [5, see 5.4, 5.5] — where (to)

культу́ра [4] — culture

купа́льник [2] — woman's bathing suit

купи́ть (perf., see покупа́ть/купи́ть) [8] — to buy

ку́рица [9] — chicken

курс (на) [4] — course; year in university or institute

ку́ртка [2] — short jacket

кусо́к (кусо́чек) [9] — piece

ку́хня (на) [6] — kitchen; cuisine; style of cooking

Л

лаборато́рия [3, 7] — laboratory

ла́дно [7] — okay

ла́мпа [6] — lamp

ланге́т [9] — fried steak

легко́ [8, see 8.6] — easy

лежа́ть (лежи́т, лежа́т) [6] — to be lying (location)

На полу́ лежит ковёр — There's a rug on the floor.

ле́ксика [1] — vocabulary
  ле́ксика в де́йствии — vocabulary in action

ле́кция [3] — lecture

ле́стница [6] — stairway

лет (See год) [7] — years

лимо́н [9] — lemon

лимона́д [9] — lemonade

лингвисти́ческий [4] — linguistic

литерату́ра [4] — literature

ложи́ться (лож-у́сь, -и́шься, -а́тся) спать [5] — to go to bed

Ло́ндон [1] — London

Лос-А́нджелес [1] — Los Angeles

лук [9] — onion(s)

люби́мый — favorite [5]

люби́ть (люблю́, лю́бишь, лю́бят) [4, 7, see 7.1] — to love

М

магази́н [7] — store

магнитофо́н [2] — tape recorder

ма́йка [2] — t-shirt; undershirt

ма́ленький [2] — small

ма́льчик [6] — (little) boy

ма́ма [3] — mom

ма́сло [9] — butter

матема́тика [4] — mathematics

математи́ческий [4] — math

матрёшка [8] — Russian nested doll

мать (fem., gen., dat. prep. sg. ма́тери, instr. ма́терью; nom. pl. ма́тери, матере́й, -я́м, -я́ми, -я́х) [3, 7] — mother

маши́на [2] — car

МГУ (Моско́вский госуда́рственный университе́т) [4] — MGU, Moscow State University

ме́бель (fem., always sing.) [6] — furniture

медбра́т (pl. медбра́тья, медбра́тьев) [7] — nurse (male)

медици́на [4] — medicine

ме́дленно [3] — slowly

медсестра́ (pl. медсёстры, -сестёр, -сёстрам, -сёстрами, -сёстрах) [7] — nurse (female)

ме́жду про́чим [1] — by the way

междунаро́дные отноше́ния [4] — international affairs

Ме́ксика [3]

мексика́н(е)ц / мексика́нка [**3**, *see 3.7*] — Mexican (*person*)

ме́ксиканский [**3**, *see 3.6, 3.7*] — Mexican

мел [**2**] — chalk

меню́ (*neuter; indecl.*) [**9**] — menu

ме́неджер [**7**] — manager

Меня́ зову́т . . . [**1**] — My name is . . .

ме́сто — place

   ме́сто рабо́ты [**7**] — place of work

ме́сяц (2–4 ме́сяца, 5 ме́сяцев) [**10**] — month

метр [**6**] — meter

   квадра́тный метр — square meter

мех (*pl.* меха́) [**8**] — fur(s)

мечта́ [**10**] — dream (aspiration, *not* sleep)

минера́льный [**9**] — mineral (*adj.*)

   минера́льная вода́ [**9**] — mineral water

мину́точка: Одну́ мину́точку! [**8**] — Just a moment!

мичига́нский [**4**] — of Michigan

мла́дше *or* моло́же (кого́) на (год, . . . го́да, . . . лет) [**7**, *see 7.7*] — . . . years younger than . . .

мла́дший [**7**] — (the) younger

мочь (мог-у́, мо́ж-ешь, мо́г-ут; мог, могла́, могли́) [**5**] — to be able

мо́да [**8**] — fashion

мо́дный [**8**] — fashionable

мо́жет быть [**4**] — maybe

   Не мо́жет быть! [**5**] — That's impossible!

мо́жно (кому́) + *infinitive* [**8**, *see 8.5*] — it is possible

   Мо́жно посмотре́ть кварти́ру? [**6**] — May I look at the apartment?

мой (моё, моя́, мои́) [**2**, *see 2.4*] — my

моло́чный [**9**] — milk; dairy

Молод(е́)ц! [**2**] — Well done!

молодо́й [**7**] — young

   молодо́й челове́к [**8**] — young man

моло́же *or* мла́дше (кого́) на (год, . . . го́да, . . . лет) [**7**, *see 7.7*] . . . — years younger than . . .

молоко́ [**9**] — milk

моро́женое (*adj. decl.*) [**9**] — ice cream

морко́вь (*fem.*) [**9**] — carrot(s)

Москва́ [**1**] — Moscow

моско́вский [**4**] — of Moscow

муж (*pl.* мужья́, муже́й, мужья́м, -я́ми, -я́х) [**5, 7**] — husband

мужско́й [**8**] — men's

мужчи́на [**8**] — man

музе́й [**1**] — museum

му́зыка [**4**] — music

музыка́нт [**7**] — musician

мы [**3**] — we

мясно́й [**9**] — meat

   мясно́е ассорти́ [**9**] — cold cuts assortment

мя́со [**9**] — meat

Н

на [**4**, *see 3.8, 4.2, 5.5*] — in; on; at; to

   На каки́х языка́х вы говори́те до́ма? [**3**] — What languages do you speak at home?

   на како́м ку́рсе [**4**] — in what year (*in university or institute*)

   на (+ *accusative case for direction*) [**5**] — to

наве́рное [**7**] — probably

на́до (+ *dative* + *infinitive*) [**8**, *see 8.5*] — it is necessary

наза́д [**10**, *see 10.5*] — ago

найти́ (*perf:* найду́, -ёшь, -у́т; нашёл, нашла́, нашли́) [**8**] — to find

наконе́ц [**5**] — finally

нали́чные (де́ньги) [**8**] — cash

напи́т(о)к [**9**] — drink

написа́ть (*perf.* see писа́ть) [**8**] — to write

наприме́р [**4, 7**] — for example

нау́чный сотру́дник [**10**] — researcher

находи́ться (нахо́дится, нахо́дятся) [**8**] — to be located

национа́льность (*fem.*) [**3**, *see 3.7*] — nationality; ethnicity

   по национа́льности — by nationality

наш (на́ше, на́ша, на́ши) [**2**, *see 2.4*] — our

не [**3**] — not (negates following word)

   Не мо́жет быть! [**5**] — That's impossible!

невозмо́жно (+ *dative*) [**8**, *see 8.6*] — impossible

неда́вно [**8**] — recently

недалеко́ [**9**] — not far

неде́ля (2–4 неде́ли, 5 неде́ль) [**10**] — week

нельзя́ (+ *dative*) [**8**, *see 8.6*] — forbidden

не́м(е)ц / не́мка [**3**] — German (*person*)

неме́цкий [**3**] — German

немно́го, немно́жко [**3**] — a little

   немно́го о себе́ [**1**] — a bit about oneself (myself, yourself)

непло́хо [**3**] — pretty well

неплохо́й [**8**] — pretty good

нет [**2**] — no

нет (+ *genitive*) [**6**, *see 6.4, 8.2*] — there is not

Ни . . . ни . . . [**6**] — neither . . . nor . . .

ни́зкий [**6**] — low

никогда́ (не) [**5**] — never

ничего [5] — nothing

Я ничего не знаю. [7] — I don't know anything.

но [3, *see 3.10*] — but

новый [2] — new

номер [5] — number

нормально [3] — in a normal way

носки (*pl.*) [2] — socks

ночь (*fem.*) [1] — night (midnight-approx. 4:00 am)

ночью [5] — at night

Спокойной ночи! [1] — Good night!

ну [2] — well . . .

нужно (+ *dative* + *infinitive*) [8, *see 8.5*] — it is necessary

Нью-Йорк [1] — New York

О

о (**об, обо**) (+ *prepositional*) [3, *see 3.9*] — about

обед [5] — lunch

Обед готов. [6] — Lunch is ready.

обедать (**обеда-ю, -ешь, -ют**) / **по-** [5] — to eat lunch

оборудование [8] — equipment

образец [1] — example

образование [4] — education

высшее образование [4] — higher education

обувь (*fem.*) [8] — footwear

обучение [7] — schooling

общежитие [3] — dormitory

объявление [8] — announcement

обыкновенный [7] — ordinary

обычно [4] — usually (*see 4.3*)

овощи [9] — vegetables

овощной [9] — vegetable (*adj.*)

огромный [8] — huge

Огромное спасибо! [8] — Thank you very much!

огур(е)ц [9] — cucumber

одеваться (**одева-юсь, -ешься, -ются**) [5] — to get dressed

одежда [2] — clothing

один (**одна, одно, одни**) [6, *see 6.6*] — one

Одну минуточку! [8] — Just a moment!

С одной стороны . . . , с другой стороны . . . [9] — On the one hand . . . , on the other hand . . .

Ой! [2] — Oh!

окно (*pl.* **окна**) [6] — window

окончить (*perf.*: **оконч-у, оконч-ишь, -ат**) [10, *see 10.3*] — to graduate from (*requires direct object*)

он [2, *see 2.3*] — he; it

она [2, *see 2.3*] — she; it

они [2, *see 2.3*] — they

оно [2, *see 2.3*] — it

опаздывать (**опаздыва-ю, -ешь, -ют**)/**опоздать** [5] — to be late

Я не опоздал(а)? [6] — Am I late?

опыт работы [7] — job experience

отвечать (**отвеча-ю, -ешь, -ют**)/**ответить** (**отвеч-у, ответ-ишь, -ят**) [4] — to answer

отдел [8] — department

отдыхать (**отдыха-ю, -аешь, -ют**) [5] — to relax

от(е)ц (*all endings stressed*) [3] — father

открыть (*perf.*) [8] — to open

Откройте! [2] — Open.

открыться (*perf. past:* **открылся, открылись**) [9] — to open up; to be opened

откуда [3] — where from

Откуда вы (ты)? [10] — Where are you from?

Откуда вы знаете русский язык? [3] — How do you know Russian?

отлично [4] — perfectly; excellent

отчество [1, *see 1.2*] — patronymic

Как ваше отчество? [1] — What's your patronymic?

имя-отчество [1] — name and patronymic

офис [7] — office

официант/ка [9] — server

очень [3] — very

очки (*pl.*) [2] — eyeglasses

П

пальто (*indecl.*) [2] — overcoat

папа [3] — dad

пара [5] — class period

парк [1] — park

парфюмерия [8] — cosmetics (store or department)

паспорт (*pl.* **паспорта**) [2] — passport

педагогика [4] — education (*a subject in college*)

пельмени [9] — pelmeni (Ukrainian dumplings)

пенсильванский [4] — Pennsylvanian

пенсия [7] — pension

на пенсии [7] — retired

первое (*adj. decl.*) [9] — first course (*always soup*)

первый [4] — first

переезжать (**переезжа-ю, -ешь, -ют**)/**переехать** (**перее́д-у, -ешь, -ут**) *куда* [10] — to move; take up a new living place

пер(е)ц [9] — pepper

перчатки (*pl.*) [2] — gloves

песня (*gen. pl.* **песен**) [7] — song

печатать [10] — to publish

пиджа́к [2] — suit jacket

писа́тель [7] — writer

писа́ть (пишу́, пи́шешь, -ут) /на- [3] — to write

пи́сьменный [6] — writing
    пи́сьменный стол [6] — desk

письмо́ (*pl.* пи́сьма, пи́сем) [2, 4] — letter (mail)

пить (пь-ю -ёшь, -ют, пила́, пи́ли), /вы́пить
    (вы́пь-ю, -ешь, -ют) [9, *see 9.1*] — to drink

пи́цца [9] — pizza

пи́ща [9] — food

пла́вки (*pl.*) [2] — swimming trunks

плати́ть (плачу́, пла́тишь, пла́тят)/за- [8] —
    to pay
    Плати́те в ка́ссу. [8] — Pay the cashier.

плат(о́)к (*endings always stressed*) [8] —
    (hand)kerchief

пла́тье [2] — dress

плéйер: CD [сиди́]-плéйер [2] — CD player

племя́нник [7] — nephew

племя́нница [7] — niece

плита́ (*pl.* пли́ты) [6] — stove

пло́хо [3] — poorly

плохо́й [2] — bad

по — [8, *see 8.5*] — by way of; by means of
    по национа́льности [3] — by nationality
    по профéссии . . . [7] — by profession
    сосéд/ка по ко́мнате [4] — roommate

по-англи́йски (по-ру́сски, по-япо́нски, *etc.*)
    [3, *see 3.6*] — in English (Russian,
    Japanese, etc.)

по́весть [10] — novella

пода́р(о)к [2] — gift

подари́ть (подари́л, подари́ла, подари́ли) [8] —
    to give a present

подва́л [6] — basement

подгото́вка [1] — preparation

подру́га [5] — friend (female)

поду́мать (*perf., see* ду́мать) — to think

поéхать (*perf., see* éхать) — to go
    Поéдем. . . [6] — Let's go . . .

пожа́луйста [2, 3] — please; you're welcome

поза́втракать (*perf., see* за́втракать) [9] — to have
    breakfast

по́здно [5] — late

познако́миться (*perf.*) [1] — to make one's
    acquaintance
    Познако́мьтесь! — Let me introduce you (*lit.* Get
    acquainted!)

пойти́ (*perf., see* идти́) — to go (*by foot*)
    Пойдём лу́чше. . . [8] — Let's go to . . . instead.

Пойдём! [8] — Let's go!

пойти́ рабо́тать *куда́* [10] — to begin to work; to
    begin a job

Пошли́! [9] — Let's go!

пока́ [9] — meanwhile

пока́зывать (пока́зыва-ю, -ешь, -ют)/показа́ть
    (покаж-у́, пока́ж-ешь, -ут) [10] — to show
    Покажи́(те)! [8] — Show!

покупа́тель [8] — customer

покупа́ть (покупа́-ю, -ешь, -ют)/купи́ть (куп-лю́,
    ку́пишь, -ят) [8] — to buy

пол (на полу́; *ending always stressed*) [6] — floor (as
    opposed to ceiling)

поликли́ника [7] — health clinic

полити́ческий [4] — political

политоло́гия [4] — political science

положе́ние: семе́йное положе́ние [7] — family
    status (marriage)

получа́ть (получа́-ю, -ешь, -ют)/получи́ть
    (получ-у́, получ-ишь, -ат) [9] — to receive
    Я получи́л(а). [4] — I received.
    Получи́те! [9] — Take it! (*said when paying*)

помидо́р [9] — tomato

понеде́льник [5, *see 5.1*] — Monday

понима́ть (понима́-ю, -ешь, -ют) / понять
    (пойм-у́, -ёшь, -ут; поняла́, по́няли) [3] — to
    understand
    Я не по́нял (поняла́). [4] — I didn't catch
    (understand) that.

Поня́тно. [2] — Understood.

пообе́дать (*perf., see* обе́дать) [9] — to
    have lunch

попа́сть (*perf.:* попаду́, -ёшь, -у́т; попа́л, -а, -и) [9]
    — to manage to get in
    Мы то́чно попадём. [9] — We'll get in for sure.

по́рция [9] — portion; order

после́дний [2] — last

послу́шать (*perf., see* слу́шать) — to listen
    Послу́шай(те)! [7] — Listen!

посмотре́ть (*perf., see* смотре́ть) [6] — to look
    Посмо́трим. [6] — Let's see.

посове́товать (*perf., see* сове́товать) [8] — to
    advise
    Что вы (нам, мне) посове́туете взять? [9]
    — What do you advise (us, me) to order?

поступа́ть (поступа́-ю, -ешь, -ют)/поступи́ть
    (поступ-лю́, посту́п-ишь, -ят) *куда́* [10,
    see 10.3] — to apply to; to enroll in

потол(о́)к [6] — ceiling

пото́м [5] — later; afterwards

потому́ что [4] — because
поу́жинать (*perf., see* у́жинать) [9] — to have supper
похо́ж (-а, -и) на (+ *accusative*) [10, *see 10.1*] — resemble, look like
почему́ [4, 5] — why
Пошли́! [9] — Let's go!
пра́вда [7] — truth
   Пра́вда? [1] — Really?
пра́во [10] — right
   защи́та гражда́нских прав [10] — defense of civil rights
   защи́та прав челове́ка [10] — defense of human rights
   вопро́с прав челове́ка [10] — problem of human rights
пра́ктика (на) [4, 7] — practice; internship
   ча́стная пра́ктика [7] — private practice
предлага́ть [8] — to offer
предложе́ние [2] — sentence
   Соста́вьте предложе́ния. — Make up sentences.
предме́т [4] — subject
преподава́тель [4] — teacher (*in college*)
   преподава́тель ру́сского языка́ [4] — Russian language teacher
при́город [6] — suburb
приго́то́вить (*perf., see* гото́вить) [9] — to prepare
приезжа́ть (приезжа́-ю, -ешь, -ют)/прие́хать (прие́д-у, -ешь, -ут) [10] — to arrive (*by vehicle*)
Принеси́те, пожа́луйста, меню́. [9] — Please bring a menu.
принима́ть (принима́-ю, -ешь, -ют) душ [5] — to take a shower
при́нтер [2] — printer
прия́тно [1] — pleasant
   Очень прия́тно с ва́ми познако́миться. — Pleased to meet you.
программи́ст [7] — computer programmer
продава́ть (продаю́, продаёшь, продаю́т) [8] — to sell
продав(е́)ц (*all endings stressed*) [7] — salesperson (man)
продавщи́ца [7] — salesperson (woman)
продово́льственный магази́н [9] — grocery store
проду́кты (*pl.*) [9] — groceries
произведе́ние [10] — work (of art or literature)
прослу́шать (*perf., see* слу́шать) [9] — to listen
Прости́те! [1] — Excuse me!
про́сто [9] — simply
профе́ссия [7] — profession
   Кто по профе́ссии. . . — What is . . .'s profession?

Проходи́те. [2, 6] — Go on through; Come in!
психоло́гия [4] — psychology
пье́са [10] — stage play
пюре́ [9] — creamy mashed potatoes
пятёрка [4] — A (grade)
пя́тница [5, *see 5.1*] — Friday

Р

рабо́та (на) [4] — work
рабо́тать (рабо́та-ю, -ешь, -ют) / по- [4] — to work
ра́дио (радиоприёмник) [2] — radio
разгова́ривать [1] — to converse
разгово́р [1] — conversation
   разгово́ры для слу́шания — listening conversations
разме́р [8] — size
Разреши́те предста́виться. [3] — Allow me to introduce myself.
ра́но [5] — early
ра́ньше [3] — previously
расписа́ние [1] — schedule
распоря́док дня [5] — daily routine
расска́зывать (расска́зыва-ю, -ешь, -ют)/рассказа́ть (расскаж-у́, расска́ж-ешь, -ут) [10] — to tell, narrate
   Расскажи́(те) (мне). . . [7] — Tell (me) . . . (*request for narrative*)
рассо́льник [9] — fish (or meat) and cucumber soup
Рассчита́йте (нас, меня́)! [9] — Please give (us, me) the check.
ребён(о)к (*pl.* де́ти) [7] — child(ren)
Ребя́та! [10] — Guys (*conversational term of address*)
ре́дко [5] — rarely
рекла́ма [3] — advertisement
рем(е́)нь (*endings always stressed*) [8] — belt (man's)
рестора́н [1] — restaurant
реша́ть (реша́-ю, -ешь, -ют)/реши́ть (реш-у́, -и́шь, -а́т) [10] — to decide
рис [9] — rice
роди́тели [3] — parents
роди́ться (*perf.:* роди́лся, родила́сь, родили́сь) [7, *see 7.3*] — to be born
ро́дственник [7] — relative
рожде́ние — birth
   д(е)нь рожде́ния [8] — birthday (*lit.* day of birth)
   С днём рожде́ния! [8] — Happy Birthday!
рома́н [8] — novel
росси́йский [3, *see 3.6, 3.7*] — Russian (pertaining to the Russian Federation)

Росси́я [3] — Russia

россия́нин (*pl.* **россия́не, россия́н**) / **россия́нка** [3, *see 3.6, 3.7*] — Russian (citizen)

ро́стбиф [9] — roast beef

руба́шка [2] — shirt

рубль (2–4 **рубля́**, 5–20 **рубле́й**; *endings always stressed*) [7] — ruble

ру́сский / ру́сская [1, 2, 3, *see 3.6, 3.7*] — Russian (*person*)

ру́сско-англи́йский [2] — Russian-English

ру́чка [2] — pen

ры́ба [9] — fish

ры́н(о)к (на) [3, 8] — market

кни́жный ры́н(о)к [8] — book mart

рюкза́к (*pl.* **рюкзаки́**) [2] — backpack

ря́дом [6] — alongside

С

С (+ *genitive*)... [9] — Someone owes...

Ско́лько с нас? — How much do we owe?

С одно́й стороны́..., **с друго́й стороны́...** [9] — On the one hand..., on the other hand...

с (+ *instrumental*) [9] — with; together with

С днём рожде́ния! [8] — Happy Birthday!

С прие́здом! [2] — Welcome! (*to someone from out of town*)

С удово́льствием. [5] — With pleasure.

сала́т [9] — salad; lettuce

сала́т из огурцо́в [9] — cucumber salad

сала́т из помидо́ров [9] — tomato salad

сам (**сама́, са́ми**) [8] — -self

са́мый (+ *adjective*) [5] — the most (+ *adjective*)

са́мый люби́мый [5] — most favorite

са́мый нелюби́мый [5] — least favorite

санкт-петербу́ргский [3] — of St. Petersburg

сантиме́тр [8] — centimeter

сапоги́ (*gen. pl.* **сапо́г**) [2] — boots

са́хар [9] — sugar

све́жий [9] — fresh

сви́тер (*pl.* **свитера́**) [2] — sweater

сви́тер: спорти́вный сви́тер [2] — sweatshirt

свобо́да [10] — freedom

свобо́ден (**свобо́дна, свобо́дны**) [5] — free, not busy

свобо́дно говори́ть по-ру́сски [3] — to speak Russian fluently

свой (**своя́, своё, свои́**) [6] — one's own

сде́лать (perf., *see* **де́лать**) [8] — to do; to make

Я хочу́ сде́лать (*кому*) **пода́рок.** [8] — I want to give (*someone*) a present.

се́вер (на) [10, *see 10.2*] — north

сего́дня [5] — today

сейча́с [3] — now

секрета́рь (*all endings stressed*) [3, 7] — secretary

семе́йное положе́ние [7] — family status (marriage)

семина́р [5] — seminar

се́рый [6] — gray

серьёзный [7] — serious

сестра́ (*pl.* **сёстры, сестёр, сёстрам, -ами, -ах**) [4, 6] — sister

симпати́чный [7] — nice

си́ний [2] — dark blue

ситуа́ция — situation

игрова́я ситуа́ция [1] — role-play

сказа́ть (*See* **говори́ть/сказа́ть**) [8] — to say

Мне сказа́ли, что... [8] — I was told that...

Как ты сказа́л(а)? [1] — What did you say?

ски́дка [8] — discount

ско́лько [5, 6] — how many; how much

Ско́лько (+ *dative*) **лет?** [7] — How old is...?

Ско́лько сейча́с вре́мени? [5] — What time is it?

Ско́лько сто́ит...? [8] — How much does... cost?

Ско́лько сто́ят...? [8] — How much do... cost?

Ско́лько у вас ко́мнат? [6] — How many rooms do you have?

Во ско́лько? [5] — At what time?

ско́ро [8] — soon

ску́чный [4] — boring

сла́дкое (*adj. decl.*) [9] — dessert

сле́ва [6] — on the left

слова́рь (*all endings stressed*) [2] — dictionary

сло́во [1, 3] — word

одно́ сло́во [3] — one word

слу́шай(те) [5] — listen (*command form*)

слу́шать (**слу́ша-ю, -ешь, -ют**)/**про-** [5] — (+ *accusative*) to listen

слы́шать (**слы́ш-у, -ишь, -ат**) /**у-** [9] — to hear

смотре́ть (**смотр-ю́, смо́тр-ишь, -ят**)/**по-** [10] — to watch

Смотря́... [9] — It depends...

снача́ла [5] — to begin with; at first

сове́товать (**сове́тую, -ешь, -ют**)/**по-** (+ *dative*) [9] — to advise

Что вы (нам, мне) посове́туете взять? [9] — What do you advise (us, me) to order?

совсе́м [7] — completely

совсе́м не [7] — not at all...

Это (совсе́м не) до́рого! [8] — That's (not at all) expensive!

соль (*fem.*) [9] — salt

соотве́тствовать [1] — to match

Что чему́ соотве́тствует? — What matches what?

сосе́д (*pl.* сосе́ди, сосе́дей) / сосе́дка [4] —
    neighbor
    сосе́д/ка по ко́мнате [4] — roommate
со́ус [9] — sauce
социоло́гия [4] — sociology
спа́льня [6] — bedroom
спаси́бо [2] — thank you
    Огро́мное спаси́бо! [8] — Thank you very much!
специализи́рованный [8] — specialized
специа́льность (*fem.*) [4] — major
Споко́йной но́чи! [1] — Good night!
спорт (*always singular*) [7] — sports
спра́ва [6] — on the right
спра́шивать (спра́шиваю, -ешь, -ют) / спроси́ть
    (спрош-у́, спро́с-ишь, -ят) [4] — to ask
среда́ (в сре́ду) [5, *see 5.1*] — Wednesday (on
    Wednesday)
стадио́н (на) [5] — stadium
стажёр [4] — a student in a special course not
    leading to degree; used for foreign students
    doing work in Russian
ста́рше (кого́) на (год, . . . го́да, . . . лет) [7, *see 7.7*]
    — . . . years older than . . .
ста́рший [7] — older; the elder
ста́рый [2] — old
стена́ (*pl.* сте́ны) [6] — wall
сте́пень [4] — degree
    сте́пень бакала́вра (нау́к) [4] — B.A.
    сте́пень маги́стра (нау́к) [4] — M.A.
    сте́пень кандида́та наук [4] — Candidate of
    Science (*second highest academic degree awarded
    in Russia*)
    сте́пень до́ктора наук [4] — Doctor of Science
    (*highest academic degree awarded in Russia*)
стоя́ть — to stand
сто́ит, стоя́т [6] — stand(s)
сто́ить (сто́ит, сто́ят) [8] — to cost
стол (*ending always stressed*) [6] — table
столо́вая (*declines like adj.*) [6] — dining room;
    cafeteria
сторона́ — side
С одно́й стороны́ . . . , с друго́й стороны́ . . . [9] —
    On the one hand. . . , on the other hand . . .
страна́ [10] — country; nation
странове́дение [4] — area studies
    ру́сское странове́дение [4] — Russian area
    studies
стра́шно [9] — terribly
стрела́ [8] — arrow

строи́тельство [10] — construction
студе́нт / студе́нтка [1] — student
стул (*pl.* сту́лья, сту́льев) [6] — (hard) chair
суббо́та [5, *see 5.1*] — Saturday
сувени́р [8] — souvenir
суп [9] — soup
съесть (*perf., see* есть) [9, *see 9.1*] — to eat
сын (*pl.* сыновья́, сынове́й, сыновья́м,
    сыновья́ми, о сыновья́х) [7] — son
сыр [9] — cheese
сюрпри́з [2] — surprise

Т

те́сто [9] — dough
то́лько что [9] — just
так [3] — so
та́кже [4, *see 4.7*] — also; too
тако́й [6] — such; so (*used with nouns*)
    тако́й же [6] — the same kind of
    Что э́то тако́е? — Just what is that?
там [2] — there
тамо́жня (на) [2] — customs
та́почки (*pl.*) [2] — slippers
таре́лка [8] — plate
твой (твоё, твоя́, твои́) [2, *see 2.4*] — your
    (*informal*)
теа́тр [1] — theater
телеви́зор [2] — television
телеста́нция (на) [7] — television station
тепе́рь [8] — now (*as opposed to some other time*)
тетра́дь (*fem.*) [2] — notebook
тётя [7] — aunt
те́хника [2] — gadgets
това́р [8] — goods
тогда́ [10] — then; at that time
тогда́ [6] — in that case; then
то́же [1, *see 4.7*] — also; too
то́лько [2] — only
тома́тный [9] — tomato
    тома́тный со́ус — tomato sauce
торго́вля [8] — trade
торго́вый [8] — trading
тот (то, та, те) [6] — that; those (*as opposed to* э́тот)
то́чка отсчёта [1] — point of departure
то́чно [7] — precisely; for sure
    Мы то́чно попадём. [9] — We'll get in
    for sure.
тради́ция [6] — tradition
тро́е [7] — three (*most often with* детей: тро́е детей)
тро́йка [4] — C (grade)

тру́дный [4] — difficult

тру́дно [8, *see 8.7*] — difficult

туале́т [6] — bathroom

туда́ [8] — there (*answers* куда́)

туристи́ческий [7] — tourist; travel

тут [2] — here

ту́фли (*genitive pl.* ту́фель) [2] — shoes (usu. women's formal)

ты [1, *see 1.1*] — you (*informal, singular*)

Дава́й перейдём на «ты». [10] — Let's switch to ты.

У

у [2, 6] — at, near, by, "having" "at someone's place"

у (+ *genitive*) [6, *see 6.3, 6.7*] — at (somebody's) house

у (+ *genitive* + есть + *nominative*) [2, 6, *see 2.8, 6.3*] — (someone) has (something)

— У вас (тебя́, меня́, *etc.*) есть. . . ? [2] — Do you have . . . ? (*formal*)

у (+ *genitive* + нет + *genitive*) [6, *see 6.4*] — (someone) doesn't have (something)

— У меня́ нет. [2] — I don't have any of those.

убира́ть (убира́-ю, -ешь, -ют) (дом, кварти́ру, ко́мнату) [5] — to clean (house, apartment, room)

удовлетвори́тельно [4] — satisfactor(il)y

уже́ [4] — already

у́жин [5] — supper

ужинать (у́жина-ю, -ешь, -ют)/по- [5] — to have supper

у́зкий [6] — narrow

узна́ть (*perf.*) [8] — to find out

украи́н(е)ц / украи́нка [3, *see 3.7*] — Ukrainian

Украи́на [3] — Ukraine

украи́нский [3, *see 3.6, 3.7*] — Ukrainian

у́лица (на) [6] — street

умере́ть (*perf. past:* у́мер, умерла́, у́мерли) [10] — to die

у́мный [7] — intelligent

универма́г [8] — department store

универса́м [9] — self-service grocery store

университе́т [1] — university

упражне́ние [1] — exercise

обзо́рные упражне́ния — summary exercises

уро́к (на) [5] — class; lesson (*practical*)

уро́к ру́сского языка́ — Russian class

усло́вие — condition

жили́щные усло́вия [6] — living conditions

у́стный: у́стный перево́д [1] — oral interpretation

у́тро [1] — morning

До́брое у́тро! [1] — Good morning!

у́тром [5] — in the morning

уча́стие [10] — participation

принима́ть уча́стие [10] — to participate

уче́бник [2] — textbook

уче́бный [4] — academic

учёный (*declines like an adjective; masculine only*) [7] — scholar; scientist

учи́тель (*pl.* учителя́) [7] — school teacher (man or woman)

учи́тельница [7] — school teacher (woman)

учи́ться (учу́сь, у́чишься, у́чатся) [4, *see 4.1, 4.3*] — to study; be a student (*cannot have a direct object*)

Я учу́сь. . . [1] — I study . . .

учрежде́ние [7] — office; organization

ую́тный [6] — cozy; comfortable (*about a room or house*)

Ф

факульте́т (на) [4] — department (academic)

фами́лия [1, *see 1.2*] — last name

Как ва́ша фами́лия? [1] — What's your last name?

фарш [9] — chopped meat

фе́рма (на) [7] — farm

фи́зика [4] — physics

филологи́ческий [4] — philological (*relating to the study of language and literature*)

филоло́гия [4] — philology (*study of language and literature*)

филосо́фия [4] — philosophy

фина́нсовый [3] — financial

фина́нсы [4] — finance

фи́рма [3, 7] — firm; company

комме́рческая фи́рма [7] — trade office; business office

юриди́ческая фи́рма [7] — law office

фоне́тика [4] — phonetics

фотоаппара́т [2] — camera

фотогра́фия (на) [6] — photograph

фру́кты [9] — fruit

Фра́нция [3] — France

францу́з / францу́женка [3, *see 3.7*] — French

францу́зский [3, *see 3.6, 3.7*] — French

футбо́лка [2] — t-shirt, jersey

X

хи́мия [4] — chemistry

хлеб [9] — bread

ходи́ть (хож-у́, хо́д-ишь, -ят) [5, *see 5.3, 8.3, 10.7*] — to make a round trip (*on foot*)

холоди́льник [6] — refrigerator

хоро́ший [2] — good

хорошо́ [2] — well; fine; good

хоте́ть (хочу́, хо́чешь, хо́чет, хоти́м, хоти́те, хотя́т) [6, *see 6.1*] — to want

Не хо́чешь (хоти́те) пойти́ (пое́хать). . .? [5] — Would you like to go . . .?

худо́жник [7] — artist

Ц

цвет (*pl.* цвета́) [6] — colors

Како́го цве́та. . .? — What color is . . .?

цветно́й [6] — color

цент (5–20 це́нтов) [8] — cent

центр [5] — downtown

цирк [5] — circus

цыпля́та табака́ [9] — a chicken dish from the Caucasus

Ч

чаевы́е (*pl.; adj. decl.*) [9] — tip

чай [9] — tea

час (2–4 часа́, 5–12 часо́в) [5] — o'clock

ча́стный [7] — private (business, university, etc.)

ча́стная пра́ктика — private practice

ча́сто [5] — frequently

часы́ (*pl.*) [2] — watch; clock

чей (чьё, чья, чьи) [2, *see 2.4*] — whose

чек [8] — check; receipt

челове́к (*pl.* лю́ди) [8] — person

чемода́н [2] — suitcase

черда́к (на) (*all endings stressed*) [6] — attic

че́рез [10, *see 10.5*] — in; after

чёрно-бе́лый [6] — black and white

чёрный [6] — black

четве́рг [5, *see 5.1*] — Thursday

четвёрка [4] — B (grade)

че́тверо [7] — four (*most often with* де́тей: че́тверо дете́й)

чита́ть (чита́ю, -ешь, -ют) /про- [3] — to read

член [10] — member

что [2, 4, *see 2.6*] — what; that

Что́ вы (ты)! [3] — What do you mean?! (*Response to a compliment*)

Что чему́ соотве́тствует? [1] — What matches what?

Что э́то тако́е? [3] — (Just) what is that?

чулки́ [8] — stockings

Ш Щ

ша́пка [8] — cap; fur hat; knit hat

шашлы́к [9] — shish kebab

широ́кий [6] — wide

шкату́лка [8] — painted or carved wooden box (souvenir)

шкаф (в шкафу́) (*all endings stressed*) [6] — cabinet; wardrobe; free-standing closet

шко́ла [1] — school (*primary or secondary, not post-secondary*)

шля́па [8] — hat (e.g., business hat)

шокола́д [9] — chocolate

штат [1] — state

щи [9] — cabbage soup

Э

эконо́мика [4] — economics

экономи́ческий [4] — economic; economics (*adj.*)

энерги́чный [7] — energetic

эта́ж (на) (*all endings stressed*) [6] — floor; story (*of a building*)

э́то [2, *see 2.7*] — this is; that is; those are; these are

э́тот, э́та, э́то, э́ти [2, *see 2.7*] — this

Ю

ю́бка [2] — skirt

юг (на) [10, *see 10.2*] — south

юриди́ческий [7] — legal; law

юриспруде́нция [4] — law (*study of*)

юри́ст [7] — lawyer

Я

я [1] — I

яи́чница [9] — fried eggs

я́блоко [9] — apple

язы́к (*pl.* языки́) (*all endings stressed*) [3, *see 3.6*] — language

яйцо́ (*pl.* я́йца, яи́ц, я́йцам, -ами, -ах) [9] — egg

япо́н(е)ц / япо́нка [3, *see 3.7*] — Japanese (*person*)

Япо́ния [3] — Japan

япо́нский [3, *see 3.6, 3.7*] — Japanese

Англо-русский словарь

A

A (*grade in school*) — **пятёрка** [4]

able to — **мочь (мог-у́, мо́ж-ешь, мог-ут; мог, могла́, могли́)**

about — **о (об, обо)** (+ *prepositional*) [3, *see 3.9*]

abroad — **за грани́цей** (*answers* где) [10]

academic — **уче́бный** [4]

accessories (*in a men's or women's store or department*) — **галантере́я** [8]

accountant — **бухга́лтер** [7]

acquaintance — **знако́мый** (*used as a noun*) [5]

   make one's acquaintance — **познако́миться** (*perf.*) [1]

   Get acquainted! (Let me introduce you!) — **Познако́мьтесь!**

activity — **де́ятельность** [10]

   public activity — **обще́ственная де́ятельность** [10]

   political activity — **полити́ческая де́ятельность** [10]

advertisement — **рекла́ма** [3]

advise — **сове́товать (сове́тую, -ешь, -ют)/по-** (+ *dative*) [9]

   What do you advise (us, me) to order? — **Что вы (нам, мне) посове́туете взять?** [9]

aerobics — **аэро́бика** [4]

after — **че́рез** [10, *see 10.5*]

after all — **ведь** [8] (*filler word, never stressed*)

afternoon: in the afternoon — **днём** [5, *see* **день**]

afterwards — **пото́м** [5]

agency — **бюро́** (*indecl.*) [7]

   real estate agency — **бюро́ недви́жимости**

   travel agency — **туристи́ческое бюро́**

ago — **наза́д** [10, *see 10.5*]

airplane ticket — **авиабиле́т** [2]

album — **альбо́м** [8]

all — **весь** [5]

   all day — **весь день** [5]

   that's all — **всё!**

   not at all (+ *adj.*) . . .**совсе́м не** [7]

   That's (not at all) expensive! — **Это (совсе́м не) до́рого!** [8]

allergy — **аллерги́я** [9]

alongside — **ря́дом** [6]

already — **уже́** [4]

also — **то́же; та́кже** [1, *see 4.7*]

always — **всегда́** [3]

America — **Аме́рика** [1]

American — (*person*) **америка́нец / америка́нка** [1]; **америка́нский** [2, *see 3.6, 3.7*]

and — **и; а** [1, *see 3.10*]

announcement — **объявле́ние** [8]

another — **друго́й** [10]

answer — **отвеча́ть (отвеча́-ю, -ешь, -ют)/отве́тить (отве́ч-у, отве́т-ишь, -ят)** [4]

answering machine — **автоотве́тчик** [5]

anthropology — **антрополо́гия** [4]

anything: I don't know anything. — **Я ничего́ не зна́ю.** [7]

apartment — **кварти́ра** [3]

   apartment building — **дом** (*pl.* **дома́**) [2]

appetizers — **заку́ски** [9]

apple — **я́блоко** [9]

apply (*to a college*) — **поступа́ть (поступа́-ю, -ешь, -ют)/поступи́ть (поступ-лю́, поступ-ишь, -ят)** *куда́* [10, *see 10.3*]

Arab — **ара́б / ара́бка** [3, *see 3.7*]

Arabic — **ара́бский** [3, *see 3.6, 3.7*]

architect — **архите́ктор** [7]

architecture — **архитекту́ра** [4]

area studies — **странове́дение** [4]

   Russian area studies — **ру́сское странове́дение** [4]

armchair — **кре́сло** [6]

Armenia — **Арме́ния** [3]

Armenian — (*person*) **армяни́н** (*pl.* **армя́не**), **армя́нка**; **армя́нский** [3, *see 3.6, 3.7*]

arrive (*by vehicle*) — **приезжа́ть (приезжа́-ю, -ешь, -ют)/прие́хать (прие́д-у, -ешь, -ут)** [10]

arrow — **стрела́** [8]

art — **иску́сство** [8]

artist — **худо́жник** [7]

   avant-garde artist — **авангарди́ст** [8]

Asia — **Азия** [4]

ask (*a question*) — **спра́шивать (спра́шиваю, -ешь, -ют) / спроси́ть (спрош-у́, спро́с-ишь, -ят)** (+ *accusative*) [4]

assignment — **зада́ние** [1]

assortment — **ассорти́** [9]

at — **в, на** (+ *prepositional case*) [**1, 4** *see 3.8, 4.2, 5.5*]; (*in the vicinity of*) — **у** [**2, 6**]; (*somebody's*) house **у** (+ *genitive*) [**6**, *see 6.3, 6.7*]
at+ *hour* — **в** + number + **час, часá, часóв** [**5**, *see 5.1*]
At what time? — **Во скóлько?** [**5**]
at first — **сначáла** [**5**]
At what time? — **Во скóлько?** [**5**]
at that time — **тогдá** [**10**]
athletic shoes — **кроссóвки** (*pl.*) [**2**]
attic — **чердáк (на)** (*all endings stressed*) [**6**]
aunt — **тётя** [**7**]
avant-garde artist — **авангардúст** [**8**]

B

B (*grade in school*) — **четвёрка** [**4**]
backpack — **рюкзáк** (*pl.* **рюкзакú**) [**2**]
bad — **плохóй** [**2**]
badly — **плóхо** [**2**]
bagel — **бýблик** [**9**]
bakery — **бýлочная** (*adj. decl.*) [**9**]
baking goods store — **бакалéя** [**9**]
ballet — **балéт** [**4**]
banana — **банáн** [**9**]
bank — **банк** [**5**]
basement — **подвáл** [**6**]
bathing suit — (*woman's*) **купáльник** [**2**]; (*man's*) **плáвки** [**2**]
bathroom — (*toilet*) **туалéт** [**6**]; (*bath/shower; no toilet*) — **вáнная** (*declines like adj.*) [**6**]
be — **быть** (*fut.:* **бýд-у, -ешь, -ут; былá, бы́ли**) [**8**, *see 8.1, 9.3, 9.4, 9.5*]
because — **потомý что** [**4**]
bed — **кровáть** (*fem.*) [**6**]
go to bed — **ложúться** (**лож-ýсь, -úшься, -áтся**) **спать** [**5**]
bedroom — **спáльня** [**6**]
before — **до** (+ *genitive*)
before that — **до этого** [**10**]
believer (*religious*) — **вéрующий** (*declines like adj.*) [**6**]
belt (*man's*) — **рем(é)нь** (*all endings stressed*) [**8**]
biology — **биолóгия** [**4**]
birth — **рождéние**
birthday (*lit. day of birth*) — **д(е)нь рождéния** [**8**]
Happy Birthday! — **С днём рождéния!** [**8**]
black — **чёрный** [**6**]
black and white — **чёрно-бéлый** [**6**]
blackboard — **доскá** (*pl.* **дóски**) [**2**]
blouse — **блýзка** [**2**]

blue — (*dark*) **сúний** [**2**]; (*light*) **голубóй** [**6**]
board — **доскá** (*pl.* **дóски**) [**2**]
book — **кнúга** [**2**]
book(ish) (*adj.*) — **кнúжный** [**8**]
boots — **сапогú** (*pl.*) [**2**]
border — **гранúца** [**10**]
boring — **скýчный** [**4**]
born: to be born — **родúться** (*perf.:* **родúлся, родилáсь, родилúсь**) [**7**, *see 7.3*]
borsch — **борщ** [**9**]
bottle — **буты́лка** [**9**]
bouillon — **бульóн** [**9**]
box — **корóбка** [**9**]; painted or carved wooden box (*souvenir*) — **шкатýлка** [**8**]
boy — **мáльчик** [**6**]
bread — **хлеб** [**9**]
breakfast — **зáвтрак** [**5**]
eat breakfast — **зáвтракать** (**зáвтрака-ю, -ешь, -ют**)/**по-** [**5**]
brother — **брат** (*pl.* **брáтья**) [**4, 6**]
brown — **корúчневый** [**6**]
bureau — **бюрó** (*indecl.*) [**7**]
businessperson — **бизнесмéн / бизнесмéнка** [**1**]; **коммерсáнт** [**7**]
but — **но** [**3**, *see 3.10*]; **да** (*unstressed particple*) [**7**]
butter — **мáсло** [**9**]
buy — **покупáть** (**покупá-ю, -ешь, -ют**)/**купúть** (**куп-лю́, кýпишь, -ят**) [**8**]
by — (*in the vicinity of*) **у** [**2, 6**]; by way of (*by means of*) — **по**[**8**, *see 8.5*]
by the way — **мéжду прóчим** [**1**]
by nationality — **по национáльности** [**3**]
by profession — **по профéссии. . .** [**7**]

C

C (*grade*) — **трóйка** [**4**]
cabbage — **капýста** [**9**]
cabbage soup — **щи** [**9**]
cabinet — **шкаф (в шкафý)** (*all endings stressed*) [**6**]
café — **кафé** [*pronounced* **кафэ́**] (*masc.; indecl.*) [**5**]
cafeteria — **столóвая** (*declines like adj.*) [**6**]; **кафетéрий** [**9**]
Californian — (*adj.*) **калифорнúйский** [**4**]
camera — **фотоаппарáт** [**2**]
video camera — **видеокáмера** [**2**]
can — **бáнка (бáночка)** [**9**]
can: I can — **могý** [**5**]
мóжно + *infinitive* [**8**, *see 8.5*] Can (I) look at the apartment? — **Мóжно посмотрéть квартúру?** [**6**]

Canada — **Кана́да** [1]
Canadian — (*person*) **кана́дец / кана́дка** [1, *see 3.7*];
    (*adj.*) **кана́дский** [3, *see 3.6, 3.7*]
cap — **ша́пка** [8]
car — **маши́на** [2]
card — **ка́рточка** [8]
   credit card — **креди́тная ка́рточка**
cardigan — **ко́фта** [2]
carrot(s) — **морко́вь** (*fem., always singular*) [9]
cash — **нали́чные (де́ньги)** [8]
cash register — **ка́сса** [8]
cassette — **кассе́та** [2]
   video cassette — **видеокассе́та** [2]
   video cassette recorder — **видеомагнитофо́н** [2]
   cassette player — **кассе́тник** [2]; **кассе́тный**
    магнитофо́н [2]
caviar — **икра́** [9]
CD — **CD** [*pronounced* сиди́]; **компа́кт-ди́ск** [2]
   CD player — **пле́йер: CD** [сиди́]-**пле́йер** [2]
ceiling — **потол(о́)к** [6]
cent — **цент** (5–20 це́нтов) [8]
centimeter — **сантиме́тр** [8]
cereal (*hot*) — **ка́ша** [9]
chair — **стул** (*pl.* **сту́лья**) [6]
chalk — **мел** [2]
cheap — **дешёвый; дёшево** [8]
check — **чек** [8]; (*in a restaurant*): Please give (us,
   me) the check. **Рассчита́йте (нас, меня)!** [9]
cheerful — **весёлый** [7]
cheese — **сыр** [9]
chemistry — **хи́мия** [4]
chicken — **ку́рица** [9]
   chicken dish (from the Caucasus) — **цыпля́та**
    табака́ [9]
child(ren) — **ребён(о)к** (*pl.* **де́ти**) [7, *see 7.6*]
   have a child — **име́ть ребёнка** [10]
children's — **де́тский** [8]
China — **Кита́й** [3]
Chinese — (*person*) **кита́ец / китая́нка** [3, *see 3.7*];
   (*adj.*) **кита́йский** [3, *see 3.6, 3.7*]
chocolate — **шокола́д** [9]
chopped meat — **фарш** [9]
circus — **цирк** [5]
city — **го́род** (*pl.* **города́**) [1]
class — (*class session*) **заня́тие (на)** [5]; (*lesson or
   recitation*) — **уро́к (на)** [5]; (*lecture*) **ле́кция**
   [3]; (*class period*) **па́ра** [5]; (*classroom*)
   аудито́рия [2, 5]; (*course*) **курс (на)** [4]
clean (*straighten up a house, apartment, room*) —
   убира́ть (убира́-ю, -ешь, -ют) (дом,

кварти́ру, ко́мнату) [5]
clock — **часы́** (*pl.*) [2]
close — **закры́ть** (*perf. past:* закры́л, закры́ла,
   закры́ли) [8]
   Close the suitcase—**Закро́йте чемода́н!** [2]
close by — **недалеко́** [9]
closed — **закры́т (-а,-о,-ы)** [8]
closet (*free-standing*) — **шкаф (в шкафу́)** (*all
   endings stressed*) [6]
clothing — **оде́жда** [2]
coffee — **ко́фе** (*masc., indecl.*) [9]
   ко́фе с молоко́м — coffee with milk
cold cuts assortment — **мясно́е ассорти́** [9]
college — **университе́т** [1]; (*small*) — **ко́лледж** [4]
color — **цвет** (*pl.* **цвета́**) [6]; (*adj.: not* black and
   white) **цветно́й** [6]
   What color is . . .? — **Како́го цве́та. . .?**
Columbia(n) — **колумби́йский** [4]
Come on in! — **Проходи́те.** [2, 6]
comfortable (*about room or house*) — **ую́тный** [6]
commercial (*adj.*) — **комме́рческий** [7]
communications — **коммуника́ция** [4]
company (*firm*) — **фи́рма** [3, 7]
completely — **совсе́м** [7]
compliment — **комплиме́нт** [3]
computer — **компью́тер** [2]
   computer science — **компью́терная те́хника** [4]
   computer programmer — **программи́ст** [7]
condition **усло́вие** [6]
   living conditions — **жили́щные усло́вия**
construction — **строи́тельство** [10]
conversation — **разгово́р** [1]
   listening conversations — **Разгово́ры для
    слу́шания**
converse — **разгова́ривать** [1]
cooking (*cuisine*) — **ку́хня** [6]
corridor — **коридо́р** [6]
cosmetics — **косме́тика** [8]
   cosmetics store *or* department — **парфюме́рия** [8]
cost — **сто́ить (сто́ит, сто́ят)** [8]
cottage: summer cottage — **да́ча (на)** [5]
couch — **дива́н** [6]
country — **страна́** [10]
course (*in university or institute*) — **курс (на)** [4]
   of a meal: first course (*always soup*) — **пе́рвое**
    (*adj. decl.*) [9]
   main course (*entree*) — **второ́е**
cousin — (*female*) **двою́родная сестра́** [7]; (*male*)
   — **двою́родный брат** [7]
cozy (*about a room or house*) — **ую́тный** [6]

credit — **кредитный** [8]
   credit card — **кредитная карточка**
cucumber — **огур(е́)ц** [9]
cuisine — **ку́хня** [6]
culture — **культу́ра** [4]
customer — **покупа́тель** [8]
customs — **тамо́жня (на)** [2]

D

D (*a failing grade in Russia*) — **дво́йка** [4]
dacha — **да́ча (на)** [5]
dad — **па́па** [3]
daily routine — **распоря́док дня** [5]
dairy — **моло́чный** [9]
daughter — **дочь** (*gen. and prep. sg.* до́чери; *nom. pl.* до́чери, до́черей, дочеря́м, -я́ми, -я́х) [4, 7]
day — **д(е́)нь** (*masc., pl.* дни) [1]
   during the day (*afternoon*) — **днём**
   all day — **весь день** [5]
   Good day! — **До́брый день!** [1]
   What day is it today? — **Како́й сего́дня день** [5]?
dear — **дорого́й** [8]
decide — **реша́ть** (реша́-ю, -ешь, -ют)/**реши́ть** (реш-у́, -и́шь, -а́т) [10]
declaration — **деклара́ция** [2]
defend — **защища́ть/защити́ть** [10]
defense — **защи́та** [10]
   defense of civil rights — **защи́та гражда́нских прав** [10]
   defense of human rights — **защи́та прав челове́ка** [10]
degree — **сте́пень** [4]
   B.A. — **сте́пень бакала́вра (нау́к)** [4]
   M.A. — **сте́пень маги́стра (нау́к)** [4]
   Candidate of Science (*second highest academic degree awarded in Russia*) — **сте́пень кандида́та наук** [4]
   Doctor of Science (*highest academic degree awarded in Russia*) — **сте́пень доктора нау́к** [4]
dentist — **зубно́й врач** [7]
department — (*academic, small unit*) **ка́федра (на)** [4]; (*academic, large unit*) **факульте́т (на)** [4]; (*of a store*) **отде́л** [8]
   Russian department — **ка́федра ру́сского языка́** [4]
   English department — **ка́федра англи́йского языка́** [4]
department store — **универма́г** [8]

depend: It depends . . . — **Смотря́. . .** [9]
desk — **пи́сьменный стол** [6]
dessert — **сла́дкое** (*adj. decl.*) [9]
dialog — **диало́г** [1]
dictionary — **слова́рь** (*pl.* словари́) [2]
die — **умере́ть** (*perf. past:* у́мер, умерла́, у́мерли) [10]
difficult — **тру́дный** [4]; **тру́дно** [8, *see 8.7*]
dining room — **столо́вая** (*declines like adj.*) [6]
diploma (*college*) — **дипло́м** [4]
discount — **ски́дка** [8]
dish — **блю́до** [9]
diskette — **диске́тка** [2]
do — **де́лать** (де́ла-ю, -ешь, -ют)/**с-** [5]
document — **докуме́нт** [2]
dollar — **до́ллар** (5–20 до́лларов) [8]
door — **дверь** (*fem.*) [6]
dormitory — **общежи́тие** [3]
dough — **те́сто** [9]
downtown — **центр** [5]
dream (*aspiration*, not *sleep*) — **мечта́** [10]
dress — **пла́тье** [2]; **одева́ться** (одева́-юсь, -ешься, -ются) [5]
drink — **напи́т(о)к** [9]; **пить** (пь-ю –ёшь, -ют, пила́, пи́ли), /**вы́пить** (вы́пь-ю, -ешь, -ют) [9, *see 9.1*]
dumplings (Ukrainian) — **пельме́ни** [9]
duty — **до́лжность** [10]

E

each — **ка́ждый** [5]
early — **ра́но** [5]
east — **восто́к (на)** [10, *see 10.2*]
easy — **легко́** [8, *see 8.6*]
eat — **есть** (ем, ешь, ест, еди́м, еди́те, едя́т; ел, е́ла)/**съ-** [9, *see 9.1*]
   eat breakfast — **за́втракать** (за́втрака-ю, -ешь, -ют)/**по-** [5]
   eat lunch — **обе́дать** (обе́да-ю, -ешь, -ют) /**по-** [5]
   eat supper — **у́жинать** (у́жина-ю, -ешь, -ют)/**по-** [5]
economics — **эконо́мика** [4]; (*adj.*) **экономи́ческий** [4]
education — **образова́ние** [4]; (*a subject in college*) — **педаго́гика** [4]
   higher education — **вы́сшее образова́ние** [4]
egg — **яйцо́** (*pl.* я́йца) [9]; eggs (*cooked*) — **яи́чница** [9]
Egypt — **Еги́п(е)т** [3]

else — ещё [3]

What else is needed? — Что ещё нужно? [9]

energetic — энерги́чный [7]

engineer — инжене́р [7]

England — Англия [1]

English (*person*) — англича́нин / англича́нка [1]
(*pl.* англича́не); (*adj.*) англи́йский [3, *see 3.6,
3.7*])

English-Russian — англо-ру́сский [2]

enroll in — поступа́ть (поступа́-ю,
-ешь, -ют)/поступи́ть (поступ-лю́,
посту́п-ишь, -ят) *куда́* [10, *see 10.3*]

entrée — второ́е (*adj. decl.*) [9]

equipment — обору́дование [8]

ethnicity — национа́льность (*fem.*) [3, *see 3.7*]

European — европе́йский [3, *see 3.6, 3.7*]

even — да́же [8]

evening — ве́чер [1]

in the evening — ве́чером [5]

Good evening! — До́брый ве́чер! [1]

every — ка́ждый [5]

every day — ка́ждый день [5]

everybody — все [5]

everything — всё [2, 3]

example — образе́ц [1]

for example — наприме́р [4, 7]

excellent — отли́чный; отли́чно [4]

excuse — извини́ть (*perf.*)

Excuse me! — Прости́те! [1]; Извини́те! [3]

Excuse me, miss! (*in a service situation*) —
Де́вушка! [8]

exercise — упражне́ние (*pl.* упражне́ния) [1]

summary exercises — обзо́рные упражне́ния

expensive — дорого́й [8]

That's (not at all) expensive! — Э́то (совсе́м не)
до́рого! [8]

experience — о́пыт

job experience — о́пыт рабо́ты [7]

eyeglasses — очки́ (*pl.*) [2]

F

F (*grade*) — едини́ца [4]

factory — заво́д (на) [7]

family status (*marriage*) — семе́йное
положе́ние [7]

farm — фе́рма (на) [7]

farther — да́льше [6]

fashion — мо́да [8]

fashionable — мо́дный [8]

father — от(е́)ц (*all endings stressed*) [3]

favorite — люби́мый [5]

least favorite — са́мый нелюби́мый [5]

fill in — запо́лнить (*perf.*)

Fill in the blanks. — Запо́лните
про́пуски. [2]

finally — наконе́ц [5]

finance — фина́нсы [4]

financial — фина́нсовый [3]

find — найти́ (*perf:* найду́, -ёшь, -у́т; нашёл,
нашла́, нашли́) [8]

find out — узна́ть (*perf.:* узна́-ю, -ешь, -ют) [8]

fine — хорошо́ [2]

firm (*company*) — фи́рма [3, 7]

first: at first — снача́ла [5]

fish — ры́ба [9]

floor — (*as opposed to ceiling*) пол (на полу́; *all
endings stressed*) [6]; (*story of a building*) —
эта́ж (на) (*all endings stressed*) [6]

fluent — свобо́дно [3]

to speak Russian fluently — свобо́дно говори́ть
по-ру́сски [3]

food — пи́ща [9]

footwear — о́бувь (*fem.*) [8]

forbidden — нельзя́ + dative [8, *see 8.6*]

foreign — иностра́нный [4]

foreign exchange student — стажёр [4]

forget — забы́ть (*perf. past:* забы́ла,
забы́ли) [3]

France — Фра́нция [3]

free (*not busy*) — свобо́ден (свобо́дна,
свобо́дны) [5]

freedom — свобо́да [10]

French — (*person*) францу́з / францу́женка; (*adj.*)
францу́зский [3, *see 3.6, 3.7*]

frequently — ча́сто [5]

fresh — све́жий [9]

Friday — пя́тница [5, *see 5.1*]

friend — друг (*pl.* друзья́) [7]; friend (*female*) —
подру́га [5]; знако́мый (*used as a
noun*) [5]

from (*out of*) — из (+ genitive) [8, 10]

fruit — фру́кты [9]

fur — мех (*pl.* меха́) [8]

furniture — ме́бель (*fem., always singular*) [6]

G

gadgets — те́хника [2]

game — игра́ (*pl.* и́гры) [2]

garage — гара́ж (*all endings stressed*) [6]

gas (*natural*) — газ [6]

German — (*person*) нéм(е)ц / нéмка; (*adj.*) немéцкий [3, *see 3.6, 3.7*]

Germany — Гермáния [3]

get up — вставáть (встаю́, -ёшь, -ю́т) [5]

gift — подáр(о)к [2]

girl — (*little*) дéвочка [6]; (*young*) woman — дéвушка [8]

give (*a present*) — подари́ть (подари́л, подари́ла, подари́ли) [8]

  give: I want to give (someone) a present. — Я хочу́ сдéлать (кому́) подáрок. [8]

  give: Please give (us, me) the check. — Рассчитáйте (нас, меня́)! [9]

glasses (*eyeglasses*) — очки́ (*pl.*) [2]

gloves — перчáтки (*pl.*) [2]

go — (*foot*) ходи́ть ~ идти́/пойти́; (*vehicle*) éздить ~ éхать/поéхать [5, 10 *see 5.3, 8.3, 10.7*]

  (*on foot, multidirectional, round trips*) — ходи́ть (хож-у́, хóд-ишь, -ят)

  (*on foot, unidirectional, single trip*) — идти́ (иду́, -ёшь, -у́т)/пойти́ (пойд-у́, -ёшь, -у́т)

  (*by vehicle, multidirectional, round trips*) — éздить (éзж-у, éзд-ишь, -ят)

  (*by vehicle, unidirectional, single trip*) — éхать (éд-у, -ешь, -ут)/по-

  Let's go! — Пойдём! [8]; Пошли́! [9]

  Let's go to . . . instead. — Пойдём лу́чше. . . [8]

  Go on through — Проходи́те. [2, 6]

  go to bed — ложи́ться (лож-у́сь, -и́шься, -а́тся) спать [5]

  Would you like to go . . . ? Не хóчешь (хоти́те) пойти́ (поéхать). . . ? [5]

good — хорóший [2]; хорошó [2]; (*tasty*) — вку́сный [9]

  Good afternoon! — Дóбрый день! [1]

  Good evening! — Дóбрый вéчер! [1]

  Good morning! — Дóброе у́тро! [1]

  Good night! — Спокóйной нóчи! [1]

  pretty good — неплохóй; неплóхо [3]

goodbye — до свидáния [3]

goods — товáры [8]

grade — (*year of study in grade school or high school*) класс (в) [7]; passing grade (*pass/fail*) — зачёт [4]

graduate from — окóнчить (*requires direct object*) (*perf.:* окóнч-у, окóнч-ишь, -ат) [10, *see 10.3*]

graduate school — аспиранту́ра [4]

grammar — граммáтика [1]

granddaughter — вну́чка [7]

grandfather — дéдушка [7]

grandmother — бáбушка [6]

grandson — внук [7]

grapes — виногрáд (*always singular*) [9]

gray — сéрый [6]

green — зелёный [6]

groceries — проду́кты (*pl.*) [9]

grocery store — продовóльственный магази́н [9]; гастронóм [9]; (*self-service*) — универсáм [9]

grow up — вы́расти (*perf. past:* вы́рос, вы́росла, вы́росли) [7, *see 7.3*]

Guys!(*conversational term of address*) — Ребя́та! [10]

H

hallway — коридóр [6]

handkerchief — плат(óк (*all endings stressed*) [8]

hang — висéть (виси́т, вися́т) [6]

Happy Birthday! — С днём рождéния! [8]

hard (*difficult*) — тру́дный [4]; тру́дно [8, *see 8.7*]

hat — (*cap*) шáпка [8]; (*business hat*) — шля́па [8]; hats as a department in a store — головнóй убóр [8]

have: (*someone*) has (*something*) — у (+ *genitive* + есть + *nominative*) [2, 6, *see 2.8, 6.3*]

  Do you have . . . ? (*formal*) — У вас (тебя́, меня́, *etc.*) есть. . . ? [2]

  (*someone*) doesn't have (*something*) — у (+ *genitive* + нет + *genitive*) [6, *see 6.4*]

  I don't have any of those. — У меня́ нéт. [2]

he — он [2, *see 2.3*]

health clinic — поликли́ника [7]

healthy — здорóвый [7]

hear — слы́шать(слы́ш-у, -ишь, -ат) /у- [9]

hello — здрáвствуй(те) [1]; (*on telephone*) алло́ [5]

her(s) — её [2, *see 2.4*]

here — здесь [1]; тут [2]

  here is . . . — вот. . . [2]

high — высóкий [6]

his — егó [2, *see 2.4*]

history — истóрия [4]

home — дом (*pl.* домá) [2]

  at home (*answers* где) — дóма

  to home (*answers* куда́) — домóй [5]

hosiery — колгóтки (*pl.*) [2]

hospital — больни́ца [7]

hot (*of things, not weather*) — горя́чий [6]

house: at someone's house — **у** (+ *genitive*) [**6**, *see 6.3, 6.7*]

housewife — **домохозя́йка** [**7**]

how — **как** [**4**]

How do you say . . . in Russian? — **Как по-ру́сски. . . ?** [**3**]

How are you? (*informal*) — **Как ты?** [**2**]

How do you know Russian? — **Отку́да вы зна́ете ру́сский язы́к?** [**3**]

how many (much) — **ско́лько** [**5, 6**]

How many rooms do you have? — **Ско́лько у вас ко́мнат?** [**6**]

How much do(es) . . . cost? — **Ско́лько сто́ит (сто́ят). . . ?** [**8**]

How old is . . . ? — **Ско́лько** + *dative* **лет?** [**7**]

huge — **огро́мный** [**8**]

husband — **муж** (*pl.* **мужья́, муже́й, мужья́м, мужья́ми, о мужья́х**) [**5, 7**]

I

I — **я** [**1**]

ice cream — **моро́женое** (*adj. decl.*) [**9**]

icon — **ико́на** [**6**]

if — **е́сли** [**6, 9**]

impossible — **невозмо́жно** (+ *dative*) [**8**, *see 8.6*];
That's impossible! — **Не мо́жет быть!** [**5**]

impressionist — **импрессиони́ст** [**8**]

in — **в** (+ *prepositional case*) [**1**, *see 3.8, 5.5*]; **на** (+ *prepositional*) [**4**, *see 3.8, 4.2, 5*]; (*after a certain amount of time has passed*) — **че́рез** [**10**, *see 10.5*]

in the first (second, third) place — **во-пе́рвых. . . во-вторы́х. . . в-тре́тьих** [**6**]

in what year (*in university* or *institute*) — **на како́м ку́рсе** [**4**]

in five years' time — **че́рез пять лет**

institute (*institution of post-secondary education*) — **институ́т** [**1**]

Institute of Foreign Languages — **Институ́т иностра́нных языко́в** [**4**]

institute of higher education — **вуз (вы́сшее уче́бное заведе́ние)** [**4**]

intelligent — **у́мный** [**7**]

interesting — **интере́сный** [**2**]

It's interesting . . . — **Интере́сно. . .**

international affairs — **междунаро́дные отноше́ния** [**4**]

internship — **пра́ктика (на)** [**4, 7**]

introduce: Let me introduce you (*lit.* Get acquainted!) — **Познако́мьтесь!**

Allow me to introduce myself. — **Разреши́те предста́виться.** [**3**]

Irkutsk (*city in Siberia*) — **Ирку́тск** [**1**]

it — **он; она́; оно́** [**2**, *see 2.3*]

Italian — (*person*) **италья́н(е)ц / италья́нка**; (*adj.*) **италья́нский** [**3**, *see 3.6, 3.7*]

Italy — **Ита́лия** [**3**]

J

jacket — (*short, not an overcoat*) **ку́ртка** [**2**]; (*suit jacket*) — **пиджа́к** [**2**]

Japan — **Япо́ния** [**3**]

Japanese — (*person*) **япо́н(е)ц / япо́нка**; (*adj.*) Japanese — **япо́нский** [**3**, *see 3.6, 3.7*]

jar — **ба́нка (ба́ночка)** [**9**]

jeans — **джи́нсы** [**2**] (*pl.*)

jersey — **футбо́лка** [**2**]

journalism — **журнали́стика** [**4**]

journalist — **журнали́ст** [**7**]

just — **то́лько что** [**9**]

Just what is that? — **Что э́то тако́е?**

K

kerchief — **плат(о́)к** (*all endings stressed*) [**8**]

kitchen — **ку́хня (на** or **в)** [**6**]

know — **знать (зна́-ю, -ешь, -ют)** [**3**]

kopeck — **копе́йка (5–20 копе́ек)** [**7**]

Korean — **коре́йский** [**4**, *see 3.6, 3.7*]

L

laboratory — **лаборато́рия** [**3, 7**]

lamp — **ла́мпа** [**6**]

language — **язы́к** (*pl.* **языки́**) [**3**, *see 3.6*]

language (*adj.: relating to the study of language and literature*) — **филологи́ческий**

language department — **филологи́ческий факульте́т**

large — **большо́й** [**2**]

last — **после́дний** [**2**]

last name — **фами́лия** [**1**, *see 1.2*]

What's your last name? — **ва́ша фами́лия?** [**1**]

late — **по́здно** [**5**]

to be late — **опа́здывать (опа́здыва-ю, -ешь, -ют)/опозда́ть** [**5**]

Am I late? — **Я не опозда́л(а)?** [**6**]

later — **пото́м** [5]

law — (*academic discipline*) **юриспруде́нция** [4]; (*adj.*) — **юриди́ческий** [7]

law office — **юриди́ческая фи́рма** [7]

lawyer — **юри́ст** [7]

lecture — **ле́кция** [3]

left: on the left — **сле́ва** [6]

lemon — **лимо́н** [9]

lesson — **уро́к (на)** [5]

Russian lesson — **уро́к ру́сского языка́** [5]

Let's . . . — **дава́й(те)** + *future tense of* **мы**-*form* [1]

Let's go . . . (*on foot; someplace within city*) — **Дава́й(те) пойдём. . .** [5]; **Пошли́!** [9]

Let's go . . . (*by vehicle; to another city*) — **Дава́й(те) пое́дем. . .** [5]

Let's switch to **ты**. — **Дава́й перейдём на ты.** [10]

Let's talk! — **Дава́йте поговори́м!** [1]

Let's get acquainted. — **Дава́йте познако́мимся!** [1]

Let's read! — **Дава́йте почита́ем!** [1]

letter (*mail*) — **письмо́** (*pl.* **пи́сьма, пи́сем**) [2, 4]

lettuce — **сала́т** [9]

librarian — **библиоте́карь** [7]

library — **библиоте́ка** [4]

lie(s) — **лежи́т, лежа́т** [6]

like: Would you like to go . . . ? — **Не хо́чешь (хоти́те) пойти́ (пое́хать). . . ?** [5]

linguistic — **лингвисти́ческий** [4]

listen (to) — **слу́шать (слу́ша-ю, -ешь, -ют)/про-** (+ *accusative*) [5]

Listen! — **Послу́шай(те)!** [7]

literature — **литерату́ра** [4]

little — **ма́ленький** [2]

a little — **немно́го, немно́жко** [3]

a little bit about oneself (*myself, yourself, themselves, etc.*) — **немно́го о себе́** [1]

live — **жить (жив-у́, -ёшь, -у́т; жила́, жи́ли)** [1, 3]

living room — **гости́ная** (*declines like adj.*) [6]

located: is (are) located — **нахо́дится, нахо́дятся** [8]

London — **Ло́ндон** [1]

look — **посмотре́ть** (*perf.*, *see* **смотре́ть**) [6]

Let's take a look . . . — **Посмо́трим. . .** [6]

look like — **похо́ж (-а, -и) на** (+ *accusative*) [10, *see* 10.1]

Los Angeles — **Лос-Анджелес** [1]

love — **люби́ть (люблю́, лю́бишь, лю́бят)** [4, 7, *see* 7.1]

low — **ни́зкий** [6]

lunch — **обе́д** [5]

Lunch is ready. — **Обе́д гото́в.** [6]

eat lunch — **обе́дать (обе́да-ю, -ешь, -ют) / по-** [5]

M

magazine — **журна́л** [2]

main — **гла́вный** [10]

major (*specialization in college*) — **специа́льность** (*fem.*) [4]

make — **де́лать (де́ла-ю, -ешь, -ют)/с-** [5]

man — **мужчи́на** [8]

manage to get in — **попа́сть** (*perf.:* **попаду́, -ёшь, -ут; попа́л, -а, -и**) [9]

We'll get in for sure. — **Мы то́чно попадём.** [9]

manager — **ме́неджер** [7]

map — **ка́рта** [8]

market — **ры́н(о)к (на)** [3, 8]

book mart — **кни́жный ры́н(о)к** [8]

married — (*said of a man*) **жена́т** [7]; (*said of a woman*) — **за́мужем** [7]

mashed potatoes — **пюре́** [9]

match — **соотве́тствовать** [1]

What matches what? — **Что чему́ соотве́тствует?**

math — **математи́ческий** [4]

mathematics — **матема́тика** [4]

maybe — **мо́жет быть** [4]

mean — **зна́чить**

meanwhile — **пока́** [9]

meat — **мя́со** [9]; (*adj.*) **мясно́й** [9]

chopped meat — **фарш** [9]

medicine — **медици́на** [4]

member — **член** [10]

men's — **мужско́й** [8]

menu — **меню́** (*neuter; indecl.*) [9]

Please bring a menu. — **Принеси́те, пожа́луйста, меню́.** [9]

meter — **метр** [6]

square meter — **квадра́тный метр**

Mexican — (*person*) **мексика́н(е)ц / мексика́нка** [3, *see* 3.7]; (*adj.*) — **ме́ксиканский** [3, *see* 3.6, 3.7]

Mexico — **Ме́ксика** [3]

MGU (Moscow State University) — **МГУ (Моско́вский госуда́рственный университе́т)** [4]

milk — **молоко́** [9]; (*adj.*) — **моло́чный** [9]

mineral (*adj.*) — **минера́льный** [9]

mineral water — **минера́льная вода́** [9]

minute: Just a minute! — **Одну́ мину́точку!** [8]

miss: Excuse me, miss! — **Де́вушка!** [8]

mittens — **ва́режки** (*pl.*) [2]

mom — **ма́ма** [3]

moment: Just a moment! — **мину́точка: Одну́ мину́точку!** [8]

Monday — **понеде́льник** [5, *see 5.1*]

money — **де́ньги** (*always plural*) [8]

month — **ме́сяц** (2–4 ме́сяца, 5 ме́сяцев) [10]

morning — **у́тро** [1]

    Good morning! — **До́брое у́тро!** [1]

    in the morning — **у́тром** [5]

Moscow — **Москва́** [1]; (*adj.*) **моско́вский** [4]

Moscow State University — **МГУ (Моско́вский госуда́рственный университе́т)** [4]

most: the most (+ *adjective*) — **са́мый** (+ *adjective*) [5]

    most favorite — **са́мый люби́мый** [5]

mother — **мать** (*fem., gen. and prep. sg.* **ма́тери** *nom. pl.* **ма́тери**) [3, 7]

move (*change residences*) — **переезжа́ть** (переезжа́-ю, -ешь, -ют)/**перее́хать** (перее́д-у, -ешь, -ут) *куда́* [10]

movement — **движе́ние** [10]

    human rights movement — **движе́ние за права́ челове́ка**

movie theater — **кинотеа́тр** [5]

movie(s) — **кино́** (*indeclinable*) [5]

museum — **музе́й** [1]

mushroom — **гриб** [9]

music — **му́зыка** [4]

musician — **музыка́нт** [7]

must — **до́лжен** (должна́, должны́) (+ *infinitive*) [5, *see 5.6*]

mustard — **горчи́ца** [9]

my — **мой** (моё, моя́, мои) [2, *see 2.4*]

N

name — (*first name*) **и́мя** (*neuter*) [1, *see 1.2*]; (*last name*) **фами́лия** [1, *see 1.2*]

    name and patronymic — **и́мя-о́тчество** [1]

    What's your name? — **Как вас (тебя́) зову́т?**

    What's your last name? — **Как ва́ша фами́лия?** [1]

    My name is . . . — **Меня́ зову́т. . .** [1]

narrate — **расска́зывать** (расска́зыва-ю, -ешь, -ют)/**рассказа́ть** (расскаж-у́, расска́ж-ешь, -ут) [10]

narrow — **у́зкий** [6]

nation — **страна́** [10]

nationality — **национа́льность** (*fem.*) [3, *see 3.7*]

    by nationality — **по национа́льности**

natural gas — **газ** [6]

near (*in the vicinity*) — **у** (+ *genitive*) [2, 6]

necessary: it is necessary — **на́до** (*or* **ну́жно**) (+ *dative* + *infinitive*) [8, *see 8.5*]

need — *See* necessary.

neighbor — **сосе́д** (*pl.* сосе́ди) / **сосе́дка** [4]

neither . . . nor . . . — **Ни. . . ни. . .** [6]

nephew — **племя́нник** [7]

never — **никогда́** (не) [5]

new — **но́вый** [2]

New York — **Нью-Йо́рк** [1]

newspaper — **газе́та** [2]

next — **да́льше** [6]

    What's next? — **Что да́льше?**

nice — **симпати́чный** [7]

niece — **племя́нница** [7]

night — (*midnight-4:00 am*) **ночь** (*fem.*) [1]; (*evening, before midnight*) **ве́чер**

    at night — **но́чью** [5]

    Good night! — **Споко́йной но́чи!** [1]

no — **нет** [2]

normally — **норма́льно** [3]

north — **се́вер** (на) [10, *see 10.2*]

not — **не** (*negates following word*) [3]

    not at all . . . **совсе́м не** [7]

    That's (not at all) expensive! — **Э́то (совсе́м не) до́рого!** [8]

    there is not (+ *noun* — **нет**) (+ *genitive*) [6, *see 6.4, 8.2*]

notebook — **тетра́дь** (*fem.*) [2]

nothing — **ничего́** [5]

    I know nothing. — **Я ничего́ не зна́ю.** [7]

novel — **рома́н** [8]

novella — **по́весть** [10]

now — **сейча́с** [3]; (*as opposed to some other time*) — **тепе́рь** [8]

number — **но́мер** [5]

nurse — (*female*) **медсестра́** (*pl.* медсёстры) [7]; (*male*) — **медбра́т** (*pl.* медбра́тья) [7]

O

occupy — **занима́ть** [10]

o'clock — **час** (2–4 часа́, 5–12 часо́в) [5]

of course — **коне́чно** [4]

offer — **предлага́ть** [8]

office — о́фис [7]; (*study*) кабине́т [6];
(*organization*) — учрежде́ние [7]
Oh! — Ой! [2]
okay — ла́дно [7]; хорошо́; (*We've agreed.*)
Договори́лись. [5]
old — ста́рый [2]
older (*the elder*) — ста́рший [7]
older: . . . years older than . . . — ста́рше
(+ *genitive*) на (год, . . . го́да, . . . лет) [7, *see 7.7*]
on — на [4, *see 3.8, 4.2, 5.5*]
one — оди́н (одна́, одно́, одни́) [6, *see 6.6*]
On the one hand . . . , on the other hand . . . —
С одно́й стороны́. . . , с друго́й стороны́. . . [9]
onion(s) — лук [9]
only — то́лько [2]; the only — еди́нственный [7]
open — откры́ть (*perf.*) [8]
Open the suitcase! — Откро́йте чемода́н! [2]
open up (*to be opened*) — откры́ться (*perf. past:*
откры́лся, откры́лись) [9]
The store opened. — Магази́н откры́лся.
or — и́ли [4]
oral — у́стный
oral interpretation — у́стный перево́д [1]
orange (*fruit*) — апельси́н [9]
order (*portion of food*) — по́рция [9]
order (*things, not people*) — зака́зывать (зака́зыва-
ю, -ешь, -ют)/заказа́ть
(закаж-у́, зака́ж-ешь, -ут) [9]
ordinary — обыкнове́нный [7]
organization (*bureau, office, agency*) — учрежде́ние
[7]
other — друго́й [10]
our — наш (на́ше, на́ша, на́ши) [2, *see 2.4*]
overcoat — пальто́ (*indecl.*) [2]
owe: Someone owes . . . — С (+ *genitive*) . . . [9]
How much do we owe? — Ско́лько с нас?
own: one's own — свой (своя́, своё, свои́) [6]

P

pants — брю́ки (*pl. only*) [2]
pantyhose — колго́тки (*pl.*) [2]
parents — роди́тели [3]
park — парк [1]
participation — уча́стие [10]
to participate — принима́ть уча́стие [10]
passing grade (*pass/fail*) — зачёт [4]
passport — па́спорт (*pl.* паспорта́) [2]
patronymic — о́тчество [1, *see 1.2*]

What's your patronymic? — Как ва́ше
о́тчество? [1]
name and patronymic — и́мя-о́тчество [1]
pay — плати́ть (плачу́, пла́тишь, пла́тят) / за- [8]
Pay the cashier. — Плати́те в ка́ссу. [8]
pelmeni (*Ukrainian dumplings*) — пельме́ни [9]
pen — ру́чка [2]
pencil — каранда́ш (*pl.* карандаши́) [2]
Pennsylvanian — пенсильва́нский [4]
pension — пе́нсия [7]
pepper — пе́р(е)ц [9]
perfectly — отли́чно [4]
person — челове́к (*pl.* лю́ди) [8]
philological (*relating to the study of language and
literature*) — филологи́ческий [4]
philology (*study of language and literature*) —
филоло́гия [4]
philosophy — филосо́фия [4]
phonetics — фоне́тика [4]
photograph — фотогра́фия (на) [6]
physician — врач (*all endings stressed*) [7]
physics — фи́зика [4]
piece — кусо́к (кусо́чек) [9]
pizza — пи́цца [9]
place — ме́сто
place of work — ме́сто рабо́ты [7]
plate — таре́лка [8]
play (*drama*) — пье́са [10]
pleasant — прия́тно [1]
please — пожа́луйста [2, 3]
Could you please . . . ? — Бу́дьте добры́! [9, *see
also* быть]
Pleased to meet you. — Прия́тно с ва́ми
познако́миться.
political — полити́ческий [4]
political science — политоло́гия [4]
pool (*swimming*) — бассе́йн [5]
poorly — пло́хо [3]
portion — по́рция [9]
position (*job description*) — до́лжность [10]
possible — мо́жно (+ *infinitive*) [8, *see 8.5*]
Would it be possible to look at the apartment? —
Мо́жно посмотре́ть кварти́ру? [6]
pot — кастрю́ля [8]
potato(es) — карто́фель (карто́шка) [9]; (*mashed*)
— пюре́ [9]
practice — пра́ктика (на) [4, 7]
private practice — ча́стная пра́ктика [7]
precisely — то́чно [7]
preparation — подгото́вка [1]

prepare — гото́вить (гото́в-лю, -ишь, -ят)/при- [9]

prepared — гото́вый; гото́в [9]

 Lunch is prepared — Обед гото́в

present пода́р(о)к: I want to give (*someone*) a present. — Я хочу сде́лать (кому́) пода́рок. [8]

pretty — краси́вый [2]

previously — ра́ньше [3]

printer — при́нтер [2]

private (*business, university, etc.*) — ча́стный [7]

 private practice — ча́стная пра́ктика

probably — наве́рное [7]

profession — профе́ссия [7]

 What is . . .'s profession? — Кто по профе́ссии. . .

programmer — программи́ст [7]

psychology — психоло́гия [4]

publish — печа́тать [10]

Q

Québec — Квебе́к [1]

questionnaire — анке́та [1]

quickly — бы́стро [3]

quite — дово́льно [3]

R

radio — ра́дио (радиоприёмник) [2]

rarely — ре́дко [5]

read — чита́ть (чита́ю, -ешь, -ют) /про- [3]

Really? — Пра́вда? [1]; — Вот как?! [4]

receipt — чек [8]

receive — получа́ть (получа́-ю, -ешь, -ют)/получи́ть (получ-у́, получ-ишь, -ат) [4, 9]

recently — неда́вно [8]

recorder (*tape recorder*) — магнитофо́н [2]

recording — за́пись (*fem.*) [2]

red — кра́сный [6]

refrigerator — холоди́льник [6]

relative (*in one's extended family*) — ро́дственник [7]

relax — отдыха́ть (отдыха́-ю, -аешь, -ют) [5]

researcher — нау́чный сотру́дник [10]

resemble — похо́ж (-а, -и) на (+ *accusative*) [10, *see 10.1*]

restaurant — рестора́н [1]

retired — на пе́нсии [7]

rice — рис [9]

right — пра́во [10]

 problem of human rights — вопро́с прав челове́ка

defense of civil rights — защи́та гражда́нских прав

defense of human rights — защи́та прав челове́ка

human rights movement — движе́ние за права́ челове́ка

right: on the right — спра́ва [6]

roast beef — ро́стбиф [9]

role-play — игрова́я ситуа́ция [1]

roll — бу́лка [9]

roommate — сосе́д/ка по ко́мнате [4]

routine: daily routine — распоря́док дня [5]

ruble — рубль (2–4 рубля́, 5–20 рубле́й; (*endings all stressed*) [7]

rug — ков(ё)р (*all endings stressed*) [6]

Russia — Росси́я [3]

Russian — (*person and adj.*) ру́сский / ру́сская [1, 2, 3, *see 3.6, 3.7*]; (*citizen*) — россия́нин (*pl.* россия́не) / россия́нка [3, *see 3.6, 3.7*]; Russian (*pertaining to the Russian Federation*) росси́йский [3, *see 3.6, 3.7*]

Russian nested doll — матрёшка [8]

Russian-English — ру́сско-англи́йский [2]

S

salad — сала́т [9]

 cucumber salad — сала́т из огурцо́в [9]

 tomato salad — сала́т из помидо́ров [9]

salesperson — продав(е́)ц / продавщи́ца (*all endings stressed*) [7]

salt — соль (*fem.*) [9]

same: the same kind of — тако́й же [6]

sandwich (*open-faced*) — бутербро́д [9]

satisfactor(il)y — удовлетвори́тельно [4]

Saturday — суббо́та [5, *see 5.1*]

sauce — со́ус [9]

 tomato sauce — тома́тный со́ус

sausage — колбаса́ [9]

say — говори́ть (говор-ю́, -ишь, -я́т)/сказа́ть (скаж-у́, скаж-ешь, -ут) [3]

 They say that . . .; It is said that . . . Говоря́т, что. . . [7]

 What did you say? — Как вы сказа́ли? [1]

 What did you say? — Как ты сказа́л(а)? [1]

schedule — расписа́ние [1]

scholar — учёный (*declines like an adjective; masculine only*) [7]

school — (*primary or secondary, not post-secondary*) шко́ла [1]; (*college*) — университе́т

graduate school — **аспиранту́ра** [4]

school teacher — (*man or woman*) **учи́тель** (*pl.* **учителя́**) [7]; (*woman*) — **учи́тельница** [7]

schooling — **обуче́ние** [7]

scientist — **учёный** (*declines like an adjective; masculine only*) [7]

scrambled eggs — **яи́чница** [9]

secretary — **секрета́рь** (*all endings stressed*) [3, 7]

see — **ви́деть** (**ви́ж-у, ви́д-ишь, ят**) /у- [6]

seems: it seems — **ка́жется** [10]

selection — **вы́бор** [8]

self — **сам** (**сама́, са́ми**) [8]

sell — **продава́ть** (**продаю́, продаёшь, продаю́т**) [8]

seminar — **семина́р** [5]

sentence — **предложе́ние**
  Make up sentences. — **Соста́вьте предложе́ния.** [2]

serious — **серьёзный** [7]

server (*in a restaurant*) — **официа́нт/ка** [9]

she — **она́** [2, see 2.3]

shirt — **руба́шка** [2]; (*t-shirt*) **ма́йка** [2]

shish kebab — **шашлы́к** [9]

shoes — (*women's formal*) **ту́фли** (*pl.*) [2]; (*men's*) **боти́нки** [2]

should — **до́лжен** (**должна́, должны́**) + *infinitive* [5, see 5.6]

show — **пока́зывать** (**пока́зыва-ю, -ешь, -ют**)/ **показа́ть** (**покаж-у́, пока́ж-ешь, -ут**) [10]
  Show! — **Покажи́(те)!** [8]

shower — **душ** [5]
  take a shower — **принима́ть** (**принима-ю, -ешь, -ют**) **душ** [5]

simply — **про́сто** [9]

sister — **сестра́** (*pl.* **сёстры, сестёр, сёстрам, -ами, -ах**) [4, 6]

situation — **ситуа́ция**
  role-play — **игрова́я ситуа́ция** [1]

size — **разме́р** [8]

skirt — **ю́бка** [2]

slippers — **та́почки** (*pl.*) [2]

slowly — **ме́дленно** [3]

small — **ма́ленький** [2]

so — **так** [3]; (*with nouns*) **тако́й** [6]; (*as an introductory word*) **Зна́чит. . .** [1]

sociology — **социоло́гия** [4]

socks — **носки́** (*pl.*) [2]

sometimes — **иногда́** [3]

son — **сын** (*pl.* **сыновья́, сынове́й, сыновья́м, сыновья́ми, о сыновья́х**) [7]

song — **пе́сня** (*gen. pl.* **пе́сен**) [7]

soon — **ско́ро** [8]

soup — **суп** [9]; fish (*or meat*) and cucumber soup — **рассо́льник** [9]

south — **юг** (**на**) [10, *see 10.2*]

souvenir — **сувени́р** [8]

Spain — **Испа́ния** [3]

Spanish — (*person*) **испа́н(е)ц / испа́нка** [3]; (*adj.*) **испа́нский** [3, see 3.6, 3.7]

speak — **говори́ть** (**говор-ю́, -и́шь, -ят**)/ **сказа́ть** (**скаж-у́, ска́ж-ешь, -ут**) [3]
  Speak more slowly. — **Говори́те ме́дленнее.** [3]

specialized — **специализи́рованный** [8]

sports — **спорт** (*always singula*r) [7]

square — **квадра́тный** [6]

St. Petersburg (*adj.*) — **санкт-петербу́ргский** [3]

stadium — **стадио́н** (**на**) [5]

stage play — **пье́са** [10]

stairway — **ле́стница** [6]

stand(s) — **стои́т, стоя́т** [6]

state — (*public or government*) **госуда́рственный** [4]; (*U.S. state*) **штат** [1]

status: family status (*marriage*) — **семе́йное положе́ние** [7]

steak — **бифште́кс; ланге́т** [9]

still — **ещё** [3]

stockings — **чулки́** [8]

store — **магази́н** [7]
  baking goods store — **бакале́я** [9]
  grocery store — **гастроно́м** [9]; **продово́льственный магази́н** [9]

story (*of a building*) — **эта́ж** (**на**) (*all endings stressed*) [6]

stove — **плита́** (*pl.* **пли́ты**) [6]

street — **у́лица** (**на**) [6]

student — **студе́нт / студе́нтка** [1]
  foreign exchange student — **стажёр** [4]

study — (*do homework*) **занима́ться** (**занима́-юсь, -ешься, -ются**) [4, see 4.3]; (*be enrolled in courses; cannot have a direct object*) **учи́ться** (**учу́сь, у́чишься, у́чатся**) [4, see 4.1, 4.3]; (*an academic discipline — requires direct object*) **изуча́ть** (**изуча́-ю, -ешь, -ют**) (*+ accusative*) [3, see 4.3]
  I'm studying (*doing homework*). — **Я занима́юсь.**
  I study (*enrolled in courses*) . . . — **Я учу́сь. . .**
  I study (*take*) literature. — **Я изуча́ю литерату́ру.**

subject (*academic discipline*) — **предме́т** [4]

suburb — **при́город** [6]

such — **тако́й** [6]

sugar — **са́хар** [9]

suit — **костю́м** [2]

    suit jacket — **пиджа́к** [2]

suitcase — **чемода́н** [2]

summer cottage — **да́ча (на)** [5]

Sunday — **воскресе́нье** [5, *see 5.1*]

supper — **у́жин** [5]

    eat supper — **ужинать (у́жина-ю, -ешь,**
    -ют)/по- [5]

sure: for sure — **то́чно** [7]

    We'll get in for sure. — **Мы то́чно попадём.** [9]

surprise — **сюрпри́з** [2]

sweater — **сви́тер** (*pl.* **свитера́**) [2]

sweatshirt — **спорти́вный сви́тер** [2]

swimsuit — (*men's*) **пла́вки** (*pl.*) [2]; (*women's*)
    купа́льник [2]

swimming pool — **бассе́йн** [5]

T

table — **стол** (*ending always stressed*) [6]

take — **брать (бер-у́, -ёшь, -у́т; брала́, бра́ли) /**
    взять (возьм-у́, -ёшь, -у́т; взяла́, взя́ли) [9]

    What do you advise us to take? — **Что вы**
    посове́туете нам взять? [8]

    take a shower — **принима́ть (принима́-ю, -ешь,**
    -ют) душ [5]

talk — **говори́ть (говор-ю́, -и́шь, -ят)/по-** [1];

    Let's talk — **Дава́йте поговори́м!**

tape recorder — **магнитофо́н** [2]

task — **зада́ние** [1]

    communicative tasks — **коммуникати́вные**
    зада́ни

tasty — **вку́сный** [9]

tea — **чай** [9]

teacher — (*in college*) **преподава́тель** [4];
    (*in primary, secondary schools, male and female*)
    учи́тель (*pl.* **учителя́**); (*female*)
    учи́тельница

    Russian language teacher — **преподава́тель**
    ру́сского языка́ [4]

television — **телеви́зор** [2]

    television station — **телеста́нция (на)** [7]

tell — (*say*) **говорить (говор-ю́, -и́шь, -я́т)/**
    сказа́ть (скаж-у́, ска́ж-ешь, -ут) [3]; (*tell a*
    story, narrate; recount) **расска́зывать**
    (расска́зыва-ю, -ешь, -ют)/рассказа́ть
    (расскаж-у́, расска́ж-ешь, -ут) [10]

Tell (me) . . . (*request for narrative*) —
    Расскажи́(те) (мне). . . [7]

    I was told that . . . — **Мне сказа́ли, что. . .** [8]

terribly — **стра́шно** [9]

textbook — **уче́бник** [2]

thank you — **спаси́бо** [2]

    Thank you very much! — **Огро́мное**
    спаси́бо! [8]

that (*conjunction*) — **что**

    They say that Moscow is an interesting city. —
    Говоря́т, что Москва́ интере́сный го́род.

that (*over there*) — **тот (то, та, те)** [6]

theater — **теа́тр** [1]

their(s) — **их** [2, *see 2.4*]

then — (*afterward*) **пото́м** [5]; (*back then; in that*
    case) **тогда́** [6]

there — (*answers* **где**) **там** [2]; (*answers* **куда́**)
    туда́ [8]

there is — **есть** (+ *nominative*) [2, 6, *see 2.8,*
    6.3, 8.2]

they — **они́** [2, *see 2.3*]

thing — **вещь** (*fem.*) [8]

think — **ду́мать (ду́ма-ю, -ешь, -ют) / по-** [4]

this — **э́тот, э́та, э́то, э́ти** [2, *see 2.7*]

    this is; that is; those are; these are — **э́то** [2,
    see 2.7]

those (*over there*) — **тот (то, та, те)** [6]

Thursday — **четве́рг** [5, *see 5.1*]

tie — **га́лстук** [2]

time — **вре́мя** (*neuter*) [5]

    What time is it? — **Ско́лько сейча́с вре́мени?** [5]

    at that point in time — **тогда́** [10]

    At what time? — **Во ско́лько?** [5]

    for a long time — **давно́** (+ *present tense*
    verb) [8]

tip — **чаевы́е** (*pl.; adj. decl.*) [9]

to — **в, на** (+ *accusative case for direction*) [5, *see 3.8,*
    4.2, 5.5]

today — **сего́дня** [5]

together — **вме́сте** [5]

tomato — **помидо́р** [9]; (*adj.*) **тома́тный** [9]

    tomato sauce — **тома́тный со́ус**

tomorrow — **за́втра** [5]

too — **та́кже** [4, *see 4.7*]; **то́же** [1, *see 4.7*]

tourist (*adj.*) — **туристи́ческий** [7]

toys — **игру́шки** [8]

trade — **торго́вля** [8]

trade (*adj.*) — **комме́рческий** [7]; **торго́вый** [8]

tradition — **тради́ция** [6]

translation — **перево́д** [1]

oral translation — **у́стный перево́д**
travel (*adj.*) — **туристи́ческий** [7]
trunks: swimming trunks — **пла́вки** (*pl.*) [2]
truth — **пра́вда** [7]
t-shirt — **ма́йка** [2]; **футбо́лка** [2]
Tuesday — **вто́рник** [5, *see 5.1*]

U

Ukraine — **Украи́на** [3]
Ukrainian — (*person*) **украи́н(е)ц / украи́нка;**
  (*adj.*) **украи́нский** [3, *see 3.6, 3.7*]
uncle — **дя́дя** (*gen. pl.* **дя́дей**) [7]
undershirt — **ма́йка** [2]
understand — **понима́ть** (**понима́-ю, -ешь, -ют**) /
  поня́ть (**пойм-у́, -ёшь, -ут; поняла́, по́няли**) [3]
  I didn't understand that. — **Я не по́нял**
    (поняла́). [4]
Understood! — **Поня́тно.** [2]
university — **университе́т** [1]
until — **до** (+ *genitive*)
usually — **обы́чно** [4, *see 4.3*]

V

vegetable — **о́вощ** [9]; (*adj.*) **овощно́й** [9]
version — **ве́рсия** [2]
very — **о́чень** [3]
video camera — **видеока́мера** [2]
video cassette — **видеокассе́та** [2]
video cassette recorder — **видеомагнитофо́н** [2]
Vietnamese — **вьетна́мский** [4, *see 3.6, 3.7*]
visa — **ви́за** [2]
vocabulary — **ле́ксика** [1]
  vocabulary in action — **ле́ксика в де́йствии**
voice — **го́лос** (*pl.* **голоса́**) [1]

W

wait — **ждать** (+ *genitive for inanimates*) [5]
waiter/waitress — **официа́нт/ка** [9]
walk — **ходи́ть** (**хо́ж-у, хо́д-ишь, ят**) ~ **идти́** (**иду́,**
  -ёшь, -у́т)/**пойти́** (**пойд-у́, -ёшь, -у́т**) [5, *see*
  5.3, 8.3, 10.7]
wall — **стена́** (*pl.* **сте́ны**) [6]
want — **хоте́ть** (**хочу́, хо́чешь, хо́чет, хоти́м,**
  хоти́те, хотя́т) [6, *see 6.1*]
war — **война́** [10]
wardrobe — **шкаф** (**в шкафу́**) (*all endings*
  stressed) [6]

watch — **смотре́ть** (**смотр-ю́, смо́тр-ишь, -ят**)/
  по- [10]
watch (*timepiece*) — **часы́** (*pl.*) [2]
water — **вода́** (*pl.* **во́ды**) [6]
we — **мы** [3]
Wednesday — **среда́** [5, *see 5.1*]
  on Wednesday — **в сре́ду**
week — **неде́ля** (**2–4 неде́ли, 5 неде́ль**) [10]
Welcome! — (*to someone from out of town*)
  С прие́здом! [2]; you're welcome —
    пожа́луйста [2, 3]
well (*adv.*) — **хорошо́** [2]
  pretty well — **непло́хо** [3]
  Well done! — **Молод(ё)ц!** (*pl.* **Молодцы́!**) [2]
well (*interjection*) — **ну** [2]
west — **за́пад** (**на**) [10, *see 10.2*]
what — **что** [2, 4, *see 2.6*]
  What do you mean?! (*Response to a compliment*) —
    Что́ вы (ты)! [3]
  What matches what? — **Что чему́**
    соотве́тствует? [1]
  (Just) what is that? — **Что э́то тако́е?** [3]
  What day is it? — **Како́й сего́дня день?** [5]
  What color is/are . . .? — **Како́го цве́та. . .?** [6]
  What's your name? — **Как вас (тебя́) зову́т?**
    [1, 7]
  What's your last name? — **Как ва́ша**
    фами́лия? [1]
  What's your patronymic? — **Как ва́ше**
    о́тчество? [1]
  What did you say? (*informal*) — **Как ты**
    сказа́л(а)?; (*formal and plural*) — **Как вы**
    сказа́ли? [1]
  What is (are) . . . called? (*said of things, not people*)
    — **Как называ́ется (называ́ются). . .?** [9]
  What is . . .'s nationality? — **Кто. . . по**
    национа́льности? [3]
  What is . . .'s profession? — **Кто по**
    профе́ссии. . .? [7]
  At what time? — **Во ско́лько?** [5]
  What time is it? — **Ско́лько сейча́с вре́мени?** [5]
when — **когда́** [3]
where — (*where at*) **где** [1]; (*where to*) — **куда́**
  [5, *see 5.4, 5.5*]
where from — **отку́да** [3]
  Where are you from? — **Отку́да вы (ты)?** [10]
which — **како́й** [2, *see 2.6*]
white — **бе́лый** [6]
who — **кто** [1]
whose — **чей** (**чьё, чья, чьи**) [2, *see 2.4*]

why — **почему́** [4, 5]
wide — **широ́кий** [6]
wife — **жена́** (*pl.* **жёны**) [5, 7]
window — **окно́** (*pl.* **о́кна, о́кон**) [6]
with — **с** (+ *instrumental*) [9]
With pleasure! — **С удово́льствием!** [5]
without — **без** (+ *genitive*) [9]
woman — **же́нщина** [8]
women's — **же́нский** [8]
wonder: I wonder . . . — **Интере́сно. . .**
word — **сло́во** (*pl.* **слова́**) [1, 3]
  one word — **одно́ сло́во** [3]
work — **рабо́та** (**на**) [4]; **рабо́тать** (**рабо́та-ю,
  -ешь, -ют**) / **по-** [4]; (*work of art or literature*)
  произведе́ние [10]
  place of work — **ме́сто рабо́ты** [7]
write — **писа́ть** (**пишу́, пи́шешь, -ут**)/
  на- [3]
writer — **писа́тель** [7]

Y

year — **год** (2–4 **го́да**, 5–20 **лет**) [7]
  . . . is . . . years old. (*Dative* +) . . . **год** (**го́да, лет**).
  [*See 7.4*]
  in what year — **В како́м году́** [*See 10.4*]
yellow — **жёлтый** [6]
Yerevan (*capital of Armenia*) — **Ерева́н** [3]
yes — **да** [1]
yesterday — **вчера́** [5]
you — (*formal and plural*) **вы**; (*informal, singular*)
  ты [1, *see 1.1*]
young — **молодо́й** [7]
  young man — **молодо́й челове́к** [8]
younger: (*the*) younger — **мла́дший**
  years younger than . . . — **моло́же** *or* **мла́дше**
  (+ *genitive*) **на** (**год, . . . го́да, . . . лет**) [7,
  see 7.7] . . .
your — (*formal or plural*) **ваш** (**ва́ше, ва́ша, ва́ши**);
  (*informal*) **твой** (**твоё, твоя́, твой**) [2, *see 2.4*]

Appendix A: Spelling Rules

The spelling rules account for the endings to be added to stems that end in velars (**г к х**), and hushing sounds (**ш щ ж ч ц**).

For words whose stem ends in one of these letters, do not worry about whether the stem is hard or soft. Rather, always attempt to add the *basic* ending, then apply the spelling rule if necessary.

Never break a spelling rule when adding endings to Russian verbs or nouns!

8-Letter Spelling Rule				
After the letters	**г к х**	**ш щ ж ч**	**ц**	do not write **-ю,** write **-у** instead
				do not write **-я,** write **-а** instead
7-Letter Spelling Rule				
After the letters	**г к х**	**ш щ ж ч**		do not write **-ы,** write **-и** instead
5-Letter Spelling Rule				
After the letters		**ш щ ж ч**	**ц**	do not write **unaccented -о,** write **-е** instead

Use

The 8-letter spelling rule is used in second-conjugation verbs.
The 7- and 5-letter spelling rules are used in the declension of modifiers and nouns.

Appendix B: Nouns and Modifiers

Hard Stems vs. Soft Stems

Every Russian noun and modifier has either a *hard* (nonpalatalized) or a *soft* (palatalized) stem. *When adding endings to hard-stem nouns and modifiers, always add the basic (hard) ending. When adding endings to soft-stem nouns and modifiers, always add the soft variant of the ending.*

However, if the stem of a modifier or noun ends in one of the velar sounds (**г к х**), or one of the hushing sounds (**ш щ ж ч ц**), do not worry about whether the stem is hard or soft. Rather, always attempt to add the *basic* ending, then apply the spelling rule if necessary (see Appendix A).

One can determine whether a noun or modifier stem is hard or soft by looking at the first letter in the word's ending. For the purposes of this discussion, **й** and **ь** are considered to be endings.

Hard Stems Have one of these letters or nothing as the first letter in the ending	Soft Stems Have one of these letters as the first letter in the ending
а	я
(э)*	е
о	ё
у	ю
ы	и
no vowel (∅)	ь й

*The letter **э** does not play a role in grammatical endings in Russian. In grammatical endings, the soft variants of **о** are **ё** (when accented) and **е** (when not accented).

Appendix C: Declensions

Nouns

Masculine Singular Nouns			
	HARD	**SOFT**	
N	стол ∅	портфéль	музéй
A	Inanimate like nominative; animate like genitive		
	стол ∅	музéй	
	студéнта	преподавáтеля	
G	столá	преподавáтеля	музéя
P	столé	преподавéтеле	музéе
			кафетéрии[1]
D	столý	преподавáтелю	музéю
I	столóм[2]	преподавáтелем[3]	музéем

1. Prepositional case does not permit nouns ending in **-ие.** Use **-ии** instead.
2. The 5-letter spelling rule applies to words ending in **ц, ж, ч, ш,** and **щ** followed by unstressed endings: e.g., **отцóм** but **америкáнцем.**
3. When stressed, the soft instrumental ending is **-ём:** секретарём, Кремлём.

Masculine Plural Nouns			
	HARD	**SOFT**	
N	столы́	преподавáтели	музéи
A	Inanimate like nominative; animate like genitive		
	столы́	музéи	
	студéнтов	преподавáтелей	
G	столóв	преподавáтелей	музéев
P	столáх	преподавáтелях	музéях
D	столáм	преподавáтелям	музéям
I	столáми	преподавáтелями	музéями

The 7-letter spelling rule requires **-и** for words whose stems end in **к, г, х, ж, ч, ш,** and **щ:** пáрки, гаражи́, карандаши́, etc.

Feminine Singular Nouns

	HARD	SOFT -я	SOFT . . .ия	SOFT -ь
N	газе́та	неде́ля	пе́нсия	дверь
A	газе́ту	неде́лю	пе́нсию	дверь
G	газе́ты[1]	неде́ли	пе́нсии	две́ри
P	газе́те	неде́ле	пе́нсии[2]	две́ри
D	газе́те	неде́ле	пе́нсии[2]	две́ри
I	газе́той[3]	неде́лей[4]	пе́нсией	две́рью

1. The 7-letter spelling rule requires **и** for words whose stems end in **к, г, х, ж, ч, ш,** and **щ: кни́ги, студе́нтки, ру́чки,** etc.
2. Dative and prepositional case forms do not permit nouns ending in **-ие.** Use **-ии** instead.
3. The 5-letter spelling rule applies to words ending in **ц, ж, ч, ш,** and **щ** followed by unstressed endings: **Са́шей.**
4. When stressed, the soft instrumental ending is **-ёй: семьёй.**

Feminine Plural Nouns

	HARD	SOFT -я	SOFT . . .ия	SOFT -ь
N	газе́ты[1]	неде́ли	пе́нсии	две́ри
A	Inanimates like nominative; animates like genitive			
	газе́ты[1] жён - ∅	неде́ли	пе́нсии	две́ри
G	газе́т ∅	неде́ль	пе́нсий	двере́й
P	газе́тах	неде́лях	пе́нсиях	двер́ях
D	газе́там	неде́лям	пе́нсиям	дверя́м
I	газе́тами	неде́лями	пе́нсиями	дверя́ми дверьми́

1. The 7-letter spelling rule requires **и** for words whose stems end in **к, г, х, ж, ч, ш,** and **щ: кни́ги, студе́нтки, ру́чки,** etc.

Neuter Singular Nouns

	HARD	SOFT -е	SOFT...ие
N	окно́	мо́ре	общежи́тие
A	окно́	мо́ре	общежи́тие
G	окна́	мо́ря	общежи́тия
P	окне́	мо́ре	общежи́тии
D	окну́	мо́рю	общежи́тию
I	окно́м	мо́рем	общежи́тием

Neuter Plural Nouns

	HARD	SOFT -е	SOFT...ие
N	о́кна	моря́	общежи́тия
A	о́кна	моря́	общежи́тия
G	о́к(о)н ∅	море́й	общежи́тий
P	о́кнах	моря́х	общежи́тиях
D	о́кнам	моря́м	общежи́тиям
I	о́кнами	моря́ми	общежи́тиями

Stress in neuter nouns consisting of two syllables almost always shifts in the plural:
окно́ → о́кна   мо́ре → моря́.

Irregular Nouns

Singular Nouns

N	и́мя	вре́мя	мать	дочь
A	и́мя	вре́мя	мать	дочь
G	и́мени	вре́мени	ма́тери	до́чери
P	и́мени	вре́мени	ма́тери	до́чери
D	и́мени	вре́мени	ма́тери	до́чери
I	и́менем	вре́менем	ма́терью	до́черью

Plural Nouns

N	имена́	времена́	матери	дочери
A	имена́	времена́	матере́й	дочере́й
G	и́мён	вре́мён	матере́й	дочере́й
P	имена́х	времена́х	матеря́х	дочеря́х
D	имена́м	времена́м	матеря́м	дочеря́м
I	имена́ми	времена́ми	матеря́ми	дочеря́ми дочерьми́

Nouns with Irregular Plurals

N	друг друзья́	сосе́д сосе́ди	сын сыновья	брат бра́тья	сестра́ сёстры
A	друзе́й	сосе́дей	сынове́й	бра́тьев	сестёр
G	друзе́й	сосе́дей	сынове́й	бра́тьев	сестёр
P	друзья́х	сосе́дях	сыновья́х	бра́тьях	сёстрах
D	друзья́м	сосе́дям	сыновья́м	бра́тьям	сёстрам
I	друзья́ми	сосе́дями	сыновья́ми	бра́тьями	сёстрами

Declension of Adjectives

Hard-Stem Adjectives

	MASCULINE	NEUTER	FEMININE	PLURAL
N	но́вый молодо́й[1]	но́вое молодо́е	но́вая	но́вые
A	Modifying inan. noun — like nom.; animate noun — like gen.		но́вую	Modifying inan. noun — like nom.; animate noun — like gen.
G	но́вого		но́вой	но́вых
P	но́вом		но́вой	но́вых
D	но́вому		но́вой	но́вым
I	но́вым		но́вой	но́выми

1. Adjectives whose masculine singular form ends in **-ой** always have stress on the ending.

Soft-Stem Adjectives

	MASCULINE	NEUTER	FEMININE	PLURAL
N	си́ний	си́нее	си́няя	си́ние
A	Modifying inan. noun — like nom.; animate noun — like gen.		си́нюю	Modifying inan. noun — like nom.; animate noun — like gen.
G	си́него		си́ней	си́них
P	си́нем		си́ней	си́них
D	си́нему		си́ней	си́ним
I	си́ним		си́ней	си́ними

Adjectives Involving the 5- and 7-Letter Spelling Rules

(Figures indicate which rule is involved.)

	MASCULINE	NEUTER	FEMININE	PLURAL
N	хоро́ший[7] больш**о́й** ру́сск**ий**[7]	хоро́ш**ее**[5] больш**о́е** ру́сск**ое**	хоро́ш**ая** больш**а́я** ру́сск**ая**	хоро́ш**ие**[7] больш**и́е**[7] ру́сск**ие**[7]
A	Modifying inan. noun—like nom.; animate noun — like gen.		хоро́ш**ую** больш**у́ю** ру́сск**ую**	Modifying inan. noun—like nom.; animate noun — like gen.
G	хоро́ш**его**[5] больш**о́го** ру́сск**ого**		хоро́ш**ей**[5] больш**о́й** ру́сск**ой**	хоро́ш**их**[7] больш**и́х**[7] ру́сск**их**[7]
P	хоро́ш**ем**[5] больш**о́м** ру́сск**ом**		хоро́ш**ей**[5] больш**о́й** ру́сск**ой**	хоро́ш**их**[7] больш**и́х**[7] ру́сск**их**[7]
D	хоро́ш**ему**[5] больш**о́му** ру́сск**ому**		хоро́ш**ей**[5] больш**о́й** ру́сск**ой**	хоро́ш**им**[7] больш**и́м**[7] ру́сск**им**[7]
I	хоро́ш**им**[7] больш**и́м**[7] ру́сск**им**[7]		хоро́ш**ей**[5] больш**о́й** ру́сск**ой**	хоро́ш**ими**[7] больш**и́ми**[7] ру́сск**ими**[7]

Adjectives whose masculine singular form ends in **-ой** always have stress on the ending.

Special Modifiers

	MASC.	NEUTER	FEM.	PLURAL
N	мой	моё	моя́	мои́
A	nom./gen.*		мою́	nom./gen.*
G	моего́		мое́й	мои́х
P	моём		мое́й	мои́х
D	моему́		мое́й	мои́м
I	мои́м		мое́й	мои́ми

	MASC.	NEUTER	FEM.	PLURAL
твой	твоё	твоя́	твои́
nom./gen.*		твою́	nom./gen.*
твоего́		твое́й	твои́х
твоём		твое́й	твои́х
твоему́		твое́й	твои́м
твои́м		твое́й	твои́ми

*Modifying inanimate noun — like nominative; modifying animate noun — like genitive.

	MASC.	NEUTER	FEM.	PLURAL
N	наш	на́ше	на́ша	на́ши
A	nom./gen.*		на́шу	nom./gen.*
G	на́шего		на́шей	на́ших
P	на́шем		на́шей	на́ших
D	на́шему		на́шей	на́шим
I	на́шим		на́шей	на́шими

	MASC.	NEUTER	FEM.	PLURAL
	ваш	ва́ше	ва́ша	ва́ши
	nom./gen.*		ва́шу	nom./gen.*
	ва́шего		ва́шей	ва́ших
	ва́шем		ва́шей	ва́ших
	ва́шему		ва́шей	ва́шим
	ва́шим		ва́шей	ва́шими

	MASC.	NEUTER	FEM.	PLURAL
N	чей	чьё	чья	чьи
A	nom./gen.*		чью	nom./gen.*
G	чьего́		чьей	чьих
P	чьём		чьей	чьих
D	чьему́		чьей	чьим
I	чьим		чьей	чьи́ми

	MASC.	NEUTER	FEM.	PLURAL
N	э́тот	э́то	э́та	э́ти
A	nom./gen.*		э́ту	nom./gen.*
G	э́того		э́той	э́тих
P	э́том		э́той	э́тих
D	э́тому		э́той	э́тим
I	э́тим		э́той	э́тими

	MASC.	NEUTER	FEM.	PLURAL
	весь	всё	вся	все
	nom./gen.*		всю	nom./gen.*
	всего́		всей	всех
	всём		всей	всех
	всему́		всей	всем
	всем		всей	все́ми

	MASC.	NEUTER	FEM.	PLURAL
N	оди́н	одно́	одна́	одни́
A	nom./gen.*		одну́	nom./gen.*
G	одного́		одно́й	одни́х
P	одно́м		одно́й	одни́х
D	одному́		одно́й	одни́м
I	одни́м		одно́й	одни́ми

	MASC.	NEUTER	FEM.	PLURAL
	тре́тий	тре́тье	тре́тья	тре́тьи
	nom./gen.*		тре́тью	nom./gen.*
	тре́тьего		тре́тьей	тре́тьих
	тре́тьем		тре́тьей	тре́тьих
	тре́тьему		тре́тьей	тре́тьим
	тре́тьим		тре́тьей	тре́тьими

*Modifying inanimate noun — like nominative; modifying animate noun — like genitive.

Personal Pronouns

N	кто	что	я	ты	мы	вы	он, оно́	она	они
A	кого́	что	меня́	тебя́	нас	вас	(н)его́	(н)её	(н)их
G	кого́	чего́	меня́	тебя́	нас	вас	(н)его́	(н)её	(н)их
P	ком	чём	мне	тебе́	нас	вас	нём	ней	них
D	кому́	чему́	мне	тебе́	нам	вам	(н)ему́	(н)ей	(н)им
I	кем	чем	мной	тобо́й	на́ми	ва́ми	(н)им	(н)ей	(н)и́ми

Forms for **он, она́, оно́,** and **они́** take an initial **н** if preceded by a preposition. For example, in the genitive case, the initial **н** is required in the sentence:　　　**У неё** есть книга.
But not in the sentence:　　　**Её** здесь нет.

Appendix D: Numerals

	Cardinal (one, two, three)	Ordinal (first, second, third)
1	оди́н, одна́, одно́	пе́рвый
2	два, две	второ́й
3	три	тре́тий
4	четы́ре	четвёртый
5	пять	пя́тый
6	шесть	шесто́й
7	семь	седьмо́й
8	во́семь	восьмо́й
9	де́вять	девя́тый
10	де́сять	деся́тый
11	оди́ннадцать	оди́ннадцатый
12	двена́дцать	двена́дцатый
13	трина́дцать	трина́дцатый
14	четы́рнадцать	четы́рнадцатый
15	пятна́дцать	пятна́дцатый
16	шестна́дцать	шестна́дцатый
17	семна́дцать	семна́дцатый
18	восемна́дцать	восемна́дцатый
19	девятна́дцать	девятна́дцатый
20	два́дцать	двадца́тый
21	два́дцать оди́н	два́дцать пе́рвый
30	три́дцать	тридца́тый
40	со́рок	сороково́й
50	пятьдеся́т	пятидеся́тый (пятьдеся́т пе́рвый)
60	шестьдеся́т	шестидеся́тый (шестьдеся́т пе́рвый)
70	се́мьдесят	семидеся́тый (се́мьдесят пе́рвый)
80	во́семьдесят	восьмидеся́тый (во́семьдесят пе́рвый)
90	девяно́сто	девяно́стый (девяно́сто пе́рвый)
100	сто	со́тый
200	две́сти	
300	три́ста	
400	четы́реста	
500	пятьсо́т	
600	шестьсо́т	
700	семьсо́т	
800	восемьсо́т	
900	девятьсо́т	
1000	ты́сяча	
2000	две ты́сячи	
5000	пять ты́сяч	

Collectives

дво́е, тро́е, че́тверо (*apply to children in a family; see* 7.6)

Index